浙江财经大学法学院实践教学成果

与社会工作同行：
企业与社区社会工作调研报告

主　编：韩宗生
副主编：王　婷

浙江工商大學出版社 | 杭州
ZHEJIANG GONGSHANG UNIVERSITY PRESS

图书在版编目(CIP)数据

与社会工作同行：企业与社区社会工作调研报告 /
韩宗生主编. — 杭州：浙江工商大学出版社，2019.11
ISBN 978-7-5178-3648-3

Ⅰ. ①与… Ⅱ. ①韩… Ⅲ. ①社会工作－调查报告－
中国 Ⅳ. ①D632

中国版本图书馆 CIP 数据核字(2020)第 003613 号

与社会工作同行：企业与社区社会工作调研报告
YU SHEHUI GONGZUO TONGXING：QIYE YU SHEQU SHEHUI GONGZUO
DIAOYAN BAOGAO

主编：韩宗生　副主编：王　婷

责任编辑	田程雨　沈明珠
封面设计	林朦朦
责任印制	包建辉
出版发行	浙江工商大学出版社
	（杭州市教工路 198 号　邮政编码 310012）
	（E-mail：zjgsupress@163.com）
	（网址：http://www.zjgsupress.com）
	电话：0571-88904980，88831806（传真）
排　　版	杭州朝曦图文设计有限公司
印　　刷	浙江全能工艺美术印刷有限公司
开　　本	710mm×1000mm　1/16
印　　张	16.75
字　　数	301 千
版 印 次	2019 年 11 月第 1 版　2019 年 11 月第 1 次印刷
书　　号	ISBN 978-7-5178-3648-3
定　　价	68.00 元

实践教学成果编撰委员会

序

  当前,我国正从以经济建设为中心转向以经济建设与社会建设为重心,这一转型过程为社会工作的人才培养提供了新机遇、新挑战。为适应党和国家所提出的"推进国家治理体系与治理能力现代化"发展战略,培养满足社会与市场需求的高端复合型、应用型社会工作人才,从 2014 年起,法学院对社会工作教育进行全方位改革,依托学校财经特色资源、法学优势学科资源,在全国率先、省内唯一设置企业社会工作方向模块与社会治理方向模块,其中在企业社会工作方向模块设置"经济社会学""企业社会工作""企业社会责任"等课程,在社会治理方向模块设置"社会治理""城市治理""环境治理"等课程,形成一个既能满足市场和社会对企业社会工作人才和社区社会工作人才的特殊需求,又能充分利用学校、学院优势资源的培养方案。

  经过五年多的运行,法学院社会工作教育已经形成了"政校企社行"五位一体的协同育人培养机制,即搭建一个协同参与平台、一份方向模块培养方案、一套参与服务实践机制、一项社工项目设计、一栏分立整合调研报告。特别是"参与服务实践机制"特色鲜明,与浙江海宁市社会工作委员会合作,开展了第一届、第二届"海宁社会工作大学生实践服务月",每期派出 20 名学生,进驻 20 家社会工作服务机构,开展社会工作参与服务实践,获得政府、媒体、服务对象的高度好评,一些调研成果获得全国大学生社会工作论坛奖项。五位一体的协同育人机制,近年来收获颇丰:一是与微笑明天基金会合作开展"华东地区企业社会工作与企业社会责任论坛",受到阿里巴巴公益研究院、吉利集团社会责任部、腾讯公益、九阳股份、浙江木子科技有限公司、《都市快报》快公益、浙江省妇女儿童基金会等的关注,并与一些企业与基金会签订合作协议,浙江财经大学企业社会工作知名度、名誉度不断提升。二是学生考研、出国留学人数上升,毕业生考入中国人民大学、复旦大学、浙江大学等高校,一些学生被英国、澳大利亚、法国等高校录取为研究生,进入大型企业和基金会工作的人才数量较之前有较大提升。三是学生在创业创新上有较大进展,一些学生获得了全国大学生社会工作论坛一等奖、三等奖等奖项，获得省级赛奖项的比例也有明显提高。

　　本书汇集了近年来法学院社会工作学生在企业社会工作、社区社会工作等特色方向模块上的调研成果，一些是参加各类赛事的获奖成果，一些是学校的优秀毕业论文，一些是具体服务场景中的总结与反思。这些报告的形成，是学生们刻苦努力与教师们精心指导的结晶，当然其中也不乏一些不成熟的想法，但勇于尝试、积极探索的精神是值得肯定的。

　　在此，我衷心希望这本书能够成为同学们走向美好社会、建设美好社会之路的"连续谱"，同时衷心感谢社会各界对浙江财经大学法学院和法学院社会工作专业的关心与支持！希望社会工作专业在注重基础、办出特色上实现新发展！

浙江财经大学副校长

李占荣

2019 年 10 月

目　　录

上篇　企业社会工作

中篇　社会工作与社会治理

下篇　专业实习报告

上 篇
企业社会工作

企业社会工作对中小企业的介入与融合

——以嘉善县试点企业为例

张　婧　12级社会工作

　　摘　要：本研究的核心问题是企业社会工作如何介入进而融入中小企业日常管理与工作中,它的可能性与可为性是什么。目前,中小企业往往采用泰勒的科学管理理论进行管理,过分强调工作效率、经济目标、专业分工、作业标准化,淡化人的行为和生产效率的社会因素和心理因素,容易使人异化成工作机器。而企业社会工作基于"人是社会人"的社会学基础,采用制度化"嫁接"与"嵌入"的方法,在宏观价值规范、中观组织制度和微观人际互动三个层面产生影响,使得企业管理朝着"以人为本"的方向迈进。本文以嘉善试点企业社会工作的实践情况,以参与式观察和团体焦点访谈的方式对两家企业进行调研,具体阐述了试点企业社会工作的中小企业通过"善文化"和"助人自助"的文化转译实现企业价值规范诉求;通过"嫁接"与"嵌入"企业社会工作组织来实现管理与服务制度的衔接;通过"情境式"与"同理心"来构建新型企业人际关系,从而整体提升企业社会工作对中小企业的管理与融合。当然,在推行试点企业社会工作的过程中亦出现了很多问题,这还需要进一步深化研究。

　　关键词：企业社会工作;中小企业;嵌入;嫁接

一、问题的提出

　　改革开放后,我国赶上全球化浪潮,经济飞速发展。在经济体制改革不断深入的情况下,企业组织竞争日趋激烈,企业内部的员工关系也备受关注。根据冰山理论,组织只有处理好人的关系,包括人与人交往、沟通以及部门间合作等,才能够保持组织的活动具有真正生机。企业作为一个组织要想做大做强,需要合作员工的力量。因此企业应更加关注员工,企业主和员工的关系应该由传统的雇佣关系或劳资关系慢慢演变成协作性关系,这样企业才能更具竞争力,获得可持续发展。目前我国绝大部分企业的管理体制依然建立在"泰勒制"的基础上,将人看成是"经济人""理性人",忽略了人是"社会人"的社会学基础,即人有很多社会、心理的需求需要满足。社会工作"利他主义""助人自助"的理念无疑与这一理论基础相吻合。

1997年10月,由总部设在美国的社会责任国际组织发起并联合欧美跨国公司和其他国际组织制定的社会责任国际标准SA8000（Social Accountability 8000,简称SA8000）和2010年国际标准化组织（International Organization for Standard,简称ISO）推出的一部关于社会责任方面的重要标准——ISO26000。这两套社会责任国际标准都旨在通过有道德的管理活动改善全球工人的工作条件,最终达成公平而体面的工作条件。提到SA8000和ISO26000这两套标准,是因为它们对企业社会责任的履行有更多推动作用。在数据库中输入"SA8000"和"ISO26000",呈现的研究多是与"企业社会责任"有关。综观国内通过这两套标准认证的企业,其企业社会责任的确做得不错。不过有学者发现,随着中国企业家对企业社会责任认知度的提高,企业对于公共责任较为重视,投入了较多的人力、物力,但他们对社会责任的理解多停留在"做善事"和"回馈社会"的层面,即企业对社会责任强调的更多是外在性,企业家对于企业内部包括员工福利等反而行动不足。而真正的企业社会责任是包含企业内部员工福利的增进、员工心理状态的支持、员工人际交往的关注等内容的。而对企业内部问题的解决与完善正是企业社会工作所擅长的。目前将企业社会责任和企业社会工作相联系的研究并不多,将SA8000和ISO26000与企业社会工作联系起来研究的文章更少,所以企业社会工作的介入能够更好地落实企业社会责任。

企业社会工作理应服务于所有企业,目前在我国,存在着多种企业形式。在关于社会工作的介入问题上,不同的企业面临的问题有所不同。我国企业社会工作的介入更多侧重在外资企业和国有企业,还没有延伸到中小企业。大型的外资企业,特别是欧美企业,它们的管理模式更加国际化和标准化,企业经营者对社会工作理念有一定的认知高度,所以在我国本土企业社会工作介入时能够得到较多支持,阻力较小,这点与民营中小企业不同。国有企业相对而言往往规模较大,也拥有较多资源,在响应国际化要求和应对政府规制上,一直以工会形式开展本土性社会工作,而企业社会工作介入中小企业面临的问题必然会与国有企业不同。考虑到中小企业是我国经济发展的中坚力量,所以本次笔者将研究对象界定为中小企业。目前看来,中小企业的发展面临很多问题和挑战。深圳市人大常委会第34次会议公布了关于中小企业发展情况的调研报告。报告显示,在深圳市经济发展中占据重要力量的是中小企业,其中多数受调查企业将人才匮乏问题列为其面临的头号问题。据统计,6成以上的高新技术中小企业面临技术研发人员短缺问题。所以企业社会工作若介入中小企业,协助中小企业解决员工的选人、用人、留人、育人问题,会较好解决中小企业目前迫在眉睫的员工问题,改善现有的状况。

以上分析显示,企业自身发展呼唤社会工作介入,企业员工实现良性发展需要企业社会工作,企业社会责任的落实离不开企业社会工作。而且,企业社会工作自身的优势切合企业以及整个社会和谐发展的需要。本研究的研究对象为中小企业,以嘉善试点企业社会工作的两家代表性企业为例,通过参与式观察和团体焦点访谈的研究方法,调查企业社会工作组织"嵌入"中小企业后的情况,并从中发现相关问题,为嘉善中小企业今后普及企业社会工作提供一些理论性的建议和指导。

二、研究综述

(一)国外研究

企业社会工作源于西方发达国家和地区,作为社会工作的专业领域,伴随着工业化的发展产生。一般认为,西方专业的工业社会工作是从1875年第一位福利秘书受雇于美国的匹兹堡海因兹(Heinz)公司开始的。19世纪末正是工人阶级与资本家阶级冲突激烈的一个时期,资本家为了缓和冲突,纷纷制订各种福利计划。为推行这些计划,福利秘书作为一种企业管理职位应运而生。如果说福利秘书制度是现代工业社会工作的前奏,那么,现代工业社会工作制度则是在第二次世界大战期间正式兴起的。其中,著名的"工业酗酒方案"就是由于20世纪40年代美国企业中员工酗酒成风,导致工作效率降低,一些企业开始尝试协助员工戒酒,聘用社会工作者协助解决问题而产生的宝贵经验(其中包括在员工中实施戒酒方案,对酗酒者及其家庭给予辅导和治疗,为酗酒者提供服务)。20世纪60年代后,企业社会工作者对工业酗酒问题合理有效地介入呈现了良好效果,使得工商业界普遍认可社会工作协助酗酒员工解除酒瘾的方法。经过这些社会工作者的努力,人们发现酗酒问题不仅是单纯的个人行为问题,其后还隐藏着复杂的个人情绪与工作环境、家庭以及生活压力等社会因素。于是,更具综合性的"员工协作方案"在20世纪70年代成为社会工作解决工业世界中人的问题的主要方法。在1978年美国工业社会工作研讨会上,与会专家一致认为,工业社会工作是指运用社会工作的专门知识与技能,去满足工人或工会会员的需要,并达到整个企业组织的目标。此后,倡导全面健康与人文关怀的"员工增强方案"因其更具针对性和预防性的优势被沿用至今。

据统计，目前全美国 60％以上的员工超过 100 人的企业都有"员工增强方案"。美国学者古今斯（Kotschessa）和高德弗里（Godfrey）认为，工业社会工作是一项实务工作，在此过程中社会工作者注意到员工的人性与社会需求，并通过设计与执行适当的方案，维护员工的健康，改善员工的工作环境。著名学者威伦斯基（Verensky）与莱博克斯（EliBoakes）则认为，工业社会工作主要来自工业社会与社会福利，是指以都市化与工业化发展中所产生的社会问题与社会福利机构的社会服务为主题，分析在人口快速增长、职业分工专业化、都市化与组织规模扩大的情况下，社会工作者所负起的责任。

（二）国内研究

香港企业社会工作萌芽于 20 世纪 60 年代，当时一些非政府社会组织开始为工人提供社会工作服务，协助职工解决他们面对的个人和群体问题。到 20 世纪 80 年代，一些服务机构开始主动将服务延伸到整个工厂范围，探讨以工厂为基地的服务模式。直至 20 世纪 90 年代，终于形成了相对成熟的企业社会工作模式，包括注重劳动者个人的工作生活品质和福利待遇，针对劳动者个人的"个人发展取向模式"和从宏观上的政策法律法规入手，充分运用具有普遍约束力的规范，保障企业员工的各项权益的"社群权益取向服务模式"。1999 年 5 月，香港社会服务联会社区发展部在公开发布的文件《工业社会工作资料及未来发展方向》中对工业社会工作下了定义：工业社会工作是一个社会工作实务范畴。其中，社会工作者关注劳动人士的就业以及与他们的工作生活相关的种种需求，策划并推行适合的介入与服务，促进他们的工作生活素质及职业福利。目前在香港，政府一直将企业社会工作列为资助领域，使香港的企业社会工作向多元化方向发展，去满足企业及员工的多种需求。

内地企业社会工作萌芽于 1927—1937 年的第二次国内革命战争时期。当时江西革命根据地的公营工厂已经开始把对职工的思想政治教育和职工福利作为工厂管理工作的重要内容。中华人民共和国成立后，在计划经济体制时期，形成了具有中国特色的、行政性非专业化的企业社会工作，即企业社会工作在我国发展的最初模式——工会组织。企业承担社会的公共职能，即企业办社会，企业中的党委、工会、共青团、妇联通过思想政治工作、群众工作、工会工作等承担对企业员工的工作。到 20 世纪 80 年代，随着改革开放的逐步深化，国有企业、集体企业纷纷改制，外资企业涌入国内，民营企业迅速崛起，工会组织功能逐步退化，企业领域面临的问题日益多样化和复杂化，而大型跨国公司的企业社会工作实务方面在国内引起的关注与从 90 年代开始的我国社会工作专业的恢复重建与发展相结合，使我国企业社会工作进入全新的发展阶段。

所谓的工业社会工作,是从英文"industrial social work"翻译而来的。2004年12月,在"中国社会工作教育协会成立十周年庆典暨社会工作发展策略高级研讨会"上,南京大学公共管理学院的周沛教授在题为"一项急迫而有价值的社会工作介入手法——企业社会工作的推进与展望"的演讲中,从对工业社会工作、职业社会工作这两个基本概念的比较性理解入手,认为工业社会工作、职业社会工作和企业社会工作在含义与实质上是相同的,只是在范围上有所差异而已,并在此基础上,在国内首次定义了企业社会工作,认为企业社会工作是运用社会工作的专业性手法,以工业、农业、商业、建筑业、运输业以及其他行业的企业单位以及职工为案主对象,以预防和解决企业及其职工问题为目标,以企业员工全面发展和企业组织科学管理为宗旨,以培养和发扬员工互助精神和自助能力为追求,调动和利用各种资源,提高员工福利,提升企业效率,促进员工和企业和谐发展的专业化介入手法与工作过程。自此,企业社会工作在理论和实践领域开始得到了广泛的重视和探讨。

在企业社会工作本土化研究中,有学者在探析美国工业社会工作发展过程中一些成功经验的基础上,从政府、工商企业、社会福利与劳工界、社会工作教育界四个方面开展了本土性的探索。还有人从体制角度认为企业社会工作本土化的开展受到来自市场体制、制度体制和文化体制三个方面的制约。企业社会工作的开展,不仅要借助企业工会机构植入企业内部,更需要通过体制安排,才能够使企业社会工作发挥出自身专业优势,从而获得全面有效的推广。对于国内企业社会工作服务模式的讨论,不同学者选用不同的划分标准,也有不同的划分类型。有学者以珠江三角洲地区为例,在总结和批判性解读厂内运作模式、外包运作模式、企业购买运作模式、项目嵌入运作模式四种实务运作模式的基础上,提出了认为最适合我国国情的"企业社会工作的社区综合发展"新模式,即由政府在社区搭建企业社会工作综合服务平台,民间社工服务机构与企业合作开展企业社会综合服务。另有人认为,嵌入建构企业社会工作的"工会模式"是对现有体制的一种较为实际可行的方式。在企业社会工作的服务方面,国内学者普遍认为应立足于企业员工角度,注重以员工为本的服务理念。相较于西方企业社会工作发展,我国企业社会工作被诟病的学科化在前,职业化在后的情形,许多学者也在专业实务角度做了一线企业社会工作实践,如:以山东某机械公司为例分析了企业社会工作介入人力资源管理的可行性和难点,并指出,有为才有位,通过在企业中履行社会工作职责,让企业主看到社工带来的改变,社工才能在企业中赢得一席之地,才能在未来给企业、员工及社区带来有益的改善。企业社会工作在民营企业和中小企业领域的探讨是近几年随着企业社会工作研究的深化和发展逐渐引起业界关注的。马进军等学者认为,对于重视利润和艰难打拼起来的民营企业来讲，企业工作环境相对较差，工资福利没有固定标准，侵害员工权益事件时有发生，通过企业社会工作的开展来促进民营企业的健康发展显得尤其重要。还有人认为，推动我国民营企业社会工作发展的关键因素在于激发企业家需求。只有企业家认同企业社会工作者的工作理念以及其服务内容，表示支持，社会工作者才能顺利进企业开展专业服务。也有人以自己在中小企业公司实习经历为例，探讨了社会工作介入我国中小企业的服务模式的可能性，针对企业管理者所担心的资金投入和效果问题，提出以企业服务外包模式和企业社会责任模式对中小企业进行介入的设想。

对我国国内已有的企业社会工作的研究梳理，会发现其中理论方面有一定的发展成果，但是社会工作介入中小企业直接指导企业的员工关系和日常管理的经验性研究并不是很多，也缺乏相关调研和实体操作的研究。浙江省嘉善县在 2013 年 7 月成为全国企业社会工作的试点区之一，也是浙江省唯一一个试点区。到 2016 年 6 月底，试点工作全部完成，笔者在 2016 年 7 月上旬调研走访了嘉善试点企业中较具代表性的两家企业，初步了解了嘉善企业社会工作的试点情况，希望本文能够为当前企业社会工作的调研实体操作类研究做一些扩充。

三、政府主导与诱致：嘉善企业社会工作的试点

2013 年 7 月 26 日，根据《民政部办公厅关于确定首批企业社会工作试点地区和单位的通知》（民办函〔2013〕238 号）文件，嘉善县被列为全国企业社会工作试点地区之一。

嘉善地处江、浙、沪三地的交会处，随着长三角地带经济的飞速发展，嘉善也由于它得天独厚的地缘优势，吸引了很多企业前来投资办厂。当一批批企业在嘉善落脚之后，就业机会增加，也随之吸引了很多外来人口。嘉善人说，嘉善的本地人口和外来人口比例是一半对一半。此话并非虚言。2012 年底调查显示，嘉善县常住人口约 80 万，其中本地户籍人口约 38 万，外来常住人口约 42 万。因此嘉善企业中，很多企业员工都是外来人口，一定程度上给这些企业的日常管理带来极大的挑战。因此，从这个角度上讲，嘉善能够成为企业社会工作的试点区域，还是很有意义的。

被列为全国企业社会工作的试点区之后，嘉善县政府迅速召开动员大会，科学制订实施方案，确定"幸福企业・社工同行"的试点主题，选取了 10 家重点企业展开试点工作，平均每个街道一家试点企业。制定试点工作"八个一"标准，即"一个负责人、一个社会工作室、一支队伍、一个调查、一个方案、一个特色、一个栏、一个台账"。并确定嘉善企业社工为"内置模式"，即通过外聘机构

专职企业社工培养企业内部工会、党团组织、妇联、人力资源等部门的成员,树立社工理念,成为企业内部的兼职社工。在开展具体专业社工实务时,机构专职企业社工应给予相关专业指导。具体情况如下:

(一)社工队伍建设

1.开展普及培训

加强领导干部层面的知识培训;面向企业社工领导小组成员单位和各镇(街道)企业社会工作小组定期开展企业社会工作专题培训班,邀请国内知名专家讲授社会工作知识;加强对企业社工从业人员的社会工作知识普及培训,联合县总工会在试点企业中开展社会工作知识普及教育,定期举办社会工作教材研读和社会工作知识竞赛。

2.开展专业培训

以企业党组织、工会、共青团、妇联、人力资源部门的相关人员为主要培训对象,加强实务培训,切实增强一线企业社会工作者的专业运用能力。计划开设12期专家讲座,选派优秀人才到上海浦东参观学习,每季度举办一期企业社会工作者沙龙。

3.鼓励参加考试

鼓励企业社会工作从业人员参加全国社会工作者职业水平考试和嘉兴市社会工作专业知识培训考试。将已取得专业证书的人员纳入全县社会工作专业技术人员管理范围,落实常规继续教育,不断提升专业素质和能力,提高企业社工者的职业地位。

(二)岗位开发

1.设置社工岗位

在嘉善全县试点企业中,按照100—200名员工数配备1名专职社工,200—500名员工数配备2名专职社工并设置工作岗位。引导推动企业对内设的党组织、工会或人力资源部门进行人员结构调整,开发设置社会工作岗位,形成企业工会、人力资源部门人员转换、招募为主,社工机构派驻为辅的方法。

2.落实薪酬待遇

企业社工的薪酬待遇原则上不低于该企业同等条件下专业技术人员的薪酬水平,实行岗位名称、职责任务、工作标准、任职条件和薪酬待遇相对应原则。聘用取得国家助理社会工作师、社会工作师资格,能运用社会工作方法开展专业服务,经考核为合格以上等次的人员,分别给予每月100元和200元的专业技术职务补贴,考核不合格的不予享受。聘用取得嘉兴市社会工作员、助理社会工作师、社会工作师资格,能运用社会工作方法开展专业服务的人员,经考核为合格以上等次的,分别给予每月 30 元、50 元和 100 元的专业技术职务补贴。

3.明确岗位职责

按照社会工作职业化、专业化发展原则,实行企业社工总量、结构和等级比例设计,按照岗位名称、职责任务、工作标准、任职条件和薪酬待遇相对应原则,明确企业社工的岗位职责、考核评价体系、职业晋升机制,增强企业社工岗位的吸引力,激发社会工作者的工作积极性,搭建职业平台。

(三)机构培育

(1)成立嘉善县社会组织培育发展中心,孵化 1—2 家以提供企业社会工作为使命的民办社会工作服务机构。

(2)以企业社工机构为中心,向各镇(街道)辐射,在全县 9 个镇(街道)建立项目点,由该镇(街道)项目点辐射其区域所有企业。

(3)各镇(街道)选择 1 家及以上代表性企业重点开展企业社会工作,在企业内部成立社工部。

(四)服务开展

试点企业结合企业工会工作、党群工作,探索开展有嘉善特色的专业社会工作服务,满足企业内不同员工个性化、多样化的服务需求,促进企业文化发展、企业社会责任落实,实现员工和企业共同发展。

建立企业社工督导制度。加强与上海、苏州各高校,浦东社工协会等单位的合作,签订社会工作督导委托协议,开展包括实地督导、远程督导在内的全方位专业督导活动。由督导对企业社工开展的各个工作环节进行专业指导,对试点过程中遇到的难点和重点,提出专业性意见与建议,确保企业社会工作服务的专业性。

1.服务企业员工

实施弱势员工关爱计划,对贫困、大病、伤残员工通过个案管理,进行危机干预,开展生活救助、心理疏导,帮助解决其面临的突出问题,恢复信心,计划试点期内完成 5 个案例。实施员工休闲娱乐计划,通过员工喜闻乐见的方式,每月开展一次大型活动,围绕员工情绪管理、心理健康、婚恋家庭指导、新生活适应、康乐活动、风采展示等主题进行。实施员工权益维护计划,利用总工会"12351"维权热线,会同企业开展劳资关系调节,维持企业和谐秩序,维护员工合法权益,搭建员工申诉渠道,缓解企业内部矛盾。

2.协助企业管理

(1)实施员工个人能力提升计划:开展员工职业生涯规划活动,激发员工主动性和个人潜能,最大限度发挥企业的人力资本;举办各类学习沙龙,如计算机、摄影、人际交往、理财知识等课程,提高员工个人素质。

(2)实施蓝领人才培育计划:培育"蓝领人才成长基地",依托职校、"高技能人才创新工作室"、"技师之家"等教育阵地,开展职业技能培训、技术交流等活动。

(3)实施"五比"服务促效益计划:联合县总工会,开展"比创新、比技术、比管理、比服务、比效益"企业员工技术创新比武竞赛,以提高员工职业技能。

3.促进企业建设

(1)实施企业社会责任推动计划:提升企业人文建设,丰富企业文化,营造平等、尊重、友爱、共进的组织氛围;改善员工福利和工作环境;推动企业履行社会责任。

(2)实施"十送"服务行动计划:联合嘉善县社工委成员单位开展促进就业"送岗位"、维权帮扶"送救助"、提升素质"送培训"、丰富生活"送文化"、服务劳模"送关爱"、后勤保障"送温馨"、医疗救助"送健康"、扶持创业"送贷款"、心理关怀"送咨询"、情系青年"送姻缘"等活动。

(3)实施和谐企业你我共享计划:联合安监部门推进和谐企业建设,引导企业开展安全生产管理工作和劳动保护分级管理工作,开展"强保障,促和谐"活动。

(五)资金投入

认真落实民政部、财政部联合出台的《关于政府购买社会工作服务的指导意见》(民发〔2012〕196号),结合《嘉善县关于加快推进政府购买社会组织公共服务的指导意见》(善政办发〔2012〕222号),研究制订《关于政府购买社会工作服务办法》,以政府购买服务方式提供部分资金支持,开展"公益创投"。同时,引导鼓励企业投入部分企业社工发展资金。

研究综述中发现,我国企业社会工作更多是由政府主导来开展。而嘉善县的发展模式无疑是政府主导诱致的一个典型。

从民政部下发文件,嘉善成为全国企业社会工作的试点区,到嘉善县政府开始鼓励社工机构组织注册成立,到嘉善选取试点企业,组织试点企业相关管理人员参加培训,确定企业社工模式为"内置模式",到试点企业内部开始成立社工部,再到培训人员运用社工技能开展以康乐活动为主的社工实务,并运用社工技巧介入企业日常管理,这一系列的过程,是宏观价值规范到中观组织制度再到微观人际互动的衔接过程，整个衔接过程都是政府在大力主导。若衔接得好，我们也就能看到更多成效。若衔接得不好，我们也就会看到很多问题。

四、"嫁接"与"内嵌"：试点企业的行动实践

经过一年的试点工作，试点企业是否会在企业管理上有所变化，在实践过程中到底对企业产生了什么影响，这些影响对企业产生了正功能还是负功能，这是企业、机构、政府所共同关心的。接下来本文以笔者调研的两家企业为例，具体介绍两家试点企业的企业社会工作的行动实践过程。

(一)A企业

A企业是台资企业，属于中小企业范畴。A企业的工会主席高协理是笔者的主要访谈对象。在嘉善试点企业社会工作时，她也在社工队伍建设中，如今她已是一名兼职企业社工。

在对高协理的访谈中得知，A企业成为试点企业前，就已开展了类似企业社工的服务。比如A企业有自己的爱心基金会，有自成体系的员工关爱服务，原先他们更愿意将这些内容纳入企业文化的介绍中去。现在他们知道这样的工作其实有一个更专业的名称，即企业社会工作。因为是台资企业，企业经营者对社工理念的接受度相对而言比大陆民营企业的经营者更高些。笔者在访谈嘉善社工机构的一名社工时，社工也说，A企业的企业社会工作在10家试点企业中，应该是较出色的一家。从访谈和参与式观察中了解A企业的企业社会工作实践，让笔者和随行民政人员印象深刻的是下面这些：

> 员工过生日，每月底会送上定制的生日蛋糕和30元进行庆贺；
> 员工结婚，公司会送上300元的红包表示祝贺；
> 员工生小孩，公司会送上300元的红包表示祝贺；
> 员工直系亲属过世，公司会送上200元的丧葬慰问金表示慰问；
> 考虑员工伙食供应的质量，公司自办食堂，不外包；
> 观察中，笔者发现食堂打饭窗口分别做了"辣"和"不辣"的区分；
> 每周三发放一次水果，每月底及节假日公司均会为员工加餐；
> 考虑到员工早起上班，早餐吃得太少会导致上午上班精神不佳而影响身体，因此上午再免费提供豆浆、面包等为员工加餐；
> 每逢春节、元宵节、端午节、中秋节等传统节日，公司均会为员工准备大餐并提供佳节礼品来庆祝传统佳节。
> 考虑到方便员工业余生活，公司特地做了这样的一些区域规划：

（1）图书馆、网络室，用以满足员工求知的需求；观察中，笔者注意到，在图书室，每张桌子上现在都放了一个台签，上面有企业社工部标志和企业社工的职责简介；在网络室，每台电脑上都贴了温馨提示：上网超过一小时，请注意眼睛休息哦。

（2）多功能教育厅和电视房，便于员工工作之余可以听听音乐、唱唱歌、跳跳舞、看看电视和电影等等来缓解工作的压力。

（3）健身房，员工可以发展自身的业余爱好，从而增进身心健康。

以上都体现了该企业处处为员工着想，以人为本，其实企业管理者正与员工在不知不觉中培养一种协作性关系。如高协理所说，他们是于无形之中在员工心里播下一颗温暖的种子，让员工在企业工作中感受到归属感。

在政府推行企业社会工作时，A企业毫无疑问地成为试点企业之一。A企业在企业内部成立了社工办公室，高协理是社工办公室的负责人。企业工会系统的成员和人力资源部的成员经过培训和考试，有一部分通过考试成了企业兼职社工，他们开始将社工理念和技巧真正运用到企业日常的管理和实践中。访谈过程中，高协理热心地与笔者分享了一个运用社工技巧而成功解决了企业内部员工冲突纠纷的案例：

试点期间，企业内部发生了一起恶性打架事件。其中一名企业员工被其所在车间下属和该下属亲友打伤严重。起因只是车间组长教训下属，引起下属强烈不满，加上平日的摩擦积累，使得下属冲动并连带其亲友一起对其动了拳脚。按照A企业日常规章制度，凡是员工之间互相打架斗殴，一律开除。但这起事件发生期间，高协理正在接受企业社工的理念熏陶。因此她改变了以往一贯的处理方式，采用了"同理心"的沟通技巧，与两名当事人分别谈心，启发他们的反省能力。在了解了整个事情的过程后，高协理客观评价两名当事人的所作所为，启发员工运用"同理心"的方法，换位思考，最终在她的协调指导下，两名当事人握手言和，一场恶性冲突成功化解。

A企业的企业社会工作的实践中，从有形到无形，我们会发现它在原有的企业员工福利和员工人际关系协调等方面很好地"嫁接"了社工的理念。有形上，我们看到企业社工办公室的成立，图书室企业社工台签的放置，还有在参观企业时，会时不时看到有关企业社工的展板；无形上，高协理的案例分享，以及她自己成为企业社工的心得体会，让笔者感受到：A企业能很好地"嫁接"社会工作的理念和精神，到逐渐开展企业社会工作的嵌入性服务，A企业在自上而下、由宏观到微观的政府主导中，较好地实现了企业社会工作对中小企业的融合。

(二)B 企业

B 企业是嘉善本地一位企业家自己创办的公司,如今颇具规模,也属中小企业范畴。因为是本地企业,约 80% 的员工来自嘉善,这一现象在嘉善众多企业中较少见。所以 B 企业在管理上相对容易,因为本地员工多,企业员工流失率就比较低。早有研究发现,员工流动性影响企业家对企业社会工作的需求。其中逻辑不难理解,根据劳动经济学相关理论,一般而言,如果企业内部的员工是相对稳定的,流动性低,则企业会有动力去改善员工福利状况,并以此来提升企业的经济效益。由于 B 企业的总体员工流失率低,B 企业的企业社会工作的实践情况也不错。

B 企业董事长是一位传统文化爱好者,企业文化很有特色。其主要文化是"善文化"。在 B 企业办公大楼的三楼,其中一间房是它的"善文化"展厅,一进门,房间后面的墙就是善文化的详细含义,共五个词:止于至善、善解人意、善恶分明、善始善终、上善若水。其中每个词都有对应的阐释,笔者在这里不再赘述。

在这样的"善文化"熏陶下,B 企业试点期间经过培训,已培养了 8 名兼职企业社工,一支 17 名员工组成的义务队,使 B 企业成为试点企业里社工队伍人数最多的一家企业。在成立社工工作室后,企业社工负责对企业和员工的问题进行专业解决。企业试点期间,公司一名女员工家里孩子患上重病,企业社工号召大家募捐,呼吁大家将心比心,运用"同理心"和"情境式"理解女员工的心情,没有机械、行政命令式地号召大家献爱心。最后企业共募捐 5 万多元善款,帮助该女员工缓解了经济上的燃眉之急。B 企业还实践了自己独特的项目服务——"家长学校",即组织员工家里的小孩一起来公司感受父母的辛勤劳动,企业管理者同员工小孩亲切交流,辅助家长亲子教育,让小孩在实践中、交流中成长,无形中减弱员工因为工作繁忙无暇照顾孩子的困难。

B 企业自己独特的"善文化"与社会工作的"利他主义"其实非常吻合。因此 B 企业在自己原先企业文化的基础上也能很好地"嫁接"社会工作的"利他主义""助人自助""同理心"等内容,在很好地"嫁接"了企业社会工作后,企业开展以员工为主要服务对象的相关活动也就不会突兀,不会为难。再加上 B 企业本地员工居多的优势,也使得企业经营者乐意开展企业社会工作。因为员工素质提升了,工作效率高了,企业也将获得更多效益。

从笔者调研的两家试点企业来看,企业管理者基本都表达了对企业社会工作的积极肯定态度,这也是政府、机构和企业共同想要看到的一面。但这仅是两家实践较好的企业,嘉善企业社会工作的试点企业一共 10 家,我们不能以偏概全,从不具有代表性的样本来推论总体。因此相关嘉善企业社会工作的试点问题我们将在后文讨论。

五、结论与讨论

虽然嘉善企业社会工作的试点工作于 2016 年 6 月底结束,但实际上嘉善的企业社会工作才刚刚起步。

在调研期间,笔者访谈的对象涵盖了企业、政府、社工机构的相关人员。从一名机构专职企业社工的访谈中得知,一年的试点工作,有很多工作浮于表面,偏行政化,使得很多社工实务并未较好开展。企业社会工作这一组织制度并未深层嵌入到微观人际互动中。很多试点企业的员工可能最多在公司的某个展板上看到企业社工的宣传简介,实际上对企业社会工作的实质知之甚少。在对试点企业管理人员的访谈中也了解到,在推行企业社会工作的实践中,企业人员很多时候比较忙碌,很少有空余时间参加企业社会工作的培训和指导。培训时间经常变更,有时甚至不得不中止针对某个企业某一阶段的专门指导和培训。在与企业兼职社工的访谈中,笔者还发现,对于社工的真正理念他们并未能够做到全面深入的领会,他们很多时候还是会将社工与志愿者、义工的概念等同混淆起来。在对政府工作人员的访谈中也了解到,嘉善当地虽说有很多外来人口,但是也许是嘉善自古以来民风淳朴,外来务工人员在嘉善的整体融入情况相比深圳这样的地方要好,企业内部的劳资关系总体偏和谐,所以嘉善企业社会工作的试点更多具有的是防患于未然的作用。

企业社会工作毕竟是个舶来品,如果我们简单照搬西方的企业社会工作,定会水土不服。嘉善在考察深圳当地的企业社会工作的发展情况后,确立了嘉善的"内置社工服务模式"。这样的因地制宜笔者持肯定态度,"内置社工服务模式"能更好地发挥嘉善企业的社会工作力量。不过在努力探求本土化路径的过程中定还会遇到各种问题。至少在试点期间出现问题并解决改进,可以减少以后推广时再出现问题。对嘉善县企业社会工作的未来发展,笔者会持续关注,也希望更多学者关注企业社会工作领域。

参考文献

[1] 刘灵.员工关系管理理论研究综述[J].现代商业,2007(33).

[2] 程云喜.SA8000 认证缘何步履维艰——"逆向选择"的形成机理及矫正[J].工业技术经济,2011(1).

[3] 陈佳贵.中国企业社会责任研究报告[M].北京:社会科学文献出版社,2010:124.

［4］尹珏林，张玉利.中国企业的 CSR 认知、行动和管理［J］.经济理论与经济管理，2010(9).

［5］李迎生.社会工作概论［M］.北京：中国人民大学出版社，2010：497.

［6］李增禄.社会工作概论［M］.台北：巨流图书公司，1989：425.

［7］周沛.企业社会工作［M］.上海：复旦大学出版社，2010：5.

［8］高钟，等.企业社会工作概论［M］.北京：社会科学文献出版社，2007：79-84.

［9］林联章.工厂员工适应问题服务措施之研究［J］.工业社会工作发展之探讨，1982(3)：112-114.

［10］苏景辉.工业社会工作［M］.台北：桂冠图书股份有限公司，1989：2.

［11］周沛.一项急需而有价值的社会工作介入方法——论企业社会工作［J］.社会科学研究，2005(4)：107-113.

［12］刘斌志，沈黎.工业社会工作：美国经验与本土探索［J］.华东理工大学学报(社会科学版)，2006(4)：20-22.

［13］朱贵平，李正东.体制内外：企业社会工作本土化开展的因素分析［J］.中国劳动关系学院学报，2009(10)：77-82.

［14］李晓凤.我国企业社会工作的历史演进及实务运作模式初探［J］.社会工作，2011(6).

［15］吕青.嵌入与建构：企业社会工作工会模式［J］.中国劳动关系学院学报，2013(12)：38-41.

［16］韩雪.社会工作介入企业人力资源管理的可行性与难点分析——以山东某机械公司为例［J］.价值工程，2010(2)：46-47.

［17］马进军，李东雷，侯云霞.刍议民营企业开展社会工作的必要性［J］.学术论坛，2011(10)：253-254.

［18］何辉.企业家需求、企业社会责任和我国民营企业社会工作的发展［J］.社会科学院研究生院学报，2012(2)：129-134.

［19］李倩云.社会工作介入我国中小企业的服务模式研究——以某互联网行业中小企业为例［J］.首都经济贸易大学，2012(3).

（指导教师：陈建胜）

功能主义视角下外来女工心理健康的社会工作介入机制

——以杭州市天元公寓外来女工为例

陈润峰 16级社会工作

摘 要:由于受到刻板印象的影响,外来务工人员总是在社会中处于弱势地位,其获取资源和解决问题的能力都相对较弱。外来务工人员一般出身农村,受教育水平普遍不高,社会支持网络也有所缺陷。同时,相较于男性,女性的心理承受能力更差,且外来女工不仅需要应对工作上的压力,还需要肩负起家庭主妇的责任,出现心理问题的可能性就会大大增加,再加上没有合理的宣泄机制,女工的心理健康很难得到保障。功能主义强调了对现有机构的纠偏,主张从问题下手,对案主进行治疗和纠偏,注重问题的解决。作为一个特殊的群体,外来女工遭受各种问题的困扰,其心理弹性就很容易受到影响,当自身产生严重的心理问题时,她们很难应对。考虑到女工平常工作时间长,没有多余的时间去应对心理问题,功能主义所主张的心理辅导治疗以及情绪管理对于她们来说是最为有效的解决问题的途径。同时,功能主义视角下,存在心理问题的女工能够在最短的时间内解决问题,最大限度地消除污名效应对案主本身的影响。本文结合笔者进行女工心理健康项目调查时的访谈记录,将以功能主义的视角来探索外来女工常见的心理问题,以及所对应的解决措施,以更好地促进女工心理健康。

关键词:功能主义;问题解决;心理健康

一、问题的提出

改革开放和社会转型见证了中国人口大迁移,并以此形成了一个规模庞大的劳动移民群体,这也是中国语境下的一个特色群体——农民工。其中,女性劳动移民(指在户籍所在乡镇地域外从业的女性农民工,以下简称为外来女工)

也占有较大的比重。

在对目前的农民工(主要是"80后")的研究中,有研究者指出,"80后"农民工承担着城市中最苦、最累、最脏、最险的工作,虽然其心理状况是良好的,但由于精神文化生活的严重缺失,恶劣的工作、生活条件,在城市社会地位的低下等原因,使部分农民工的心理出现了以下问题。

(一)自卑和压抑

由于农民工的户籍在农村,传统的城市管理制度对农民工存在排斥,农民工只能处在"二等公民"的尴尬地位,而城市居民凭借着先天的优势在社会生活中能够享受诸多的特权。这种先天的权利差异比生活上的贫困更加刺激农民工的内心,很容易产生城里人和农村人的心理对抗。

(二)封闭和孤独

从表面上来看,农民工虽然进入了城市,但是受到其文化水平、行为方式等的影响,使得他们很难融入城市。生活方式上的差异、空间隔离以及城市居民对农民工的刻板印象,增加了农民工对城市的不适应,因此他们只能局限在自己的同辈群体中,重复着每天的工作和生活。

(三)不满和怨恨

农民工与城市居民相比,面临的生存压力更大,能够享受到的福利待遇更少,但工作确实更加脏、累、险,再加上城市中对农民工和城市居民"双标"的行为,收入分配上的不均以及生活水平上的反差,容易使得农民工产生强烈的被剥夺心理。这类情绪很容易使农民工在公共场合采取极端方式发泄自己的怨气。

(四)仇视和报复

当农民工期待的融入城市的需求被城乡二元体制所阻隔而难以实现时,城市居民的冷漠、户籍制度的差别、合法维权的困难等因素就会使农民工产生极端的情绪,采取极端手段来报复也就不足为奇了。

一个时代特色背景下所产生的群体,即使他们出现问题的概率不高,但是在大的基数下,这一群体的问题也不容忽视。

根据2018年4月国家统计局发布的数据,2017年农民工总量达到28652万人,比上年增加481万人,增长1.7%,增速比上年提高0.2个百分点。在全部农民工中,男性占65.6%,女性占34.4%。其中,外出农民工中女性占31.3%,

比上年下降 0.4 个百分点;本地农民工中女性占 37.4%,比上年提高 0.2 个百分点。从事的行业包括制造业、批发零售业、住宿和餐饮业等行业。而在进城农民工中,只有 38% 的人在接受调查时认为自己是所居住城市的"本地人"。且进城农民工的社会活动比较单一,维权意识也有所欠缺,在工作和生活中遇到困难时,60.9% 的进城农民工想到的是找家人、亲戚帮忙,找老乡的占28.3%,找本地朋友的占 24.6%,找单位领导或同事的占 10.7%,找工会、妇联和政府部门的占 7.8%,找社区的占 2.6%。其中找工会、妇联和政府部门以及找社区的农民工比重分别比上年提高 1.0 和 0.3 个百分点。当权益受损时,进城农民工选择解决途径的比例是:与对方协商解决占 36.3%;向政府相关部门反映占 32.7%;通过法律途径解决占 28.3%。

针对这一问题,如何从满足外来女工的温饱需求到使其身心全面健康——在城市工作的过程中能够有归属感、摆脱自身同城里人交往时的自卑感、学会准确的情绪宣泄方法,是外来女工的社会工作的介入方法中需要考虑的。基于此,笔者认为引入社会工作的介入方法,特别是通过功能主义视角,来帮助介入外来女工的心理健康问题,在以问题解决为工作目标的方法指导下,帮助外来女工塑造良好的心理环境,促进女工的心理健康,显得尤为重要。

二、社会工作对外来女工研究的综述

(一)优势视角下的介入方法

20 世纪 80 年代,优势视角是在建构主义、批判理论范式的影响下,对问题视角、病态模式的反思中被提出的。

优势视角认为所有的环境都存在资源,人类的发展和成长存在于社会和环境的互动中。

《外来劳务工职业发展的困境及企业社会工作介入空间初探》中的研究表明,对于缺乏自信、没有个人成长计划、没有技能的外来劳务工,基于优势模型的理念,社会工作者一方面可以激发劳务工的职业志向,增强其职业自信心,协助其挖掘个人潜能,帮助其设计长远的、可行的职业生涯规划,以重构劳务工职业发展的社会生态,实现他们与生活环境的有机整合;另一方面,则可以寻找适合的社会支持、就业信息资源、相关的职业教育与技能培训服务等,协助劳务工建构职业发展的社会支持网络,以增强其职业技能,提升其职业发展的能力建设,获得更好的就业发展机会。

在此基础上,外来女工的职业规划得到了解决,职业信心得到了提升,女工本身的自卑感得以缓解,有助于其自身的心理健康发展。

（二）"扩展的临床视角"介入方法

1989年，Balgopal提出了"扩展的临床视角"干预方法，将社会工作的临床干预分为人与环境两个部分，干预的层次也被分为两个部分，即共有四个干预层面：具体的个人（person）、宏观的群体（Person）、微观的环境（environment）、宏观的环境（Environment）。由此，"扩展的临床视角"干预方法可以分为四个部分：

（1）对于具体的个人的干预，主要是按照个案管理的方法，比如针对员工的职业困境，社会工作者帮助其规划来促进其职业发展。

（2）对于宏观的群体的干预，主要采取小组工作的方法，通过对员工所具有的共同特质进行小组工作，开展"情绪调节"一类的方法。

（3）对于微观的环境的干预，主要是加强企业和员工、员工和政府等之间的多元有机联系。

（4）对于宏观的环境的干预，主要是从政策倡导方面来进行专业干预。

基于此，笔者认为具体的介入方法可以针对已经存在心理问题的外来女工进行心理辅导和情绪管理的训练，而对于宏观的群体的干预则可以通过小组的形式来帮助存在潜在心理问题的外来女工。在对微观的环境的干预中，则可以通过和企业沟通来帮助传达外来女工对企业的需求，担任企业和女工之间的连接者的角色。对于宏观的环境的干预，则需要社会工作者呼吁政府部门重视女工的心理健康，扩大对心理健康的宣传。

社会工作是西方社会的"舶来品"，我国在引进西方先进的经验过程中，也应当根据国情来适当地调整社会工作发展的方向。王思斌认为，文化传统对我国的社会工作的发展是有重要影响的，文化和社会工作有天然的密切联系，社会工作是以文化为底，在文化的脉络下展开的，我国社会工作的发展还是要综合多方因素，在强调吸收外来的经验时也要注意吸取与转化本土社会工作的经验。就现有的阶段来看，笔者认为功能派社会工作个案方法最适合外来女工的心理健康介入措施。

功能派社会工作起源于20世纪30年代美国宾夕法尼亚大学的社会工作学院，代表人物有塔弗特、罗宾逊等。其实施原则包括：社会工作者提供服务时，通过案主参与，充分了解案主所处环境，以此来诊断出案主的问题，并制订计划来加以修正；根据服务阶段的不同，社会工作者可以依照不同的目标来对服务的阶段进行控制和设计，针对性地来应对案主在不同阶段的需求；注重适当的链接资源，比如医疗机构、教育机构、经济机构等充分发挥功能，为案主服务；注重服务效率的提升，根据服务结构的设计来增进服务的进度，选择适宜的地点和时间来开展工作;工作过程中注意协助案主改变,必要时帮助案主做出决定,引导案主进行自我建构。

功能主义最大的特点在于直面案主的问题,以解决案主的问题为目标,在解决问题的同时,所有服务方案的设计都是围绕着案主的问题展开的,案主所存在的问题被认为是病态的,不适合发展的,而社工要解决的就是案主目前所呈现出来的问题,在这种模式下,社工在解决问题时过于强势,占有主导的地位,案主自决的原则可能会被弱化,在解决问题的过程中,所采取的措施可能会在某些方面导致案主养成依赖心理,从社工助人自助的理念来看,确实会对案主培养自身能力有负面影响。考虑到案主自身的因素,笔者认为目前针对外来女工的心理问题,还是应当以解决案主的问题为主,原因有以下几点:

首先,外来女工的工作时间长是限制社会工作者开展服务的限制因素。周川玉的研究表明,由于工作时间长或工作任务繁重,外来务工人员平常的娱乐休闲需求得不到充足的时间保障和体力支持,这说明了外来女工的时间可能不够充足。而功能主义强调注重服务结构的设计来提高服务效率,社会工作者可以根据外来女工的工作时间特点来选择适宜的时间、地点来开展工作,这样社会工作者可以在有限的时间内充分把服务内容呈现出来。

其次,外来女工的问题解决能力并不会很强。她们比不上男性的身体条件,又受文化水平和思想观念的影响,再加上获取信息的渠道受到限制,在遇到问题时,通常难以解决。而功能主义在工作过程中强调案主改变的结果,在服务过程中,可以运用专业关系协助案主做出改变,引导案主进行自我建构,在这一过程中,既可以发挥案主的潜力,同时,案主能力所缺失的部分,在社会工作者的引导下,案主也能够完成改变。

最后,心理健康问题也没有得到人们足够的重视,因为中国人在物质上的追求似乎要超过精神上的追求,物质利益,如收入、住房和社会保障,心理健康往往是在物质条件不断地得到满足之后,才会受到人们的关注。日常生活中,人们很难将心理健康和日常的食欲下降和睡眠质量降低联系在一起。而根据ICD-10的诊断标准,睡眠障碍也是抑郁症的附加症状。有研究表明,中国人对心理健康问题并没有充分的认识,在精神疾病的初期往往并不会寻求治疗,这也是导致女工心理健康问题恶化的原因之一。而当精神疾病发展一段时间开始引起症状时,患者往往需要前往医疗机构进行专业的诊断和治疗。这就可以充分地发挥社会工作者的专业角色,促使社会工作者运用地方资源来帮助案主,比如帮助案主寻找专业的心理治疗机构。

三、个案访谈情况分析

基于笔者前往杭州某社区参加外来女工项目所开展的服务活动,以及活动过程中的活动记录,笔者列出了受访对象中出现次数较多的问题,并以此总结了目前针对外来女工介入时所需要的措施。

个案一 部分访谈情况:(Q代表访问者,A代表受访者,受访者今年32岁,育有一子,夫妻双方在城里务工,孩子在老家上学)

Q:来到杭州这么多年,觉得这座城市怎么样?

A:总体来说比以前收入多了很多,基本上是可以能够吃饱穿暖了,每年还有些钱可以存起来。

Q:那就是说物质生活上还是得到了满足对吧? 那在这个城市里有什么和家乡不同的地方吗,比如说平常和同事有什么活动吗,在这里孩子好上学吗?

A:感觉上,这里还是挺难和这边的人打成一片的,可能自己本身也比较内向吧,平时下了班之后就和老公回家去了。也想过把孩子带过来,但是这里花钱确实比家里多,再加上自己又是乡下人,没什么文化,自己都和城里人接触不来,更别说小孩子了。

个案二 部分访谈情况:(Q代表访问者,A代表受访者,受访者今年24岁,未婚,和老乡一起来到杭州务工)

Q:平常在这里感觉生活压力大吗?

A:也还好吧,除了有的时候别人笑你的口音,在这里办事感觉本地户籍的同事拿的钱要多一点吧。很多政策我们也享受不到,平常只能铆足劲去工作,遇到什么要解决的事情,跑去政府一问,人家说的我们也听不懂。

Q:那平常除了工作还有其他事情做吗?

A:也没什么事情做吧,和同事们有的处不来只能在寝室玩玩手机了……

本次受访的外来女工一共有26位,年龄在23岁到38岁之间。对她们所做的访谈内容包括"心理健康的定义""心理疾病的常见表现""心理健康的重要性""物质享受和心理健康两者之间的选择""睡眠状况和食欲问题""平常参加社交活动的时间"等方面的内容。

其中,准确了解心理健康的定义的只有3人,占总人数的11.5%。大多数外来女工很容易将心理健康和精神健康混淆,如她们认为只有出现了某些精神症状才能被称作是心理问题,能够说出心理疾病的常见表现的有5人,占总人数的19.2%。虽然有的外来女工不了解心理健康的定义,但随着网络和数字媒体的发展,她们对心理疾病的常见表现是有一定的了解的。在心理健康重要性方面,外来女工普遍认为心理健康重要,持这种想法的人有23人,占到了总人数的 88.5%，但是在被问及选择物质享受和心理健康时，多数人（19 人，占总人数的 73.1%）认为应该以物质享受为先，只有少数人（7 人，占总人数的 26.9%）认为应该先关注心理健康，多数人给出的解释是"物质需求是得以生存的前提"，大多数的人认为心理健康应当是建立在物质基础上的，即只有物质充裕的条件下，才可能有精神健康。最后，在关于情绪管理的访谈中，只有 2 人平常关注过自身的心理健康，并且全是通过网络的途径来关注自身的心理健康。

通过以上的访谈数据，我们可以得知：

首先，随着生活水平的提高，外来女工也逐渐开始关注心理健康，在吃饱穿暖之后，她们也越来越开始追求心理健康。这对于女工的心理健康维护确实是一个好的开端，但是，由于信息获取渠道不够广，女工们的心理健康知识大多来源于网络，如微信公众号、网页消息等等。但这些途径往往会因为有心人士为赚取点击量而过分地夸大问题或者是刻意去吸引眼球，其专业性很难得到保障，所以真正了解心理健康的人员并不多。从数据上来看，女工本身也有想要关注的心理健康的需求，这一点从认为心理健康的重要性这项数据就可以看出来——多数女工并不是不去关注心理健康，而是受限于自身物质条件，再加上没有专业的力量加以介入，她们对心理健康的了解就只能局限于众多的网络营销号之间。最后针对外来女工日常维护心理健康的措施，受访结果显示只有极少数的人会去积极获取信息，去有意识地维护心理健康。

由此可以看出，外来女工的心理健康不容忽视，而这一领域也是需要社会工作者今后关注的地方。那么，帮助外来女工的思路应该是怎样的？究竟是强调赋权的效果，提升案主的能力，还是在社工的引导下，由社工来完成对案主的服务，直接针对性地解决案主的问题呢？

四、介入性服务——功能主义的运用

扩大心理健康知识的宣传。总体而言，目前外来女工对于心理健康存在一知半解的情况。心理健康知识可以采取知识讲座的形式，通过向外来女工介绍相应的抑郁症诊断标准，如 ICD-10、CCMD-3、DSM 等，介绍抑郁和焦虑常见的症状，通过连接精神科专家进行现场诊断来为外来女工提供健康保障。

关注外来女工的身体健康问题。胡宏伟的研究结果表明，健康状况与个人的倾诉意愿存在一定的相关性，健康状况良好的农民工会在倾诉意愿时表现得积极主动，而健康状况比较差的新生代农民工，很容易封闭自己，不情愿与外界沟通。这就表明有的农民工的心理问题是由身体健康所引发的，所以在介入外来女工的心理健康时，同时也要关注她们的身体健康。社会工作者在这一过程中，可以链接医疗机构方面的资源，带服务对象进行身体上的检查，确保她们身体上保持健康,同时也要想办法争取相关的社会福利,帮助女工减少接受医疗服务的费用。

提高外来女工的适应性。进城务工的人员离开故乡来到城市,远离了家人,缺乏家庭的支持,再加上长时间缺乏社会交往,很容易产生孤独感。周爱群和刘峥的研究表明,生存环境长时间的封闭和人际交往的缺乏会影响务工人员的心理状况,也就是说,社会工作者在帮助解决外来女工的心理问题的同时,也需要通过鼓励服务对象跨出宿舍,积极参加社交活动,改变其内向的性格及自卑的心理。这一点,可以由社会工作者来链接单位的女工企业内的资源,以小组工作的形式,成立外来女工的互帮互助小组,定期开展有关不良情绪的倾诉活动,通过倾诉的方式,引导她们建立互帮互助的体系,形成小组成员相互之间的支持,这样既可以用社会工作者的力量帮助形成外来女工的社交圈,同时也可以通过小组的力量给外来女工一个宣泄的平台,发泄不良情绪。

保障女工的物质条件。张冰冰和刘峥的研究结果显示,农民工抑郁症状的发生与生活满意度存在统计学意义上的差异,即与农民工的抑郁状况(心理问题的一种)是有关系的。李丽娜和崔向军的研究则进一步说明,城市的生活满意度越高,其焦虑和抑郁可能性就越低。由于生活满意度也包括物质条件的满意度,因此,保障外来女工的合法权益也是社会工作者应当注意的。当外来女工的物质条件受到损害,如工资待遇被公司克扣,伙食条件太差,居住环境太简陋等,社会工作者应当按照不同的问题来链接不同的资源;涉及法律问题时,社会工作者介入时还要帮助外来女工寻求法律援助;涉及单位的福利待遇时,社会工作者一方面可以链接企业内部管理层,帮助外来女工表达她们的利益诉求;另一方面也可以求助于劳动管理部门,寻求政府的力量来帮助解决问题。

五、总　结

功能派社会工作一直以问题解决为中心,这也是其被批判的地方。上述有些介入措施可能会养成外来女工的依赖心理,从长远来看对个人的发展有所影响,并不适合个人的发展,与"赋权"的思想有所抵触。但笔者认为,作为一个特殊群体的介入方法,结合外来女工的现状分析,通过社工的引导来发掘潜在的案主,通过社工的主动介入来帮助服务对象,在资源条件有限的情况下,这种方法是非常有效率的。

由于本研究所针对的个案过于片面,其所得出的结论可能并不是最具有代表性的,但从其中,我们可以看到外来女工所共有的心理问题,这些问题背后的成因大同小异,可以作为专业社工力量介入女工心理问题的参考。

参考文献

[1] 包晓."80后"农民工的心理障碍及调适政策[J].经济师,2008(6):55-57.

[2] 国家统计局.2017年农民工监测调查报告[R].国家统计局网站.

[3] SALEEBEY D.2004,优势视角——社会工作实践的新模[M].李亚文,等, 译.上海:华东理工大学出版社,2004.

[4] 李晓凤.外来劳务工职业发展的困境及企业社会工作初探——以深圳市X 工业型社区为研究个案[J].中国社会工作,2013(6).

[5] BALGOPAL P R.Occupational Social Work:An Expanded Clinical Per- spective[J].Social Work September,1989.

[6] 郑广怀."扩展的临床视角"下企业社会工作干预措施——以广东D厂的新 员工为目标群体[J].社会学研究,2011(6).

[7] 王思斌.和谐社会建设背景下中国社会工作的发展[J].中国社会科学, 2009(5).

[8] 李迎生.社会工作概论(第2版)[M].北京:中国人民大学出版社,2010: 192-193.

[9] 胡宏伟.心理压力、城市适应、倾诉渠道与性别差异[J].青年研究,2011(3).

[10] 周爱群,刘嵘.城镇化进程中农村进城务工人员心理问题及对策研究—— 以江苏省为例[J].岳阳纸业技术学院学报,2016,31(6):39-43.

[11] 张冰冰,刘嵘,崔明,等.沈阳市建筑业农民工抑郁症状影响因素的多元 有序Logistic回归分析[J].实用预防医学,2015,22(5):523-526.

[12] 李丽娜,崔向军,刘霄,等.城市农民工的社会适应状况及其影响因素研 究[J].实用预防医学,2014,41(22):4084-4086.

（指导教师：卢成仁）

政府购买服务下的专业社会工作反思

——以厦门 L 街道政府购买 X 社工机构服务为例

丁艺华　15 级社会工作

摘　要： 随着政府职能转变与服务型政府建设步伐的加快，政府购买服务和项目制管理成为政府治理的重要手段，向社会组织、特别是社会工作机构购买服务成为政府改进公共管理、提升社会治理水平的重要方式。已有的研究往往是"事本主义"取向，即关注到这种购买的一些外在形式，包括优点与缺点，但却没有注意到"事本主义"中特定的治理逻辑。因此，本研究的核心问题是政府购买服务中政府逻辑与社会工作机构专业逻辑的关系是什么，其契合点与区分线是什么，契合点上可以如何推进。本研究将以具体的案例，分析政府购买服务过程中政府逻辑与专业社会工作逻辑的运作机制，提出政府逻辑采用的是政府视角，即关注政府需求，特别是减轻政府负担、项目制管理、基本公共服务、注重任务目标，并以此"俘获"社工机构，而专业社会工作机构逻辑的运作机制，原本是专业视角，但在"俘获"下往往发生异化，成为一种"杂糅"特色。即一方面，不得不回应政府治理的需求而产生"任务蠕动"；另一方面，又想体现自己的专业性与独特性。为此，本研究认为，政府购买社会工作机构的服务不同于一般的政府购买服务，必须深入探究两种逻辑的异同，强化社会工作过程目标对于任务目标的反向推动力。

关键词： 政府购买服务；政府视角；专业视角；俘获；任务蠕动

一、问题的提出

政府购买公共服务最早源于西方国家，因为西方福利制度的发展为政府购买公共服务的实践提供了基础。一般认为西方的社会福利制度要溯源到 1601 年英国伊丽莎白政府颁布的《济贫法》，面对大量的失地和失业劳动者对英国社会秩序造成的严重冲击，英国政府率先以立法的形式承担起社会保障与社会福利的责任，成为社会福利的开端。19 世纪末，面对西方工业化的快速发展所带来的贫困、疾病、失业等社会问题,德国俾斯麦政府通过了《疾病保险法》《工人赔偿法》《伤残、死亡和养老保险法》,这三部法律标志着社会保障体系的建立。第二次世界大战之后,市场经济萧条,社会生活水平下降,《贝弗里奇报告》就战后社会保障体系的重建提出了具体的计划与方案,对福利制度的完善具有划时代的意义。20世纪60年代,社会福利被视为公民的权利,一些西方世界形成了一套"从摇篮到坟墓"的全方位社会保障系统,福利国家也由此而诞生。20世纪70年代,福利国家开始出现危机,面对沉重的福利负担,各国政府不得不重新思考社会福利的提供主体问题,高福利国家由此进入多元福利时代。社会福利的提供者不再局限于政府,而是扩展到社会组织、企事业单位等多元主体,多元福利时代是政府购买公共服务的开始。而随着专业社会工作的发展,西方国家开始了政府购买社会工作服务。政府购买社会工作服务是指政府通过公开招标、定向委托、邀标等方式将原本由自身承担的服务项目转交给专业的社会工作机构来承担。

与西方较为成熟的政府购买社会工作服务相比较,我国的政府购买社会工作服务还处于起步和探索阶段。就大的形势背景而言,当前中国的改革发展已经进入了深水区,社会正处于转型的关键期,面对人民日益增长的公共服务需求,加快转变政府职能、创新社会治理方式是建设服务型政府的根本要求。在这一背景下,政府购买服务,特别是向社会工作专业机构购买服务和项目制管理开始成为政府创新社会治理的重要手段。另一方面,自改革开放以来,我国非政府组织如雨后春笋般快速发展,不仅在数量上有了可观的增长,而且种类也更加齐全,非政府组织的发展为政府购买公共服务提供了基本的前提条件。2014年,根据党的十八届三中全会有关精神和《国务院办公厅关于政府向社会力量购买服务的指导意见》(国办发〔2013〕96号)部署,国家制订了《政府购买服务管理办法(暂行)》。制度政策上的支持,是对政府购买公共服务的规范化、合理化引导,加快了政府购买服务、包括购买社会工作服务的步伐,但是政策倾斜一定程度上也代表着政府治理逻辑对专业社会工作的强势介入。这种介入到底会带来什么,引起各界关注。对政府购买社会工作服务的既往研究中,多是基于"事本主义"的视角取向,关注的是政府购买社会工作服务实践操作中的外在形式,包括现有条件下的政府购买社会工作服务的现状、模式、优缺点等,注意到了两者之间的强关系,但往往忽略了这种强关系的契合点与区分线,即在"事本主义"的特定治理逻辑下,政府视角与专业社会工作视角如何走向共融,契合点上可以如何推进,区分线上又该如何保持专业社会工作的独立性与专业性。

为此,本研究的核心问题是政府购买服务中政府逻辑与社会工作机构专业逻辑的关系是什么，其契合点与区分线是什么，契合点上可以如何推进。本文将以厦门 L 街道政府购买 X 社会工作机构服务的具体案例，来分析政府购买服务过程中政府逻辑与专业社会工作逻辑的运作机制及其相互关系。

二、政府购买社会工作服务：L 街道 X 社工机构服务的案例

（一）基本背景

为深入贯彻落实政府关于推进社会治理体系和治理能力现代化的总体部署和要求，充分发挥厦门市社会工作在推进社会治理和服务创新以及"美丽厦门共同缔造"中的积极作用，厦门市政府于 2015 年 1 月印发了《厦门市人民政府办公厅关于印发政府购买社会工作服务试点工作实施意见的通知》（厦府办〔2015〕3 号），提出要分步骤、分批次在各区、部分街道（镇）及市直有关部门开展政府购买社会工作服务试点，由各试点单位委托符合规定条件的社会组织运用社会工作专业理念、知识、方法和技巧，为群众提供社会工作服务，满足群众个性化、多样化、专业化的服务需求。在 2016 年，厦门又制订了《推进"三社联动"的实施意见》（厦民〔2016〕92 号），提出加快推进社区、社会组织、专业社会工作的"三社联动"。在这一背景下，厦门各区、相关街道乡镇积极行动起来，纷纷推出公益创投等方式的政府购买社会工作服务。

笔者选择了厦门市 L 街道及承接其服务的 X 社会工作机构作为本次研究的案例。之所以选择这一案例：一是因为 L 街道购买 X 社工机构的服务是厦门市政府购买社会工作服务试点工作中的首批试点单位，具有一定的参照与前瞻意义；二是该机构成长较快，开展服务较多，但也存在着成长的困扰，对于研究主题的把握有较好的契合性。

厦门市 L 街道成立于 2000 年 12 月，辖区面积 4.48 平方千米，地处厦门岛几何中心，街道下共设 10 个社区，共有居民 11.7 万人，其中包括 300 余人的台胞等，未成年约 8000 人。辖区内商业资源发达，拥有多个大型商业圈，各类企业 3000 余家，各种餐饮娱乐休闲场所 500 余家，是商贸繁荣的新兴城区。2015 年，X 社工机构了承接了 L 街道社区中心第一年的服务期，并入驻 L 街道的社区中心，在社区中心开展了为期一年的服务，服务时间从 2015 年 8 月—2016 年 8 月，最后圆满完成目标。在总结了第一年的服务经验后，再次取得了街道社区中心项目第二年的服务期招标，服务时间为 2016 年 8 月—2017 年 8 月，笔者到 X 机构访谈时，社区中心项目正处于第二年服务期的收尾、预备评估阶段，X 社工机构的负责人谈到了这一年来主要的服务项目及服务过程。

(二)购买服务下的社会工作服务

"友爱同行,友家相守"是 X 社工机构本次服务计划的主题,服务内容主要分为 7 大板块,称为"1＋6"管理运营服务项目,7 个大项目下又分为若干不同的具体服务子项目,每一个具体的服务活动下都有街道规定的量化效果指标任务。

(1)友爱空间·场馆运营管理项目。社区中心场馆建立的初衷是要满足社区居民的日常活动需求,为居民提供休闲娱乐场所,让居民走出家门,融入社区生活。该社区中心场馆是由原来的 L 街道办事处改建而来,它是政府、居民、社会工作三大需求推动下的产物,一方面政府有改善社区民生、促进社会工作发展的责任担当,也有行政绩效考核的任务性要求;另一方面社区居民有日常活动场所的需要,而社会工作在社区中的介入发展还不充分,急需要有一个可以发挥专业优势的平台。因此社区中心场馆的运营可以说是整个服务计划中的主体,同时也是最基础的空间与服务内容。社区中心场馆共三层,约有 1100 平方米,地下一楼为健身区,一楼为老年活动区,二楼为青少年儿童娱乐休闲区,在设计理念上囊括了全部的年龄群体,保证了服务人群范围的最大化。

在社工机构介入后,按照购买服务的要求,要做到:基础服务、安全体验(2 次/周,≥20 人/次)、场馆主题活动(26 次/年,≥200 人/次)、需求调研(700 人/次)、居民满意度测评、宣传工作等 8 个子项目。但社区中心项目主要由 X 社工机构的一名项目主任负责统筹协调,具体的服务工作则主要由场馆内的行政人员来承担。相关行政人员反映,他们其实并不懂社会工作的服务理念,对社会工作也缺少认识,完全就是按照指令做事,实质上并不了解与认同社会工作的服务方式,而是把上面几个活动内容完成即可。

(2)社区书院。该项目是在社区中心场馆运营的基础上拓展出来的服务内容,以场馆为中心开设面对不同年龄群体的学习课堂,与学校教育相互补充。这种补充主要分为两种形式:一是课外兴趣辅导,这是针对学习内容上的补充。二是老年大学,则是针对学习时间上的一种补充。该项目包括:学前课堂(10 节/周,≥15 人/节)、第二学堂(10 节/周,≥15 人/节)、老年学堂(10 节/周,≥15 人/节)等 6 个活动子项目。社区书院计划的提出是以街道实际情况为依据的,街道下的未成年群体所占比例较高,对课外兴趣辅导的需求量大;而老年大学的设立则在很大程度上丰富了老年群体退休后的生活。X 社工机构在这里起到的是一个链接资源的媒介作用,实现居民与教育资源的对接,该项目主要由一名项目主任和一名一线社工负责。居民参与的随意性大,每一次来上课的人都不一样,报名人数有限制,参与率高低不一,负责社工承担的工作太多……

这些都是社区书院的项目主任向笔者反映的该项目的不足之处。

（3）"与你同行"社区融合计划。L街道300余人的台胞、金胞，以及外来的务工人员都是社区融合服务的主要对象。其次，社区中的残障人士也是发展对象。包括台胞融合计划（3次/年，≥80人/次）、联动单位计划（与司法所、律师所、安监局的联动融合，如法律知识讲座3次/年）、一米阳光计划（如残障人士活动2次/年，≥50人/次）等5个子项目。社区融合的目标主要回应的是政府的需求，目的在于促进街道下的社区相互融合、企事业单位的一致联动，关注的是政府的社会治理需求。由于该计划没有从根本上关注社区民生，因此收效甚微，据项目负责人反映，参与社区融合活动的台胞、金胞并不多，而且联动单位计划并不能真正拉近单位之间的距离，只是一种过程性的展示活动。

（4）友好商家项目。L街道下的商业资源发达，拥有多个大型商业圈，各类企业、餐饮娱乐休闲场所数量众多，积极与商家合作共同促进社区的繁荣发展也包含在该机构的服务计划之中，其中包括友好商家信息库、美食课堂系列计划（10次/月，≥25人/次）、友好商圈联盟等6个活动子项目。该项目旨在促进政府、居民与商家三者的关系互动，运用项目制的管理方式达到社区治理的目的。但最后这一项目从根本上"变质"了，变成了纯粹的美食课堂，变成了社区居民相互分享美食的活动。

（5）义心家园爱心互助项目。本着"助人自助"的社会工作理念，该项目致力于培养社区居民的自我服务精神，充分利用社区的人力资源，整合社区资源，其中包括公益风向标计划（建立志愿者队伍≥20人）、暖心行动（公益活动1次/月）、"爱在传递"好人好事等7个活动子项目。

（6）友爱·乐家计划家庭教育项目。该项目具有家庭社会工作的性质，致力于协调家庭内部关系，培养亲子感情，其中包括"家融"主题活动（家庭运动会1次/月）、"家享美食"活动（1次/月）、"家缘"主题活动（家庭生日会1次/月）、父母成长课堂（1次/周，≥20人/次）等7个活动子项目。

（7）友家·乐身心计划健康关怀项目。该项目关注的是社区居民个体的身心健康，其中包括body关怀服务（1次/月，≥30人/次）、亲子生活训练营（4次/年，≥60个家庭/次）、阳光家庭日、个案管理服务（20个）共4个活动子项目。

三、政府"俘获"与机构"迎合"中的专业化

在该服务计划中，整个大的服务框架都是由L街道办事处设计，然后交由X社工机构加以细化、扩展，L街道再根据具体的服务内容制定量化指标，最后委托第三方进行服务审核评估。从整个服务项目计划来看，好像既显示政府的

带头引导作用,也发挥了社工的专业特性,但实质上这只是一种政府"俘获"与机构"迎合"中的专业化。

第一,需求主体关注点。政府视角下的购买社会工作服务是以政府需求为出发点的,特别是要减轻政府的负担,因此政府职能的转换实际上是在减轻政府的公共负担。"小政府、大社会"的构想就是要打破政府以往大包大揽的做法,把更多的权力下放到社会,释放社会活力。政府作为服务的购买方自然以政府的需求为导向,实际上这也决定了二者在地位上的不平等关系。在本例中,L街道的服务框架是根据政府的需求来设计,也没有请专业的社会工作机构进行社区需求评估,完全是按照政府意志来执行。而另一方面,社工机构的服务是以社区需求为出发点的,既要考虑社区需求主体的特性,又要衡量机构自身的专业特长。X社工机构为了获得政府购买服务的机会,就必须亦步亦趋,在政府大的服务框架的限制下,X社工机构只能在具体的服务活动项目中部分展现社会工作的专业特色,努力把政府的硬性服务转化为社区的需求服务,如在健康关怀项目下,X社工机构就把这种健康扩展到对身体与心灵的共同关注。但在政策性的条件下,X社工机构的这种转化服务只是一种小修小补,在大方向上还是不能左右政府购买服务的需求出发点,甚至也没有参与式交流或协商等内容。

第二,服务实践管理。项目制管理是政府购买社会工作服务中的重要治理手段。L街道购买社会工作服务的方式主要是以购买社会工作项目为主,项目制的管理方式之所以受到政府的青睐,一方面是因为其针对性强、内容具体;另一方面是因为便于政府的直接管理、评估。但是从L街道的项目服务实践来看,这种短暂性、一次性的服务项目并不能真正满足公众的需求,只能是政府追求绩效的一种快捷方式。专业社会工作在秉承服务理念时,强调的是工作的持久性、深入性,追求的是长期的服务效果。而且在一些特殊的情况下,短期的关注并不能真正协助居民摆脱当前的困境,他们更需要的是一种长期的社会支持。如对残障人士的关怀活动,在L街道的项目要求中是一年开展两次残障人士活动,也就是说,开展了这两次活动就算是完成了对残障群体的关怀,但这并不能真正关注到弱势群体的需求,只能是一种表面工程。X社工机构面对指标的硬性任务要求,只能是追求数量上的高效完成,而无法保证服务质量的长期效果。

第三,服务内容。政府在购买社会工作服务时,主要是购买基本的公共服务,只是把社会工作机构作为一个实现其治理职能的替代性工具,实际上很少考虑到要与社会工作机构的专业特性相互结合。社会工作机构确实可以协助政府为公民提供基本的公共服务,但这只是社工服务内容中的一小部分而非全部，更重要的是在提供服务的过程中贯穿社会工作"助人自助"的专业理念。作为服务承接方的社工机构，在回应政府需求的过程中，往往容易被政府所"俘获"，把自己定位于基本公共服务的提供方，失去自己的专业特性，处于一种被动地位。

第四，目标定位。政府在提供社会服务时，注重的是任务目标、绩效的提升，需要有可见的政治性成果。在 L 街道购买社会工作服务的案例中，对于 X 社工机构所开展的每一项服务活动，L 街道都提出了明确的指标，并把指标的完成率作为 X 机构的末期评估依据之一。这种注重任务目标完成的服务提供方式，只能保证数量上的达标，并没有实际的效果。在 L 街道设计的社区融合计划中，联动单位计划旨在联动司法所、律师所和安监局，但是仅仅通过 3 次法律知识讲座，根本不能达到社区融合的目的，最终只能是流于形式。除此之外，L 街道还经常给 X 社工机构安排参观性任务，所谓参观性任务，其实是 L 街道的一种政治成果展示，代表的是 L 街道任务目标的完成。主要是由 X 社工机构的社工陪同各级政府参观社区中心场馆并做介绍，无形之中不仅增加了社工的工作量，而且也是对社工的一种行政化。作为专业的社会工作机构，它更注重的是过程目标，注重的是在服务过程中改变服务对象，任务的完成并不代表服务的质量，但是在任务目标以及政府末期评估的压力之下，社工机构不得不放弃对过程目标的追求，把工作的重心转移到任务目标上。

在政府逻辑与社会工作专业逻辑的博弈中，政府视角无疑占据了主导地位，在需求主体关注、服务实践管理、服务内容、目标定位的区分线上，它会启动行政逻辑的方式"俘获"社会工作机构与专业，而当社会工作机构没有其他力量加以支持的情况下，为获得生存空间、资金、政策支持等，必然采用"迎合机制"。但迎合过程中，如果自身没有特定的专业化和问题解决能力，亦可被替代，因此，在"迎合"过程中，又需要加入社会工作专业化内容。

四、结论与讨论

当前政府购买社会工作的普遍运作机制是，以政府逻辑为主导，专业社会工作逻辑为辅，以政府的需求来"俘获"社工机构、定位社工角色，而专业社会工作在这一异化过程中反抗之力有限，只能以一种"迎合"的形态存在，严重的会发生"任务蠕动"，有些却是把政府需求与社会专业化进行"杂糅"。社会工作的专业特性是其获得政府购买服务支持的最大优势，一方面社会工作秉持的是"人本主义"的价值取向，强调重视个人的自我价值，重视人的多样化需求，注重将"助人自助"的专业化理念融入服务过程中；另一方面社会工作强调专业工作方法、技巧的实践，专业化的服务方法让社会工作有别于基础的服务提供者，针对不同的服务需求社会工作会采取对应的个案工作、小组工作、社区工作方法来解决问题。

政府逻辑与社会工作专业逻辑上的区别，导致了当下政府"俘获"、社工机构"迎合"的困境。政府逻辑一方面固然是推动社会工作发展动力，但另一方面，非经协商与改造中的政府逻辑也磨损着社会工作专业性。因此，如何转变政府制度惯性与路径依赖关系，使其认识、转变观念并与社会工作机构协商、释放社会工作的专业逻辑特性是政府促进社会工作发展的关键要素。也就是说，政府在购买社会工作服务时应该做好双重治理逻辑考虑。首先，政府要从"事本主义"取向走向"事本主义"和"人本主义"相结合的方式上转变，把社会工作的专业理念纳入政府购买社会工作服务过程中，在整个购买过程中加强与社会工作机构的平等协商与沟通，注重激发社会组织的活力，切分政府、市场和社会的有效边界。其次，政府的社会治理目标要从"任务导向"走向"任务导向"与"过程导向"相结合的方向上转变，在解决眼前问题的同时，更加注重社会参与、人的潜能发挥和社会资本的建构，不能出现政府"独自打保龄球"，只管进，不管怎么进。再次，要加快建立两者之间的伙伴关系，从当前的情况来看，政府与社工机构之间的关系是不平等的，政府是主导方，而社工机构处于被动地位。政府把社工机构当作是社会治理的一种替代性工具，并没有给予其特殊的社会定位；而社工机构为获得其生存空间，则把政府当作是依赖对象，不断迎合政府的需要，形成了一种畸形关系。社会工作机构不应该成为政府的一种替代性治理工具，应该在保持专业性与独立性的同时，与政府共同推进社会公共服务的供给，在完善公共服务的过程中，贯彻社会工作的基本理念。政府购买社会工作服务需要两者建立起通力合作的伙伴关系，当两者都作为分立但合作的主体力量存在时，特别是当社会工作专业性得以强化时，政府购买社会工作服务才会有长足的发展空间。

政府购买社会工作服务的新形势下，对于社会工作的发展既是一种挑战，也是一种发展契机，对社会工作本身也提出了更高的能力要求。在政府购买社会工作服务的这一探索中，社会工作专业本身也暴露出了诸多问题亟待解决。一方面，社会工作专业自身的能力有限，发展不够成熟，没有形成强大的专业理念支撑，专业逻辑的立场不够坚定，容易被政府逻辑所引导，专业理念性上摇摆不定；另一方面，社会工作的实务经验不足，没有探索出在中国社会的发展道路，没有正确处理好与政府的关系，为求发展而一味"迎合"政府，形成了杂糅的社会工作。

从我国当下的情况来看，政府需要社会工作承接其社会治理职能的转换，而社会工作的发展需要政府的政策性支持。从这个角度来说，任何的政府购买服务我们都不应该简单地理解为项目的转让承包，而应该从社会治理上的结构创新的高度来看待这种政府购买服务的方式。政府对社会工作的介入，也可以转化为社会工作发展的契机，需要政府与社会工作机构共同把握尺度问题，介入得过多或过少都是一种妨碍。政府购买社会工作机构的服务不等于一般的政府购买服务，更不是简单的具体的公共事务项目运作方式上的改变。

参考文献

[1] 马贵侠,叶士华.政府向社会工作机构购买服务的运作机制、困境及前瞻[J].广东工业大学学报,2014(1).

[2] 费梅苹.政府购买社会工作服务中的基层政社关系研究[J].社会科学,2014(6).

[3] 丁瑜,肖礽.从政府购买社工服务进程中的问题再思三元主体关系——以广州市为例[J].社会工作与管理,2017(2).

[4] 唐咏.从社会福利社会化视角思考政府购买社工服务的行为[J].甘肃社会科学,2010(3).

[5] 杨守涛.当前国内政府购买社工服务之研究的文献综述[J].重庆城市管理职业学院学报,2009(1).

[6] 黄春蕾,刘君.绩效视角下政府购买社会工作服务模式的优化——济南市的经验[J].中国行政管理,2013(8).

[7] 郭凤英.社工机构参与政府购买服务的调查和分析——以河南省 Y 市 X 区政府购买社工服务为例[J].社会工作与管理,2014(4).

[8] 肖小霞,张兴杰,张开云.政府购买社工服务——道德实践和政治实践的异化[J].社会经纬理论月刊,2013(7).

[9] 何华兵,万玲.政府购买社工服务的问题与长效机制构建——基于广州市的调查和访谈[J].岭南学刊,2014(3).

[10] 梁明通.制度与能力——政府购买社工服务何去何从[J].经营与管理,2016(1).

[11] 卡尔曼.杂谈——国际非政府组织资金关系中的去耦合和机构应变[M]//夏建中,特里·N.克拉克,等.社区社会组织发展模式研究——中国与全球经验分析.北京:中国社会出版社,2011.

[12] 罗伯特·帕特南.独自打保龄——美国社区的兴衰与复兴[M].北京:北京大学出版社,2011.

（指导教师：王春霞）

企业中间管理层生活与工作难兼顾的EAP介入机制

——以在 HS 电器公司开展企业社会工作为例

范诗桦 16级社会工作

摘 要:本研究以在 HS 企业开展的企业社会工作为案例,首先分析企业中间管理层的工作与生活特性,提出他们的焦虑感的原因在于"工作与生活难兼顾",进而运用 EAP 的理论,分析"外置型"的企业社工机构是如何介入中间管理层焦虑感问题的,其具体的介入机制与服务内容是什么。本研究从实践服务中得出以下结论:(1)企业中间管理层的焦虑感主要是因为"工作与生活难兼顾"所导致的;(2)企业社会工作机构采用"外置型"介入机制往往需要政府、企业协同推进,同时这一方式被认同度高,因为他们不愿意让企业人员知道他们的问题,以免被认为是"病人";(3)EAP 主要在时间管理与亲子关系、健康生活规划、心理调适、防止职业倦怠与拖延症上发挥了积极功能,由此有助于他们平衡家庭与工作之间的关系,减少焦虑感。

关键词:企业中间管理层;焦虑感;企业社会工作;外置型;EAP

一、问题的提出

随着中国经济的快速增长,企业数量也在不断地壮大,企业中间管理层也随之增多。企业中间管理层在企业组织架构中是指介于企业上端决策层和企业终端操作层的中间管理层次,兼具有管理、组织、执行等功能。一般而言,企业中间管理层都具有以下特征:一是往往是企业中层的职能部门管理人员,一般受过良好教育,具有专业知识和较强的职业能力,以从事脑力劳动或技术基础的体力劳动为主;二是对所在部门具有管理、组织和执行功能,既要执行企业上层布置的各项任务与要求,又要管理和组织本部门的各项工作,往往任务重、压力大、创新要求高;三是具有一定的经济社会地位,其收入来源主要靠工资、奖金等薪酬，具有较高的社会消费能力，从社会地位上属于中产阶层，对社会生活追求一定的品质；四是往往具有家庭生活，承担家庭主要收入来源，并需要有一定的时间保障家庭生活。

然而，在激烈的市场竞争下，尤其是制造业企业面临更为激烈的市场竞争，在这一背景下，企业中间管理层一方面要思考企业发展与自身职业发展问题，因为企业随时有可能倒闭或萧条，也随时可能裁员，面临工作饭碗与职业发展的压力；另一方面还要考虑家庭与社会生活，要有一定的时间、经济能力保障家庭生活。但前者的因素会影响后者，因为收入与发展问题直接决定了家庭生活的保障问题。在这一情况下，为了职业发展和收入增长，企业中间管理层必须把大量的时间投入在工作上，同时企业决策层更加面临市场竞争的压力，因而会把压力传递给企业中间管理层，要求其更有效地执行企业上层做出的各项决定，且要求中间管理层更有效率、更有水平地管理，两者的结合往往导致企业中间管理层不断加班，因而导致企业中间管理层工作与家庭难兼顾的问题，带来较为严重的"焦虑感"。说到底是因为企业中间管理层，既要面对上层的任务导向和创新要求，又要面对下层的员工管理与服务，工作不仅忙碌且由于负责某一方面工作还要有协同能力，导致忙碌与焦虑并存，工作与家庭难兼顾所产生的压力与负担让他们产生了极大的焦虑感。如本研究调查发现，这种工作与家庭生活难兼顾所产生的焦虑感主要有两个方面：一是担心自身收入与财富水平缩水的焦虑，二是担心自己孩子输在起跑线上的焦虑。

如在 HS 公司人力资源部担任科长的郑女士，则时常为没有时间去休闲、照顾家庭而焦虑。郑女士是个 70 后，自己年收入在 15 万元左右，丈夫在金融行业工作，有一个 8 岁的女儿，现在家中有两套房子，一套是位于城西的房子，另一套是专为女儿购买的公办学校学区房。郑女士的丈夫帅气多金，目前年薪 35 万元左右，未来可能会有近千万元的分红。本来这样的生活已经非常令人羡慕，郑女士却一直对婚姻等存在焦虑，刚升任部门领导的她经常加班，没有时间去购物，甚至没有时间陪伴读小学的女儿，女儿成绩一度下滑，甚至辛酸地说，感觉自己像"守在爸妈身边的留守儿童"。

而另外一种焦虑则是缺乏陪伴时间的教育焦虑，如在 HS 公司市场部担任副总经理的耿先生，年收入在 30 万元左右，但时常为孩子教育和陪伴时间的问题产生焦虑。其对优质教育资源的渴求，使他不满足于家门口的学区房，而是动用社会关系和物质条件选择了一家知名的民办私立学校。然而，这并没有结束，由于职业属性的问题，在忙于工作的时候还要抽出时间来辅导孩子的作业，完成学校布置的亲子作业，有时候因为工作太忙疏忽了儿子的学业，班主任还会打电话来。耿先生还给儿子报了奥数班等各种补习班，为了让儿子成为全能手,他还让儿子学习了游泳、围棋、钢琴等,每年花在儿子各类学习班的支出,就要近10万元。而耿先生的儿子也被这些课外班折腾得苦不堪言,常常抱怨耿先生没有时间陪伴自己却帮自己报了那么多的兴趣班。耿先生与他儿子的关系常常会陷入僵局。此外,耿先生的父亲心疼孙子,也常常埋怨耿先生不抽空陪伴儿子反而花钱瞎折腾,父子俩也会常常因为这件事情吵架。

对企业中间管理层而言,他们往往早年通过教育、努力得来了现在的生活状态,因此他们也希望子女朝着这一"路径"方向前进,在对待子女教育方面,往往投入大量金钱,但自身因没有时间,也不知该怎么选择,往往导致整个家庭围绕着孩子教育问题大动干戈,造成家庭关系紧张。

对于员工焦虑问题,企业也逐步意识到,如在 HS 公司,原来试图通过工会来进行教育学习,但效果甚微。正如政府工会主席李某所说:"关心员工是我们工会的重要职责,但焦虑这个东西比较专业,工会人员都是兼职的,缺乏专业素养,这方面难做。"事有凑巧,刚好杭州第一个公益创投的企业社会工作项目落户余杭经济技术开发区,在政府的衔接下,杭州知行社会工作服务中心开始进入到 HS 企业开展企业社会工作。在这一过程中,企业、企业工会接触到了EAP(员工帮助计划),而且觉得有可能推进,为此,企业和企业工会积极引入。因此,本研究以杭州知行社会工作服务中心在 HS 企业开展的 EAP 服务项目为例,分析在制造业企业中,EAP 是如何在企业中开展的,具体的机制是什么,服务内容是什么,产生了什么效果。

二、EAP 的概念与视角

EAP 是指"员工帮助计划",它源于 20 世纪二三十年代的美国。当时美国的一些企业注意到员工的酗酒、吸毒和药物滥用等问题,这些问题影响了员工的健康和企业的绩效,为此企业设立了一些专门的项目帮助员工解决这些问题。到了 20 世纪 60 年代,美国社会剧烈动荡,工作压力、家庭暴力、离婚、法律纠纷等问题常常困扰员工,成为巨大的压力源,影响员工的情绪和工作表现。为此,企业和社会工作实务专家开始采用"员工帮助计划"来帮助员工解决面临的这些问题,以减少员工的心理问题,提高员工工作效率。近年来,西方国家很多企业已经发展到关注员工在工作中心理和行为健康的方方面面的问题。

"员工帮助计划"的内容包括提供专业的员工职业心理健康问题评估、职业心理健康宣传、员工工作环境的设计与改善、员工和管理者心理健康管理的培训、为需要帮助的员工提供各种形式的心理咨询等。在实践中,一般普遍认为,实施员工援助计划,可以增进员工身心健康,减少工作压力,消除不良的嗜好和行为习惯,节省家庭开支,促进家庭和睦,改善家庭与工作单位及社区之间的关系。EAP 服务也提供有效的员工沟通、裁员会谈、危机事件的心理干预等等，能够帮助员工积极面对企业兼并重组、组织裁员、新管理手段的运用等组织变革导致的工作倦怠与工作不安全感，避免危及员工个人健康及组织健康。

进一步的实践还表明，EAP 不只是把雇员看成是管理的对象，更注重把雇员看作伙伴和朋友，强调用体贴、关怀的方式构筑企业和谐的气氛，更好地体现了人文管理的精神。EAP 为员工的职业生涯发展提供指导，使员工能够应对职业生涯发展中的变动，满足其在职业领域中自我实现的需要。EAP 还通过了解员工的主观幸福感营造良好的组织文化氛围，培养注重问题解决和个人发展的学习型文化，增进工作带来的主观幸福感。这些服务加深了员工对组织的情感依恋，使员工产生归属感，增强企业内部的凝聚力并留住人才，从而提高企业的核心竞争力。

因此，在企业中开展"员工帮助计划"是十分必要的。EAP 的外设模式是企业将 EAP 项目外包，由外部专业机构提供服务。这种模式在员工人数不多的情况下比较适用。外设模式的优点在于保密性好、专业性强、服务周到，能够为企业员工提供最新的信息与技术，更能有效地解决企业中间管理层的焦虑感。

一般来说，企业组织实施"员工帮助计划"往往需要以下几个步骤：

第一，调查研究。通过调研、问卷调查等方法了解本企业员工的心理健康状态及面临的心理健康问题，并找到问题的原因。

第二，宣传教育。在这个阶段，应该利用一切方法宣传推广"员工帮助计划"，一方面通过这种方式提高一般员工对"员工帮助计划"的认可度；另一方面也提升管理者对"员工帮助计划"的重视程度，为下一个阶段活动的展开奠定良好的基础。

第三，对企业管理者开展有针对性的培训。在这个阶段通过对管理者开展关于压力预防和舒缓、冲突管理的一系列培训，传授给管理者帮助企业员工减压及保持心理健康的方法，最后通过管理者在工作中预防并解决员工心理问题。

第四，为员工提供各种心理健康的培训和咨询。在这个阶段主要对员工开展压力预防及疏导、积极思维方式的训练、如何平衡"事业与家庭"关系等专门的培训和有针对性的训练，并通过开通心理咨询电话、邮箱、构建网络化的沟通通道、开设心理咨询室等方法，使得每个员工在遇到心理问题后能获得及时、有效和专业的帮助。

而随着"员工帮助计划"在中国企业的进一步推行，国内学者也逐渐重视"员工帮助计划"的中国本土化问题研究，很多学者对此展开积极探索。有研究者对中国移动吉林公司"员工帮助计划"的设计与实施工作进行了研究（王海波,2013);还有的研究者提出了适合中国企业的本土化 EAP 模式(肖晶、丛嘉祥,2013);另外一部分学者将"员工帮助计划"的研究从企业延伸至其他组织,如有研究者将"员工帮助计划"在企业组织中的应用延展到政府公务员激励机制的构建(忻海然、李玲,2012)。

针对本次调查研究,我们采用的是"外置型"的 EAP 模式,即由杭州知行社会工作服务中心这一外部专业机构在 HS 公司提供 EAP 服务为例,来分析"外置型"模式的特点、服务的机制与内容。具体的展开包括:

首先进行实地调研。对企业中间管理层进行压力评估,调查和分析他们的心理状况,提高员工的心理保健意识,并在企业中宣传、推广 EAP 服务项目。推广与宣传工作主要包括员工援助计划的作用与意义,员工援助计划的主要内容,员工援助计划的实施原则,管理者与员工的角色定位等。通过全面的宣传与推广,可以提高员工的信任感,消除员工的顾虑,使员工接受并乐于参与到员工援助计划中来。

其次进行教育培训。一是要进行管理者培训,使管理者学会一定的心理咨询理论和技巧,在工作中预防、辨识心理问题的发生;二是对企业中间管理层开展保持积极情绪、工作与生活协调、自我成长等专题的培训或团体辅导,提高自我管理、自我调节的技能。

最后对中间管理层进行专业的心理咨询与治疗。开通热线电话、开设咨询室等,使员工能够顺利、及时地获得咨询及治疗。

三、EAP 项目开展的前期调研

本次调查时间为 2017 年 6 月至 7 月,调查对象为 HS 电器企业中间管理层人员,主要采用问卷调查方法,通过回收和筛选问卷,利用 SPSS20.0 分析统计结果,得出该企业中间管理层的心理健康和法律意识的自评状况。

调查发现,焦虑是一种普遍现象。从表 3.1 我们可以看到,焦虑的情况在该企业中是比较普遍的,其中经常和总是焦虑的人占到了总人数的 15.5%,有过焦虑困扰的人占到了总人数的 83.5%。

表 3.1 过去半年是否感到焦虑担心不安

		次数(次)	百分比(%)	有效的百分比(%)	累积百分比(%)
有效	总是	3	2.8	2.9	2.9
	经常	13	12.3	12.6	15.5
	有时	19	17.9	18.4	34.0
	偶尔	51	48.1	49.5	83.5

续　表

	次数（次）	百分比（%）	有效的百分比（%）	累积百分比（%）
从不	17	16.0	16.5	100.0
遗漏　系统	3	2.8		
总计	106	100.0		

尽管焦虑在我们的生活中是一种正常会发生的状态，每个人都可能会受到焦虑的困扰，程度较轻的焦虑不会给人的生活带来大的困扰，但是不能忽视我们身边出现的焦虑问题，特别是群体性的焦虑问题。当一个群体中大部分的人都出现了焦虑症状的时候，可能需要一定的干扰来帮助他们解决焦虑的问题。如表3.2中显示，在对把握情绪这一项中我们可以看到，对于自己情绪能够经常稳定把控的只占到总人数的46.5%，不到总人数的一半。也就是说，有超过50%以上的人难以把控情绪，这是一个问题。

表 3.2　过去半年里是否能够情绪稳定能够把握自己

		次数（次）	百分比（%）	有效的百分比（%）	累积百分比（%）
有效	总是	16	15.1	15.8	15.8
	经常	31	29.2	30.7	46.5
	有时	31	29.2	30.7	77.2
	偶尔	18	17.0	17.8	95.0
	从不	5	4.7	5.0	100.0
遗漏	系统	5	4.7		
总计		106	100.0		

而焦虑对健康产生了影响，特别是睡眠。表3.3中显示，焦虑对睡眠的影响达到了61.6%。

表 3.3　过去半年焦虑对你睡眠的影响

		次数（次）	百分比（%）	有效的百分比（%）	累积百分比（%）
有效	总是	3	2.8	3.0	3.0
	经常	12	11.3	12.1	15.2
	有时	20	18.9	20.2	35.4
	偶尔	26	24.5	26.3	61.6
	从不	38	35.8	38.4	100.0

续 表

	次数（次）	百分比（%）	有效的百分比（%）	累积百分比（%）
遗漏　系统	7	6.6		
总计	106	100.0		

一方面，焦虑已经产生了影响，但另一方面，很多人又不去关心心理健康问题，如表 3.4 中显示，在样本中经常关心自己心理健康的人只占到总人数的 31%。表 3.5 显示，经常去了解心理健康知识的人只占总人数的 24.5%，而 20% 的人从不关心自己的心理健康，25.5% 的人从不去了解心理健康知识。

表 3.4　是否关心过自己的心理健康

		次数（次）	百分比（%）	有效的百分比（%）	累积百分比（%）
有效	总是	10	9.4	10.0	10.0
	经常	21	19.8	21.0	31.0
	有时	32	30.2	32.0	63.0
	偶尔	17	16.0	17.0	80.0
	从不	20	18.9	20.0	100.0
遗漏	系统	6	5.7		
	总计	106	100.0		

表 3.5　是否了解过有关心理健康的知识

		次数（次）	百分比（%）	有效的百分比（%）	累积百分比（%）
有效	总是	6	5.7	5.9	5.9
	经常	19	17.9	18.6	24.5
	有时	25	23.6	24.5	49.0
	偶尔	28	26.4	27.5	76.5
	从不	23	21.7	22.5	99.0
	13	1	0.9	1.0	100.0
遗漏	系统	4	3.8		
	总计	106	100.0		

有相当一部分的人会关注自己的心理健康，但是相较于关注自己心理健康的人，去了解心理健康知识的人所占的比重比较小，可能是因为对于心理健康知识的宣传力度还不够。因此对于查阅心理健康知识还是会顾虑一般人对自

己的看法，也有可能是忙于工作与家庭生活，疏忽了自己的心理状况，因此信息不能更好地被掌握。

针对上述问题，本研究认为 EAP 首先应从以下几个方面着手：一是应对焦虑和睡眠问题。因为本次调查显示，在 HS 电器企业里，中间管理层心理问题中焦虑和睡眠问题占到很大比重，焦虑本身也会影响到睡眠质量，因此解决群体的焦虑问题非常重要。同时，他们对于心理健康还是很不了解，会顾虑到一般人对于自己的看法。群体心理可以影响个人的心理状态，因此在企业中充分发挥群体效应可以有效降低企业中间管理层的焦虑水平。二是应对现实客观问题，对接社会资源。本次调查中我们发现仍有大量的企业中间管理层在面临一些问题时存在着焦虑与担心，在对他们进行帮助时，企业社会工作者应该充当专业资源对接者的角色，在专业法律人士和需要帮助者之间建立桥梁。对于这些关乎自身利益的问题，提供资源，来降低企业中间管理层的焦虑感。

四、EAP 服务介入机制与介入内容

（一）"外置型"介入机制

基于本项目是政府购买社会组织服务的企业社会工作项目，其承接单位是杭州市知行社会工作服务中心，这决定了它是一种"外置型"介入机制。不过，对于"外置型"介入机制，"员工帮助计划"也有不同导向与模式。如对员工而言，有"员工个别服务模式"和"员工集体服务模式"，即关注的对象是个体还是群体；如对企业而言，有"企业社会责任模式""影响公共政策模式""企业融入模式"及其他的交叉类型等。考虑到企业中间管理层所普遍具有的焦虑感及其所面临的问题，本项目主要采用的是"员工集体服务模式"，即关注具有群体性特征的问题与现象，并强调企业、社区、家庭生活的融入度来进行"外置型"服务。有研究者认为，在企业社工发展初期，鼓励企业直接聘用社工开展服务是不合时宜的，因为在企业管理层对社工的认识还不够全面的情况下，社工可能会被要求按管理层的意图行事，案主的确定和服务内容都将面临很大限制，所以，政府在引导企业社工发展方面要做出相应的政策规定，以社会开支或企业捐赠的资金在工业区或工人生活区建立起超越单个企业的企业社工服务中心，企业聘用社工，但薪资的发放由社工组织统一进行（郑广怀、刘焱，2011）。

在"外置型"介入方式上，首先联系所在的政府与有意向的企业。在这一过程中获得余杭经济技术开发区东湖街道的全力支持。在其衔接下，与 HS 企业负责人进行了座谈，三方都觉得开展 EAP 项目具有积极意义。尤其是 HS 企业负责人之前在中国台湾有过相关培训，因而对此项目开展非常积极。在企业负责人的衔接下,具体是与企业人力资源和企业工会系统进行合作,其中人员组织安排由工会负责,人力资源部门主要负责基本情况对接,如员工基本情况、企业情况等方面。其次,进入企业开展需求调研,进行情况摸底,并与企业对接。再次,建立了 HS 企业 EAP 项目小组,小组成员包括杭州知行社会工作服务中心项目团队成员、HS 企业人力资源部和工会成员等组成的 7 人项目小组,其中知行方 5 人,HS 企业 2 人,每个月开一次会议,商讨具体服务进展等。

具体的介入机制包括以下几个方面:

1. EAP 宣讲活动

我们的现场宣传均安排在人流量较为密集的地段和时间点,比如企业集团午饭时间的一线员工食堂。在方法上,我们主要采用易拉宝宣传、传单分发、面对面介绍、现场心理测评和专家坐镇现场咨询等方式。同时深入到职能部门进行交流,在这一过程中与 20 多个企业中间管理层人员进行咨询与交流,我们发现对心理健康需求和重要性认识不足,是企业中间管理层人员的特点,同时也是企业的问题。因此,我们无论是进社区还是进企业,都以现场宣传开道,先看到问题、产生兴趣,再进行进一步的合作或者开展活动。我们总共开展了 3 场现场心理健康宣传、2 场现场法律咨询,直接服务 188 人次,间接服务 300 余人次。

2. 先小组社区活动后个案介入

行动能生成问题,产生需要。在联系社区和企业的过程中,我们本着先让服务对象走进来的原则,根据服务对象的需求来设计小组活动,并注重引导服务对象看到自身的问题和需要,从而带来跟进服务的可能性。我们的个案就是在这样的运作中逐渐展开的。

3. 企业与社区齐头并进

我们同时走企业和社区两条路径。一方面直接联系企业,由企业发动员工参加,提供宣传、场地、物资等各方面,在对接人力资源部和工会的过程中,我们制定了服务菜单,在联系企业的过程中提供给企业参考,看企业的兴趣点,并针对企业的需求开展不同的服务;另一方面,由社区对接企业,发布通知,组织人员参加活动。并针对不同的路径,转换运作方式,比如在企业和社区的宣传中,对劳动法的解读在内容和侧重点上就会有所区别。

(二)EAP 服务内容的开展

1. "心灵关爱师"养成计划

在实施过程中,我们发现企业中间管理层人员本身都不了解心理,更不用提主动做"心灵关爱师"。因此,我们改变已有方式,培训与企业中间管理层人员直接接触的企业工会和人力资源部人员，使其掌握一些基本的"心理问题识别与应对方法"，并应用到日常管理中；而后去挖掘那些对心理健康感兴趣的中间管理层人员，尤其是职能部门的负责人，并对其开展小组工作，使其率先掌握这方面的知识和应对策略，而后推广到中间管理层其他人员。"心灵关爱师"活动共开展3场，既有知识讲座，又有情景模拟，直接影响212人次。

2. 开心工作坊与心灵成长小组

同样地，我们在搜集特定人群和召集开展系列心灵成长小组方面遭遇阻碍。找到这些人群有困难，人数少，分布比较零散，再者他们也不愿意一次又一次地跑。因此我们改变服务目标，以了解心理健康、了解自己、提高心理健康意识为目标开展小组活动；另一方面，依托原计划中的企社共融亲子活动，先把居民或员工吸引过来，在活动中看到问题，然后再开展小组活动，取得了不错的效果。此活动共成立心理成长小组4个，直接影响322人次，其中亲子教育小组2个，并举办4场企社共融亲子活动，直接服务228人次。

3. 时间管理活动

在此过程中，我们开展了时间管理活动，即如何科学合理安排时间。对时间进行几个维度的划分，如工作时间分为效率工作时间和无效工作时间；时间纵向维度分为长维度时间、中维度时间和短维度时间，不同时间与自身职业发展规划的衔接度是不同的；在横向维度分为工作时间、家庭生活时间、社会活动交往时间等，并对其功能进行划分。把整套时间管理方法介绍给企业中间管理层，受到很好的反馈。一些员工表示，之前很多时候的忙都是无效工作时间，只要对时间进行科学管理，既可以增加工作效率，也可以有时间陪伴家庭，甚至还能锻炼身体，以前没做好，是因为不懂，主要是不懂时间的意义。

五、结论与讨论

本研究从实践服务中得出以下结论：(1)企业中间管理层的焦虑感主要是因为"工作与生活难兼顾"导致的；(2)企业社会工作机构采用"外置型"介入机制往往需要政府、企业协同推进，同时这一方式被认同度高，因为他们不愿意让企业人员知道他们的问题，以免被认为是"病人"；(3)EAP主要在时间管理与亲子关系、健康生活规划、心理调适、防止职业倦怠与拖延症上发挥了积极功能，因此有助于他们平衡家庭与工作之间的关系，减少焦虑感。当然，这只是一次探索性实践，特别是在接纳与实践环节还存在一些问题，如企业中间管理层普遍对心理问题不愿意开口、我们的专业性也有待提高，如果上升到学理层面，依然有必要探究 EAP 本土化实践的问题。

参考文献

[1] 郑广怀,刘焱."扩展的临床视角"下企业社会工作的干预策略——以广东D厂的新员工为目标群体[J].社会学研究,2011(6).

[2] 忻海然,李玲.基于员工帮助计划(EAP)的我国公务员激励机制的构建[J].武汉理工大学学报(社科版),2012(3).

[3] 肖晶,丛嘉祥,王晓宇,等.具有中国特色的企业员工帮助计划(EAP)本土化模式研究进展[J].首都师范大学学报(自然科学版),2013(5).

（指导教师:陈建胜）

发起人特征对公益众筹项目的影响分析

——以腾讯乐捐网站为例

潘晨洁　　13 级社会工作

　　摘　要：本文将以腾讯乐捐网站为例，分析发起人特征对公益众筹项目的影响。在研究分析过程中，先对我国公益众筹的现状及特点进行分析，再通过整合文献资料，获得理论依据，提出相关假设。对各个变量进行设计和整理，最后进行实证分析，通过描述性统计、相关性分析和回归分析，得到具体的实证结论。结论表明，公益组织成熟度、网络建设力度对公益众筹项目完成的影响相关性不显著，公益组织的众筹经验与公益众筹完成情况之间呈显著的正相关，公益组织的慈善领域与公益众筹完成情况之间关系显著。

　　关键词：公益众筹；发起人特征；慈善组织

一、公益众筹的现状

　　"众筹"翻译自英文"crowd funding"一词，即大众筹集或者群众筹资。Ethan Mollick(2014)给出了较为具体的定义：在无标准金融中介的前提下，处于创业阶段的个人或各类组织为其风险项目或产品进行筹资，通过互联网吸引相对投资额较小的大量投资者共同完成筹资的过程。近代最具有影响力的众筹项目是 1884 年报纸出版商约瑟夫·普利策为给纽约港中的自由女神像建立一个基座发起 10 万美元的众筹，该项目得到了超过 12 万人次的支持。可见众筹在西方社会历史悠久。在 2003 年，众筹先锋平台 Artistshare 成立，出现了世界上第一个众筹平台。2009 年，Kickstarter 网站正式上线，成为世界上最负盛名以及最大的网络众筹平台，自此，这种全新的融资方式广受社会关注。2011 年，中国首家众筹网站"点名时间"成立，网络众筹开始进入中国，"轻松筹""众筹网"等众筹平台如雨后春笋般涌现，网络众筹越来越频繁地出现在人们的视野中。

随着互联网在生活中的占比日益扩大，"互联网＋"慈善的模式也是风生水起，网络公益众筹就是其重要表现。各大众筹网站竞相开辟公益众筹的板块，公益众筹项目也逐渐成为社会热议的话题之一。我国第一家支持公益众筹的众筹平台"追梦网"于2011年7月在北京正式上线。同年我国第一个公益众筹项目"公益活动——无烟骑行"在追梦网上发起。《2015年中国公益众筹发展报告》中显示，基于众筹网、京东众筹、淘宝众筹、苏宁众筹、绿动未来等5个平台的公益众筹数据、项目和案例。2015年，共有873个公益项目众筹成功，筹资额达3432.7万元，获得大约60万人次的支持；较2014年，项目数量增长192％，筹资额增长170％，支持人次增长68％；平均单笔支持金额约57元，较2014年上升了61％。可以看出公益众筹近年来发展势头强劲。

公益众筹属于众筹的一类，与商业众筹相比，公益众筹是以无偿捐赠或者发送感谢信、明信片、荣誉等低回报的模式运作的融资方式。其发起的主要目的是为了解决特定社会问题。与传统的慈善募捐相比，公益众筹最大优势就是借力互联网。公益众筹具有低门槛、传播速度快、影响大、互动强、效率高等特点，再加上一些社交平台的介入，使得公益众筹的覆盖面更广、公众参与度更高。

在过往文献资料中显示，作为公益众筹的发起者和执行者，发起人对公益众筹项目的成功有着重要影响，本文研究发起人特征对公益众筹项目的影响，旨在发现发起人的哪些特征会关系到众筹项目的成败，并借此探寻公益组织与个人的众筹具体情况。

二、文献综述

Huckman R.S和Staats B.R在研究众筹影响因素与项目融资成功的关系中，认为团队成员之前积累的经验能帮助团队更好地解决新问题，并且一个专业化分工的高素质团队对项目的成功具有积极的作用。Haines G H,Madill J J和Riding A L(2013)研究非正式筹资时，将人力资本作为重要的影响因素，其中包括技能、经验和网绩，发起人的特点以及他管理团队的大小，团队规模的大小对融资成功与否起关键性作用。Hsu D(2007)指出项目融资者以往的成功经验同样可作为质量信用。

李国鑫和王正沛(2016)在《科技类奖励众筹支持者参与动机及参与意愿影响因素研究》中，得出结论：发起人能力对支持者支持众筹项目有正向影响；周逸翰和史琰鹏(2016)在《众筹项目成功度影响因素研究——基于项目发起者的质量信号视角》中，初步表明，项目发起人的行为特质传达了不同的质量信号，影响其获取创业资金的能力，众筹的内在机制值得进一步地研究；

丁汉青和田欣在《影响新闻众筹项目受支持度的因素分析》中发现，发起人并不会影响众筹项目受支持度，无论是自媒体还是媒体机构都可以在互联网上众筹成功。

目前，对众筹项目影响因素的研究也是逐渐兴起，但是对公益众筹项目影响因素的研究并不多。而且从研究现状可以看出各位学者大多把发起人作为其中一个因素来进行分析，并没有对发起人特征进行展开，更加细微地去进行分析。本文将发起人特征作为主要研究对象，分析发起人特征对公益众筹项目完成情况的影响，寻找公益众筹发起人的改进之路，同时也可以了解现今公益众筹的具体情况。

三、研究假设

本文研究发起人特征对公益众筹的影响，主要从以下两个方面展开：一是发起人性质对公益众筹的影响；二是公益组织发起人特征对公益众筹的影响。发起人（或者称为执行方）是指公益众筹的执行者，负责筹办组建众筹的人，需要对发起的公益众筹负责。根据2016年3月新出台的《中华人民共和国慈善法》规定，取得公开募捐资格的慈善组织和为了救助本人或者近亲亲属的个人可以在国务院民政部门同意或者指定的慈善信息平台发布募捐信息，并可以同时在其网站发布募捐信息。由此可见，公益众筹的发起人一般是由慈善组织或者个人组成。同样本文中的发起人性质是指慈善组织和个人。《中华人民共和国慈善法》第二十六条规定："不具有公开募捐资格的组织或者个人基于慈善目的，可以与具有公开募捐资格的慈善组织合作，由该慈善组织开展公开募捐并管理募得款物。"此外，采集到的数据显示，慈善组织作为发起人是占大多数的，因此我们将把公益组织作为发起人所具有的特征作为重点研究内容，从公益组织的成熟度、网络建设力度、众筹经验的丰富度以及工作领域的宽广度这四个方面来研究它们对公益众筹的影响。

慈善组织作为一个公益组织在进行公益众筹，相比于个人具有更高的专业性、公信力以及众筹经验，并且拥有一个更广泛的信息展示平台（慈善组织自身的网站和它的志愿者）。为此我们认为慈善组织在公益众筹上更有优势。

公益组织的成熟度主要观察公益组织工作人员的人数和成立年数，一个公益组织工作人员越多，成立时间越长，代表它的成熟度越高，它们发起众筹时考虑到的信息会更加详细，以及拥有更多固定的志愿者和关注者。但是考虑到年轻的公益组织也许会更有活力和想法，对众筹这个新事物的关注更高。

公益组织的网站建设力度大小表现为是否建立属于自身的官方网站和微信公众号，网站相关信息是否全面、内容的更新是否及时。一个公益组织有属于自己的官网、微信公众号以及网站信息全面代表这个公益组织网络建设力度高,这样的公益组织更加重视在互联网上的发展,相关工作人员也会更加关注众筹,了解众筹参与者的心态。众筹经验是指公益组织发起众筹项目的经验,主要衡量指标是公益组织发起过众筹的数量,发起数量越多,众筹经验越丰富。公益组织的工作领域本文采用的是腾讯乐捐上的分类,分为疾病救助、扶贫救灾、教育助学、环保动物保护、其他。由于捐助者的个人关注领域不同,不同的领域对公益众筹是有一定影响的。为此本文做出以下假设:

假设 1:发起人性质对公益众筹项目有显著影响;

假设 2:公益组织的成熟度对公益众筹项目有显著影响;

假设 3:公益组织的网络建设力度对公益众筹项目有显著影响;

假设 4:公益组织的众筹经验对公益众筹项目有显著影响;

假设 5:公益组织的工作领域对公益众筹项目有显著影响。

四、研究设计与数据

(一)样本的选取与数据来源

根据《中国公益组织互联网使用与传播能力第五次调研报告》分析,公益组织采用腾讯公益平台进行众筹的最多,占 46.89%。

腾讯乐捐是腾讯公益推出的公益项目自主发布平台,包括发起、捐赠、互动与监督等功能。腾讯乐捐提供个人实名认证用户、非公募机构、公募机构自主发起公益项目,项目通过审核之后,可以在线公开募款,及时反馈项目执行进展、接受公众监督等公益服务。选择腾讯乐捐网站作为研究对象,是因为腾讯乐捐是一个纯公益的众筹平台,包括发起者也是纯公益零盈利,而且网站众筹后监督追踪工作相对完善,发起人的信息比较全面。本文选取腾讯乐捐网站上已完成的公益众筹项目,一共采集了 3921 条数据,并对这些数据进行处理,通过控制筹款金额(筹款金额大于等于 2 万元)以及众筹时间(众筹发起时间晚于2015 年 1 月 1 日),最后选取了 1521 条数据进行处理。

本文所有数据来源于爬虫工具对腾讯乐捐网站的采集和本人自己手动查找,数据来源真实可靠,但是由于手动操作可能会出现微小偏差。

(二)变量设计

表 4.1　各个变量的含义与特征

类型	名称	符号	定义
被解释变量	公益众筹项目的完成情况	Ratio	公益众筹项目成功与失败，成功记为"1"，失败则记为"0"
解释变量	发起人性质	Character	公益众筹发起人分为慈善组织和个人，慈善组织记为"1"，个人记为"0"
	公益组织的成熟度	GraofMat	公益组织的成熟度这里主要是指公益组织工作人员的人数（People）和成立年（Years），构建一个公式：$GraofMat = 0.5 * People_1 + 0.5 * Years_1$
	公益组织的网络建设力度	NetCons	网络建设力度从是否建立属于自身的官方网站（a_1）和微信公众号（a_2）、网站相关信息是否全面（a_3）、内容的更新日期（a_4）四个方面来衡量，构建一个公式：$NetCons = 0.25 * a_1 + 0.25 * a_2 + 0.25 * a_3 + 0.25 * a_4$
	公益组织的众筹经验	Experience	众筹经验主要衡量指标是公益组织发起过众筹的数量
	公益组织的众筹领域	WorkDomain	公益组织的工作领域主要分为疾病救助、扶贫救灾、教育助学、环保动物保护、其他

被解释变量——本文研究发起人特征对公益众筹项目的影响，主要研究发起人特征与公益众筹项目完成情况的关系，这里称为公益众筹完成率（即项目结束时已筹款金额与设定目标金额的比例）。公益众筹完成率超过 100% 则为成功，反之为失败，详情见表 4.1。

解释变量——本文把发起人性质、公益组织成熟度、网络建设力度、众筹经验的丰富度、工作领域的宽广度作为发起人特征。发起人性质详情见表 4.1，公益组织成熟度由于组织员工数与组织成立年数并不是同一个计量单位，并不能做相加算法，由于组织员工数在收集的时候多为一个范围数据，并且为了两者能够进行运算，本文将使用 SPSS 17.0 软件对这两项数据转换为虚拟变量。公益组织的网络建设力度也如同上文的成熟度，将 4 个相关变量转换为虚拟变量，详情见表 4.1。

(三)研究方法

本文利用 SPSS17.0 软件对所收集到的数据进行多元回归分析。回归分析是最常使用的数据定量关系的分析方法之一,由于有多个解释变量,本文将采用多元回归分析。回归分析可以精确计算各个变量之间的相关程度,与本文的研究相符合。根据上述所选择的变量,本文设立以下多元回归预测模型:

$$Ratio_i = \alpha_0 + \beta_0 Character + \varepsilon_0$$

$$Ratio_i = \alpha_1 + \beta_1 GraoMat + \beta_2 NetCons + \beta_3 Experience + \beta_4 WorkDomain + \varepsilon_1$$

上述模型中,模型 1 是公益众筹完成情况与发起人性质的回归模型,模型 2 是公益众筹完成情况与公益组织特征之间关系的模型。i 是指第 i 个众筹项目,β_{0-5}是指各个指标的回归参数,ε_{0-1}代表回归残差。

五、实证结果与分析

本节我们主要对上一部分提出的多元回归模型进行实证检验。主要包括三个部分,第一部分是对前文回归预测模型中所使用的数据进行描述性统计。第二部分是对各变量进行相关性分析。第三部分是进行回归分析。

(一)描述性统计及分析

1.对初始数据的描述性统计分析

在分析发起人特征对公益众筹项目完成情况之间的关系前,我们先对所收集到的数据进行描述性统计,观察数据的特征。利用 SPSS 17.0 进行描述性统计,首先我们对收集到的 3921 个初始数据进行统计,观察不同领域的公益众筹项目的完成情况。得出的结论如表 5.1 所示。

表 5.1 初始数据的描述性统计分析

众筹领域	性质	项目个数(人)	不同领域众筹占比	已筹款成功项目占比
扶贫救灾	个人	101	10.1%	71.3%
	慈善组织	899	89.9%	62.4%
环保动物保护	个人	37	24.2%	56.8%
	慈善组织	116	75.8%	37.9%
疾病救助	个人	161	16.1%	100%
	慈善组织	839	83.9%	100%
教育助学	个人	332	33.2%	72.3%
	慈善组织	668	66.8%	72.5%
其他	个人	160	20.8%	47.5%
	慈善组织	608	79.2%	41.8%

续　表

众筹领域	性质	项目个数（人）	不同领域众筹占比	已筹款成功项目占比
总计	个人	746	19％	76.3％
	慈善组织	3175	81％	68.8％

从上述表 5.1 中可以看出，总体来说，慈善组织发起众筹项目数约是个人发起数的 4 倍，但慈善组织的众筹成功率略低于个人的成功率。从已筹款成功项目比例来看，最高的是疾病救助，它的成功率达到了 100％，从这里可以看出这一领域特别能引起捐助者的注意并愿意为之众筹。接下来的是教育助学和扶贫救灾，它们分别有个特点，教育助学是个人发起众筹占比最高的领域，而扶贫救灾是个人发起众筹占比最低的领域，这也和它们所在的领域有关，扶贫救灾问题很难从个人角度去解决，教育助学一般涉及的是孩子的教育问题，这也是个人力所能及的。较低的是环保动物保护和其他，环保动物保护领域众筹发起个数也是最少的，在腾讯乐捐网站上仅发起 163 项，这里面的原因也是值得深究的。

2. 对已处理的数据的描述性统计

我们通过对初始数据的筛选，剔除众筹目标金额小于 2 万元、众筹发起日期早于 2015 年 1 月 1 日的数据，得到 1521 条所需数据（其中 1206 条公益组织作为发起人的数据和 315 条个人发起人数据）。同时对初始数据和已处理的数据分别进行分析，还能将它们做一个简单的对比。

1206 条公益组织作为发起人的数据中一共包含 552 家公益组织，其中这 552 家公益众筹在腾讯乐捐平台上一共发起了 11935 次公益众筹，平均一家公益组织发起 21.6 次公益众筹。其中在所研究的数据中，一共筹集金额 96123986.39 元，这仅仅是这 1206 条数据，如果包括整个腾讯乐捐平台上的已经结束的 9443 个公益众筹项目、12127 个执行中的项目以及 2462 个筹款中的项目，那么筹集金额将十分惊人。这也可以看出公众对公益众筹的热衷和参与度。

表 5.2　发起人性质的描述性统计

发起人性质	项目个数（个）	不同性质众筹占比	已筹款成功项目占比
个人	315	20.7％	66.0％
慈善组织	1206	79.3％	58.0％

与上文表 5.1 进行对比，发现两个表格中个人性质与慈善组织性质的占比相近，但是成功率却各下降了 10％ 左右，这说明我们控制的目标金额和发起时间与公益众筹成功率有一定的关系，不过这并不是本文研究的重点。

表 5.3 公益组织成熟度描述性统计

		员工人数(人)	成立年数(年)
个数	有效	423	498
	缺失	129	54
均值		29.58	8.02
众数		5	3
极小值		3	1
极大值		270	36

　　表 5.3 是对 552 家公益组织展开描述性统计,在分析前需要解释一下,由于本文数据多数从网络收集,有些慈善组织并未在网上公开它的具体信息,导致这块数据的缺失值较多,但由于样本较多还是能得到 400 余条可用数据。由于员工人数多数信息都是范围数据,因此本文的员工数据取到一个中位数,为此在下文回归分析中将员工人数虚拟化,做一个范围统计。

　　从表 5.3 中可以看出员工人数最多的慈善组织有 270 名员工,而最少人数的慈善组织仅有 3 名员工,差距较大。员工人数 10 人以下的慈善组织占到总数的 33.5%,可见小型的慈善组织还是较多,它们的发展值得关注。慈善组织成立年数中 3 年的最多,从统计数据中得出 2013、2014 年成立的慈善组织占了 30.1%,这和当年的政策因素有关,政府大力出台促进慈善发展的政策以及政府购买服务的兴起,《2014 年中国慈善发展报告》中称 2013 年为中国公益组织转型启动年,很多以前存在的并未在民政部门注册的慈善组织在这两年间都纷纷注册。这些都是导致这两年慈善组织纷纷成立的原因。当然,数据中也有一些老牌的慈善组织,最老牌的已经成立了 36 年。

　　当对这两项数据做线性回归的时候发现,P 值<0.05,说明两者之间存在显著的正相关,即成立年数越久,员工人数越多。

表 5.4 公益组织网络建设力度的描述性统计

属性		数量	百分比(%)
官网	有	313	56.7
	无	239	43.3
微信公众号	有	484	87.7
	无	68	12.3

续　表

属性		数量	百分比（％）
信息是否全面	有	236	42.8
	无	316	57.2

注：信息是否全面是从慈善组织官网上所展示的信息，具体包括组织结构简介、财务信息公开、慈善项目、机构新闻等方面。

从表5.4可以看出，已经建立官网的慈善组织占总数的56.7％，而官网信息全面的占42.8％，可见还有一些慈善组织建立官网后并没有很好地运营，从官网信息最后更新日期可以看出很多慈善组织建立官网后并没有专门人员进行管理，甚至有个慈善组织最后一条更新信息在2011年3月8日，在313家有官网的慈善组织中，有14.4％的慈善组织在一年内更新过消息，51.8％的慈善组织在一个月内没有更新消息。这可以看出慈善组织中从事网站管理的人员十分缺少，在互联网时代，官网作为慈善组织信息公开的重要平台还是需要好好运营的。

有87.7％的慈善组织开通了微信公众号，这个比例是比较高的，日常生活中我们也能体会到朋友圈对公益众筹的作用，但是在数据收集过程中，笔者也发现很多慈善组织的微信公众号里面并没有内容。

（二）相关性分析

表5.5　各解释变量之间的相关系数表

	完成情况	成熟度	网络建设力度	众筹经验	众筹领域
完成情况	1				
成熟度	0.080	1			
网络建设力度	0.054	0.399	1		
众筹经验	0.160	0.166	0.106	1	
众筹领域	−0.202	−0.026	−0.39	−0.157	1

在进行多元线性回归之前，我们对本文的解释变量进行相关性分析，观察其是否存在显著的相关性。如果存在显著的相关性，会对回归分析结果产生影响。从表5.5中可以看出，各个变量之间的相关系数的绝对值均比较低。利用SPSS 17.0软件分析得出Pearson相关系数。公益众筹项目的完成情况与发起人性质之间的相关系数为−0.032。其中，最高的是公益组织的网络建设力度（NetCons）与公益组织的成熟度（GraofMat），其相关系数绝对值为0.399，但也小于0.5。由此我们可以初步判断各个解释变量之间没有明显的相关性，不存在多重共线性问题，可以直接引入回归模型中。

（三）回归分析

本研究采用 SPSS 17.0 软件中的多元线性回归,运用前文所构建的回归模型。在回归过程中,并没有发现残差值大于 3 的个案,说明并不存在与结论差异特别大的个案。研究中将进行两部分回归分析,一是发起人性质与公益众筹完成情况之间的回归分析,二是公益组织特征与公益众筹完成情况之间的回归分析。

1.发起人性质与公益众筹完成情况之间的回归分析

表 5.6　发起人性质与公益众筹完成情况之间的回归分析结果

模型		非标准化系数		标准系数	t	Sig.
		B	标准　误差	试用版		
1	（常量）	0.660	0.028		24.003	0.000
	性质	−0.069	0.031	−0.057	−2.237	0.025

注:因变量:公益众筹项目的完成清理(已离散化)。

从表 5.6 中可以看出,发起人性质与公益众筹完成情况之间呈负相关,P 值<0.05,说明两者之间关系显著。前文中的假设 1:发起人性质对公益众筹项目有显著影响,假设成立。我们在做回归分析时将发起人性质中个人记为"0",慈善组织记为"1",即个人作为发起人更有利于公益众筹项目的成功。这可能是因为慈善组织发起的公益众筹项目过多导致其精力不能集中在一个项目中,从而成功率不如个人的高。慈善组织发起众筹次数最多的是爱德基金会,达到了 1254 个,37.3%的慈善组织发起众筹数超过 5 个。而个人发起公益众筹项目次数最高的是 4 个,多数仅发起过一次众筹。当然这只是一种猜测,这方面的原因是值得进一步研究的。

2.公益组织特征与公益众筹完成情况之间的回归分析

表 5.7　公益组织特征与公益众筹完成情况之间的回归分析结果

模型	非标准化系数		标准系数	t	Sig.
	B	标准　误差	试用版		
（常量）	0.853	0.039		21.868	0.000
成熟度	0.010	0.011	0.027	0.846	0.398
网络建设力度	0.022	0.031	0.022	0.706	0.480
众筹经验	0.000	0.000	0.124	4.238	0.000
众筹领域	−0.160	0.008	−0.493	−19.671	0.000

注:因变量:公益众筹项目的完成情况。

从表 5.7 中可以看出，公益组织的成熟度与公益众筹完成情况之间呈正相关，但 P 值＞0.05，两者之间关系不显著。上文中假设 2：公益组织的成熟度对公益众筹项目有显著影响，假设不成立。为了探究其原因，本文再对构成成熟度的两个变量员工人数和成立年数与公益众筹完成情况做回归分析。发现员工人数与公益众筹完成情况之间呈正相关并且关系显著，而成立年数与公益众筹完成情况之间 P 值＝0.844＞0.05，两者之间不存在显著关系，这说明不论是年轻的慈善组织还是老牌的慈善组织并不影响公益众筹的成功率。年轻的慈善组织多数并不出名，它们想要筹集善款的时候途径较少，而众筹则给了它们一个公平的平台。

从表 5.7 中可以看出，公益组织的网络建设力度与公益众筹完成情况之间呈正相关，但 P 值＞0.05，两者之间关系不显著。上文中假设 3：公益组织的网络建设力度对公益众筹项目有显著影响，假设不成立。为了深入分析，本文对公益组织是否有官网、微信公众号，官网信息是否全面，最后更新日期与公益众筹完成情况之间进行回归分析。发起慈善组织是否有微信公众号与公益众筹完成情况之间呈正相关并且关系显著，而是否有官网、官网信息是否全面、最后更新日期与公益众筹完成情况之间并没有显著的关系。从这侧面以及日常接触到的众筹情况中可以看出，公益众筹除了众筹平台之外，另一个阵地就是微信等移动端社交软件。

从表 5.7 中可以看出，公益组织的众筹经验与公益众筹完成情况之间呈正相关，P 值＜0.05，两者之间关系显著。上文假设 4：公益组织的众筹经验对公益众筹项目有显著影响，假设成立。说明众筹经验越丰富的公益组织众筹成功的可能性越高。发展公益众筹也是需要累积经验的。

从表 5.7 中可以看出，公益组织的慈善领域与公益众筹完成情况之间关系显著，P 值＜0.05。上文假设 5：公益组织的工作领域对公益众筹项目有显著影响，假设成立。之所以呈负值，是因为我在对慈善领域做虚拟变量处理的时候，是按照疾病救助、教育助学、扶贫救灾、环保动物保护、其他这个顺序从低到高做虚拟化的。加上上文表 5.1 的分析，我们可以知道慈善领域对公益众筹完成情况有显著的影响，其中公益组织在疾病救助领域发起众筹成功率最高。这也说明公众比较愿意在疾病救助、教育助学领域进行捐助，而环保动物保护等其他领域，公益组织在进行众筹时需要更加用心。

六、结　论

本文选取了 315 条个人作为发起人的公益众筹数据和 1206 条慈善组织作为发起人的特征数据，对发起人特征与公益众筹项目的影响进行实证分析。分析结果表明,发起人性质与公益众筹项目完成情况之间关系显著,个人作为发起人更有利于公益众筹项目的成功;公益组织成熟度、网络建设力度对公益众筹项目完成的影响相关性不显著,公益组织的众筹经验与公益众筹完成情况之间呈显著的正相关,公益组织的慈善领域与公益众筹完成情况之间关系显著。

我们对现今公益众筹的现状和慈善组织的特征进行简单的分析,公益众筹在发起项目个数、筹款金额、公众参与度等方面上升趋势明显,公益众筹发展势头猛烈。2013、2014年是慈善组织注册成立的爆发年。现今中国慈善领域存在很多的中小型慈善组织,它们缺少对其网站的建设和运营,微信等移动端社交软件正在与慈善大举结合。在环保动物保护等其他慈善领域仍需要更多的关注,从众筹数量和完成情况看都低于疾病救助、教育助学等领域。

参考文献

[1] 闫笑男.《慈善法》对公益众筹的影响[J].商界论坛,2016,(17):241-242.

[2] Huckman R S,Staats B R. Fluid tasks and fluid teams:The impact of diversity in experience and team familiarity on team performance[J]. Manufacturing & Service Operations Management,2011,13(13):310-328.

[3] Haines G H,Madill J J,Riding A L. Informal investment in Canada:Financing small business growth[J]. Journal of Small Business & Entrepreneurship,2003,16(3/4):13-40.

[4] Hsu,D. Experienced Entrepreneurial Founders,Organizational Capital,and Venture Capital Funding[J]. Research Policy,2007,36(5),722-741.

[5] 李国鑫,王正沛.科技类奖励众筹支持者参与动机及参与意愿影响因素研究,管理学报[J].2016,13(4):580-587.

[6] 周逸翰,史琰鹏.众筹项目成功度影响因素研究——基于项目发起者的质量信号视角[J].港澳经济,2016,(9):7-10.

[7] 丁汉青,田欣.影响新闻众筹项目受支持度的因素分析[J].新闻战线,2016(2):43-47.

[8] 腾讯客服.什么是腾讯乐捐[OL].访问时间:2016-05-11,http://kf.qq.com/faq/120322fu63YV130422euQ3aa.html.

[9] 唐彬.我国众筹融资成功影响因素研究[D].杭州:浙江财经大学,2016.

[10] 林晓敏.互联网金融背景下的众筹绩效影响因素研究[D].大连:东北财经大学,2016.

[11] 深圳市图鸥公益事业发展中心.中国公益组织互联网使用与传播能力第五次调研报告[R].中国发展简报,2017.

［12］Ethan R. Mollick. The Dynamics of Crowdfunding：An Exploratory Study［J］. Journal of Business Venturing，2014，29（1）：1-16.

［13］Marsha W. Johnston. crowd funding collection and composting［J］. BioCycle，2015，56（3）：72.

（指导教师：王春霞）

中 篇

社会工作与社会治理

消费与情感：城市社会青年粉丝群体及其自组织的社会学调查

吕烨恒 12级社会工作

摘 要：粉丝群体强烈的情感和强大的消费能力使得这个群体日益受到人们的关注，随着众多粉丝团体的出现，粉丝节的设立，粉丝网的成立，粉丝在内部和外部的共同作用下正一步步走向组织化、规范化。

本文的第一部分对国内外粉丝研究进行了梳理，并对其中的观点进行了比较分析，同时对调查方法进行阐述。

第二部分将论述明星体制的产生是经济的需要还是社会情感的需要。文化娱乐产业中明星体制的产生，是因其能带动庞大的经济消费。而对社会及生活在社会中的青年粉丝来说，明星也是在现代性社会背景下的一种情感需要。如何认识经济需要与情感、社会需要的问题，直接影响并决定了如何认识青年粉丝群体及其自组织的问题。

第三部分通过定量的问卷调查方法，以家庭、职业、收入、居所等为变量，对青年粉丝群体进行一个分类分析，确定青年粉丝群体成员所属的社会阶层，并对此进行比较分析。从而对青年粉丝群体不同社会阶层来源基础上所呈现的共同特性、特征进行深入的理解和讨论。

第四部分将重点分析青年粉丝群体中存在两个显著的特征，即：消费特征和情感特征。从青年粉丝群体强烈的消费和情感特征入手，通过社会学定量调查与参与观察方法，对青年粉丝群体重新做出系统的定位和定义。

第五部分研究粉丝自组织，将分析组织制度在组织中所发挥的作用，并且以 TFBOYS 为例，对组织框架等方面进行阐述，同时对组织中的权力框架和潜在逻辑进行分析。

第六部分对青年粉丝群体自组织的动力进行解析。青年粉丝群体主要通过明星得以联结成群，但在具体组织和集体行动过程中，明星大体上并不深度参与；因而，群体中的意见领袖处于一个重要的地位；但在网络世界中，偶发的个体倡议及其推动，也会形成线上、线下的集体行动。

第七部分则指出粉丝组织庞大的影响力和在权力缺乏监管下的一些乱象。

关键词：粉丝阶层；消费与情感；自组织

一、引　言

近年来，追星引发的社会事件层出不穷，从杨丽娟苦追刘德华以致家破人亡到最近父亲因为追星砍死女儿，都显示出庞大的粉丝群体作为一个亚文化群体，其影响已经深入家庭生活，甚至影响社会的运转。一场大型演唱会的举办常常聚集一大批粉丝，一张门票被炒到天价，明星签名海报也很受人追捧，其中的经济意义不言而喻。观看演出时，粉丝们往往全身心投入，大声呼喊，热泪盈眶，情感表达亦非常激烈。更有忠实粉丝在网络上结成××明星后援会、亲友团，并相互约定在现实社会里一起追星、观看明星演出，全国各地都能找到志同道合的人，从而形成线上和线下的互动团体并相互促进，进而形成一个独特的具有相当组织化特征的群体，对社会运作形成了新的影响。在这一背景下，本文希望通过对青年粉丝群体及其自组织进行深入的研究和观察，对该群体不同社会阶层来源基础上所呈现的共同特性、特征进行深入的分析，并对其线上与线下互相结合的自组织过程进行全面的社会学阐释，从而让家庭、高校、社会更好地认识、理解和引导该群体的发展。

（一）国外研究现状

1.能动的粉丝——从生产到消费

在国外粉丝研究早期，法兰克福学派提出消极观众理论，认为粉丝是消极的、被动的、被支配的，粉丝对于文化的接受、理解完全被生产者所把控，官方的文化工业生产什么，粉丝们就接受什么，任何与原作者相违背的认识都被认为是"非正统的"。

在葛兰西转向之后，霍尔提出了"编码和解码"理论，其区分接受者在解读文本时的三种类型，即主导的、妥协的、抵抗的，粉丝在接受文化的过程中会结合自身经验，对生产者所传达的信息进行编码，也会以不同的形式对其进行解读，这种分类对"消极被动的观众"概念有了较大的冲击。

德·塞托在《日常生活实践》一书中提出，消费也是一种生产的理念，他指出粉丝在对于文化消费的过程中存在着"第二生产"，在消费文化的同时，粉丝往往能够颠覆文化方式，赋予文化完全不同于他们被迫接受的体系的效果和指标,以个人的生活经验来获得他想要得到的文化。

詹金斯和费斯克同样关注粉丝的消费性。詹金斯将粉丝形容为盗猎者、游牧民,是最积极主动的阅读者/消费者,生产者和作者往往会通过不同的方式强迫粉丝接受其传递的文化,而粉丝能够自如地在接受过程中,将其为我所用,打破文本,截取其中能够解释个人生活经验的部分,并且在与其他粉丝的讨论中,不断塑造和巩固一种新的文化。费斯克则进一步提出,过度的粉丝会将在吸收文化的基础上进行自我创造,创作出独特的符号,并且在粉丝的群体中进行大肆的传播,从而形成一种区分粉丝身份群体的界限。

2.“收编/抵抗”范式

伯明翰学派在对青年亚文化研究中发展出了“收编/抵抗”范式,该范式的核心在于“权力”,其关注点在于受众在参与文化消费活动时,到底是被文本体现的主导意识形态收编,还是对其进行抵抗。法兰克福学派是文本主导理论的代表,即认为受众是被动的,是文本的囚徒,深受文本偏好含义的影响。德·赛托则提出“战略”的概念,认为霸权会限制民众意义的流通,边缘化反对者的声音,而从属阶级则会灵活地使用“策略”逃避控制。费斯克则进一步将文本看作是开放的、多元的,观众能够自由地理解大众文化。

3.“奇观/表演”范式

艾伯柯龙和布莱恩提出的“奇观/表演”范式,关注的核心在于身份概念,他们认为,积极的受众不代表抵抗的受众,不同身份特征的受众在面对生产者传递的文化时,会有不同的表现,当权力轴心(如阶级、性别)互相交叉时,“收编/抵抗”范式很难解释,以至于无法搞清楚抵抗的究竟是什么。

(二)国内研究现状

1.粉丝产生的原因

(1)移情

粉丝对于偶像的高度崇拜,以及其表现出的狂热、激情,不是简单的一个个体对另一个个体的迷恋,粉丝是挑剔的,是极具辨别力的,他们能够清晰地分辨界限。在选择偶像的过程中,个人生活中的体验和个性的契合是非常重要的,粉丝自我的迷失,实际上是将自己的个性移情到了偶像身上,通过偶像在公众面前的表现来张扬自己的个性。在这种移情中,我们有时无法分辨粉丝疯狂追求的是明星还是理想中的自己。

(2)文化资本的补充

对粉丝成员构成的调查中发现,粉丝有比较明显的年轻化特征。青年群体,特别是学生群体,这类粉丝在社会资本的积累,特别是在文化资本的积累与成年群体和精英群体有着较大的差距。而偶像提供了填补文化匮乏的方式，以及文化资本所带来的社会名望与自尊意识。为了满足其本身文化需求，通过成为一名"粉丝"，赋予自身独特的文化意义，并且通过特殊的符号、圈子文化，将自身与他人明确地进行区分，形成一个独特的文化共同体，以此作为一种文化资本的补充。而随着年龄增长，文化资本逐渐积累，众多粉丝的激情与狂热也将逐渐消退。

（3）暗示与模仿

粉丝的产生不仅仅是粉丝个人单向的选择，也是生产者、媒体、粉丝合谋的结果。经纪公司开启"造星"活动，不断地推出明星，借助发达的媒体进行大肆传播，持久反复的宣传，对受众进行多重暗示，受众则从中选择符合自我审美标准的偶像。

在这里，暗示是一个重要的环节，暗示指在无对抗条件下，人们对接收到的某种信息迅速无批判地加以接受，并依此而做出行为过程的反映。如今众多的选秀节目在给观众带来娱乐体验的同时，也令有明星梦的观众找到替代性的成就感，粉丝参与到"造星"之中，形成一种"为了共同理想努力"的氛围，在不断付出中获得自我满足感。

此外，正如上述，粉丝接受暗示，渴望在明星身上找到替代性的成就感，在付出中找到自我满足感，这种心理的外在表现就形成了行为上的模仿，例如外形、穿着等方面，这种模仿，一方面是个人心理认同的表达，另一方面也是构造粉丝群体的一种方式，粉丝通过这种模仿，能够清晰地辨别自身群体成员，清晰地划分出与其他群体的界限，在这种雷同的模仿中，不断巩固和强化自身群体，并从中获得认同。

2.粉丝的心理

（1）群体动力学下的粉丝

从勒温的群体动力学角度来看，群体动力主要包括三个方面：凝聚力、驱动力、耗散力。粉丝群体产生后会通过特定的称呼、服饰、约定规则、共同的目标以及与其他组织的合作冲突等方式，形成强大的组织凝聚力，在这种凝聚力的主导下，会给予粉丝成员强大的驱动力，粉丝积极努力地通过"投票""打榜"等方式，以目标驱动的形式，为明星，为粉丝组织做贡献，在这个过程中，找寻存在感和自我满足。而粉丝组织内部的矛盾冲突，粉丝平台管理的不规范，则会导致粉丝群体的混乱，效率低下。

（2）认同感与情绪宣泄

受众成为某一明星的粉丝具备很大的不确定性，而其中追求自我认同的从众心理是粉丝的心理基础。拉康的"镜像自我"理论提出，个人最核心的那部分自我,是在另一个对象的完整认同过程中实现的,在追星过程中,得到群体的认可,如消费、转发、点赞等行为,给予粉丝强大的动力和被认同感,粉丝群体偶有的狂欢式行动,如集体打榜、现场应援、爆吧,更是给粉丝深刻的情绪体验,无论是正面还是负面,都使得粉丝能够将生活中积压的情绪得以宣泄,在追星过程中得到轻松愉悦的快感。

3.粉丝的亚文化特征

(1)情感纽带

粉丝的产生,特别是粉丝组织的产生,是一种独特的现象,众多粉丝组织与传统组织一样,具备清晰的科层制特征,分工明确,执行力强。但是与传统组织不同,粉丝组织的构建不是建立在经济基础上的,大部分粉丝的贡献几乎都无法得到经济的回报。在这之中,粉丝个人和组织中,情感是最强大也是最重要的纽带。建立在自我认同、自我满足、群体凝聚力等多个复杂因素之上的情感纽带,很好地维系并且带动着粉丝及其组织的发展。而这种情感导向却具备很强的不确定性,容易往极端方向发展,这也是粉丝亚文化的特征之一。

(2)消费中的认同

在粉丝文化中,消费也是其重要特征之一。粉丝的消费能力越来越受到生产者的重视,而消费能力的强弱在很大程度上也影响着粉丝在组织之中的地位。由于明星和粉丝天然的距离界限,导致粉丝要付出较大的成本才能与明星有短暂的接触,无论是赶场应援还是演唱会,越要拉近与明星的距离,往往付出的经济成本越高(如演唱会门票,越靠前越贵),而能够为偶像消费得越多,其与偶像之间的距离就能拉得越近,忠诚度越能被其他成员认同。

(3)语言独特性

粉丝群体形成之后,粉丝内部往往会自发形成一套语言体系,这套语言体系纳入网络时兴的词汇,结合组织内部的改编,配以特殊的符号形成独特的风格,而这种独特的风格则成为粉丝群体自我辨别的特征,粉丝用这套特征来区分"我们"和"他们",在此基础上进行接纳或是排斥。

4.粉丝经济

(1)粉丝产业逐步形成

明星体制的不断发展,使得粉丝产业逐步成型,其主要包括明星周边产品的消费、粉丝个人及粉丝团体消费、职业粉丝与粉丝公司的成立。粉丝及其团体在追星过程中的各个环节也逐渐清晰,从购票到发放荧光棒、标语,都形成专门产业。更有大型公司,如最大的粉丝平台"粉丝网"专业收集粉丝数据,从粉丝消费数据、追星周期等方面,为经纪公司提出专业的建议。粉丝产业的成型给粉丝经济的发展提供了基础。

（2）情绪资本

社会经济发展使得个人的情感逐渐从束缚之中解脱，粉丝作为情感特征突出的群体，在消费过程中尤为强调情绪资本。消费，不再仅仅是消费，粉丝在其中追求个性化的特征，寻求在消费中获得创意和感动，通过把握消费者的情绪资本，将消费者纳入粉丝社区，增强其参与性，获得其认同感，增强粉丝的情绪资本，是粉丝经济的核心所在。

5.网络对于粉丝的影响

（1）参与性与想象空间

借助网络，粉丝自身开辟了大量的虚拟空间，作为粉丝沟通交流的平台。其主要有贴吧、微博、微信、QQ等平台，粉丝每天在这些平台进行着大量的消息的传播与收集、闲聊、文化再生产等活动，每个粉丝都能够自由地在平台上发表自己的观点，参与到这个虚拟空间的构建之中，并逐步地将原本个人对明星的想象，汇集成一个群体的想象空间，粉丝们共同构造出了一个属于自己的乌托邦。

（2）情绪的滥觞

如果说粉丝个人的情感还是能够把控和理解的，那么，借助网络集合的粉丝群体往往会成为情绪的滥觞。个人融入群体后，被情绪所左右，很难保持理智。就正面而言，明星发起的公益活动，往往能够借助网络平台起到非常好的效果，粉丝能够快速积极地响应；同时，因为网络监管、"粽子"（专门挑拨不同粉丝群体矛盾的人）等原因，粉丝非常容易在网络上形成聚集，进行"爆吧""口水战"等非理性行为。

（三）调查方法

1.个案法

个案法是通过对个体或者组织进行长期调查研究以获得资料的方法。通过加入粉丝群，对整个组织进行系统观察，来剖析组织制度对成员的影响，组织发展动力，并且观察成员在组织中的心理动态。我们选择了当下较红的8个明星的千人以上QQ粉丝群，并进行数据分析，其中陈奕迅、吴尊、李易峰等5个QQ群"90后"和"00后"占绝对多数，超过总数的90%，赵丽颖、杨颖、杨洋三人的粉丝群中"80后"占据较大比例，但"90后"与"00后"相加比例仍超过"80后"。

2.深度访谈法

笔者选取了8名不同明星的粉丝分别进行了深度的访谈，从职业、活动参与、工作、择偶、对人生态度的影响等多个方面进行了较为深入的访谈，从而获得粉丝在追星过程中阶段性情感变化的资料。

3.文献法

借助图书馆资源,对中国知网等论文系统进行期刊检索,查找国内外与粉丝相关的研究,对其内容进行整合。并且借阅了大量组织社会学、粉丝经济学、心理学等方面的书籍,为论文理论沉淀做好基础。

此外,对于百度贴吧、QQ群、微博等网络媒介的持续关注,也收集到了大量关于粉丝制度、组织活动等方面的文献资料。

二、明星体制的产生

(一)经济需要

明星制度最早产生于好莱坞,即通过技术、宣传等方式对明星进行个性化、标准化的塑造,同时利用各种手段吸引公众,建立粉丝群体,从而保证唱片、电影、电视剧和相关衍生产品的收益。

明星体制的最终目的是确保投资收益,并从粉丝群体中谋取最大的经济价值。因此,从生产者角度看,明星体制的出现完全是经济利益所主导的,并且,这种体制也确实效果显著。尽管中国每年粉丝的消费总额还没有细致、详尽地统计,但是从以下案例中,不难看出明星体制的“吸金”能力,“中国粉丝花费180万为日本偶像团体AKB48投票”“TFBOYS粉丝背15万‘大炮’追星”,粉丝的消费力惊人,这些新闻都在告诉生产者,粉丝自身强大的消费能力。

如果说早期的受众是因为单纯地欣赏而成为粉丝,消费能力和追星热情相对低下,那么,现今粉丝群体庞大的消费潜力迫使生产者不断地完善明星体制,并且整合出心理学、社会学等多方面学科,开发出多种多样的技术,将造粉、吸粉、维护粉丝的方式进行了系统化的整合,不断地刺激着粉丝的消费欲望,挖掘粉丝的消费能力。

(二)情感需要

从上述而言,生产者为了保障经济利益,促使明星体制的产生,随着经济的日益发展,人们的经济收入越来越高,物质需求逐步被满足,而现代化进程下,机械团结分崩离析,社会意识异质化程度越来越高,共享观念逐步瓦解,个人生活离子化,使得人们对情感需求越来越急迫,也越来越愿意花费大量的时间精力去寻求精神的满足。这促使生产者不断地发展和完善明星体制,榨取粉丝身上的资源。

明星体制在经济需求下应运而生,其中的生产者是主导的、有预谋的,受众粉丝是被动的，是被生产者精心算计的。

但是，我们在上文提到，明星体制生产的是标准化的产品，其产出的明星都具备一定相同的特质，如部分韩国女星有着近乎相同的脸型，标准化的身材。那么为什么粉丝在如此多的同类明星中会有不同的选择倾向呢？我们从受众向粉丝转变的过程来进行探讨。通过对粉丝群体的调查我们发现，一名普通受众成为某一特定偶像粉丝的过程大致可以分为初识—迷恋—衷情—转移（内化）四个过程，而在初识阶段，也就是选择崇拜偶像阶段，存在着较大的偶然性。初识阶段的受众还不能确切地称之为粉丝，其辨别能力、判断能力较弱，无法系统、详尽地整合出自身挑选偶像的核心特质，无法辨认出自己所喜爱的偶像。受众在转化为粉丝的过程中主要受个人生活经验和从众心理两个方面的影响，心理学上有"共情"一说，即个体由于理解了真实的或想象中的他人的情绪，而引发的与一致或者相似的情绪体验。咨询师经常通过共情来拉近与案主的距离，初识阶段的粉丝，总是因为个人生活经验与偶像个人特质或者经历产生情感共鸣，从而拉近彼此之间的心理距离。"当时我刚刚失恋，然后无意中听了薛之谦的《演员》这首歌，我感觉他唱的就是我所经历的，让我很有感触，后来就慢慢关注他，发现他是个很有趣的人，慢慢地就成了他的粉丝。"一名薛之谦的粉丝如此描述。

从众心理是受众转变为粉丝的重要原因之一，从众心理是指个人受到外界人群行为的影响而在自己的知觉、判断、认识上表现出符合与公众舆论或多数人的行为方式。我的一位调查对象是一名大学女生，其所处寝室有3人为韩国团体BIGBANG的粉丝，"平时室友讨论的话题最多的就是BIGBANG、权志龙，我听到感兴趣的就也会有所关注，她们也喜欢和我讲各种相关的新闻什么的。"当周围环境中充斥着偶像信息时，个人必然会增加对该明星的信息接入，而集体在接入明星信息，分享偶像经验的同时，构成了共同的生活经验，从而逐步吸引普通受众向粉丝转化。此外，个体受众在粉丝群体中难免会受到群体性压力的影响，当与身边的朋友没有共同话题，会产生距离感，无法融入团体之中，而最好的方法莫过于自己也成为一个粉丝。

所以受众在向粉丝转化的过程中，对于偶像的选择具有很大的偶然性，个人首先发现哪位明星与个人生活经验有较多的共性，就往往会成为该明星的粉丝。所处环境则从外部给受众提供诱惑和施加压力，促使受众完成向粉丝的转变。

如果说初识阶段的粉丝是缺乏辨别力、判断力的，具备偶然性的，那么迷恋阶段则是粉丝不断提升辨别力和判断力的过程。

迷恋阶段的粉丝会大量收集与偶像相关的信息，从偶像的身高、体重到其各类歌曲、影视、线上线下活动以及相关粉丝团体的特点等等,从而建立起一整套识别系统。在收集大量信息的过程中,粉丝如发现新大陆的哥伦布,不断地挖掘出能够与自身生活经验所匹配的信息,整个过程充满着喜悦,而这种喜悦满足着粉丝的情感需要,加深了粉丝想象中与偶像的情感,拉近彼此的距离。

在初识和迷恋阶段的粉丝仍不具备较强的生产力和消费力,生产者针对处于这两个阶段的粉丝采取的是吸引、讨好的策略,通过明星体制不断生产出具备自身个性与特质的明星,希望能够触碰受众内心,引发共鸣,随后通过各种技术手段,如制造新闻、传播绯闻、大量信息冲击等方式,刺激粉丝好奇心,让粉丝在探索偶像的过程中获得心理满足和精神愉悦,最终成为一名忠实的、愿意为偶像消费的粉丝。

衷情阶段的粉丝属于成熟状态,其熟练掌握着偶像的相关信息,具备非常敏锐的辨别力和判断力,能非常清晰地分辨出与普通受众和其他粉丝之间的差别,消费能力提升至最高,同时生产力也有了质的飞跃。生产者往往在这一阶段刺激粉丝的消费能力,大量的明星周边产品、演唱会、影视等等都能够吸引大量的粉丝进行消费。但是,这一阶段的粉丝是具备高度判断力和辨别力的,同样也是具备高度创造力和想象力的,粉丝不会单纯满足于生产者提供的产品,相较而言,亲自上阵是更多粉丝的选择。前线粉丝扛的相机让专业人士嫉妒,粉丝创作的海报、视频以及同人小说,质量之高令人咋舌,粉丝能够灵活地利用偶像资源,去丰富自己的生活,除了拿着手机 YY 偶像之外,线下的活动也越来越多地融入粉丝的日常生活中去。

大多数的研究认为,粉丝的产生与年龄有着负相关关系,随着年龄的增加,粉丝的热情会逐步消退,但随着娱乐产业的不断发展,粉丝年龄的界限已经模糊不清,越来越多的中青年、老年人都加入到粉丝行列之中,唯独没有改变的是,粉丝的确是有一个由盛而衰的过程,但与前面三个阶段不同,在经历衷情期后,粉丝的发展方向出现了分化,一种是转移,即情感凝结转到另外一个偶像,大部分的粉丝都会出现情感转移的现象,粉丝在追星过程中,会受到偶像潜移默化的影响,但从实质而言,粉丝都是在追逐着自我的情绪体验,一旦这种情绪体验无法被满足,或者受到外部冲击,粉丝的整个认知体系就容易土崩瓦解。在崇拜追逐偶像的过程中,要保持较高的激情和持续力是非常困难的,大量的精力、情感消耗需要得到反馈才能够持久,而偶像与粉丝之间天然的距离使得大部分粉丝只能够凭借自我的想象获得这种满足,虽然参加组织的粉丝在一定程度上能够通过组织的凝聚力加以维持,但也难以为继。

与转移不同,有部分粉丝,特别是追星时间较长的粉丝的最后阶段是内化,粉丝情感理性升华，真正进入粉丝内心并得以沉淀，"就好像谈恋爱一样，经历过热恋期，回归平静，不会刻意地去关注他，去买周边，但是就一直放在心里，是陪伴我8年的记忆和青春，如果他来杭州开演唱会，我一定会去"。粉丝在这个阶段已经能够较为理性地控制自我的情感，偶像不再是高高在上、神坛上的那个人，而是身边一同度过生活酸甜苦辣的那个人。

第四阶段是最后阶段，属于消弭状态，粉丝逐渐从偶像崇拜中脱离，组织上离开粉丝群体，精神上脱离共同铸造的想象空间，行为上脱离与偶像相关的活动。粉丝消弭的出现和年龄有着一定关联，但实质是偶像崇拜的精神满足和个人生活经验的脱轨。随着年龄的增大，生活经历、情感经历、生活压力有了很大的改变，个人意识逐渐增强，偶像崇拜所能够带来的支持不足以维系个人生活经验中的需要，抑或是个人生活经验中不再对偶像崇拜所能提供的精神支持有迫切的需要。

综上所述，明星体制最初是生产者为了确保自身经济利益，吸引粉丝，榨取粉丝消费能力而构造出来的，但粉丝从一开始就不是被动的，其高度敏锐的判断力和辨别力能够清晰地找到什么是自己所需要的，他们会像盗猎者、游牧民一样，截取生产者所提供的产品，并为我所用，创造出属于自己的粉丝文化。涂尔干认为现代化是机械团结逐渐解体，被有机团结所替代的一个过程，但是由分工带来的有机团结，却无法在情感上很好地替代机械团结的作用，从而导致个人在情感需求上的缺失，正是这样的社会需要、情感需要，开启了人们对明星的追逐浪潮，而明星体制也应运而生，虽然生产者通过各种技术手段企图把控粉丝以谋求利益——他们确实也获得了巨大的收益。但是不可否认的是，粉丝的机智和挑剔也不断地刺激着生产者激烈的竞争，促使生产者不断发展出新的技术来吸引粉丝。

三、粉丝的构成

（一）粉丝主力军

通过对QQ群的调查发现，粉丝较为年轻，以学生居多。为了进一步验证，笔者同时通过百度贴吧、微信等形式发布问卷，共回收有效问卷271份，其中18岁以下96人，占比35.42%；18至25岁162人，占比近60%；25至35岁6人，35岁以上7人。

从下表可以看出，25岁以下的青年占粉丝群体的大多数，而学生在追星浪潮中扮演着绝对的主力军的角色。

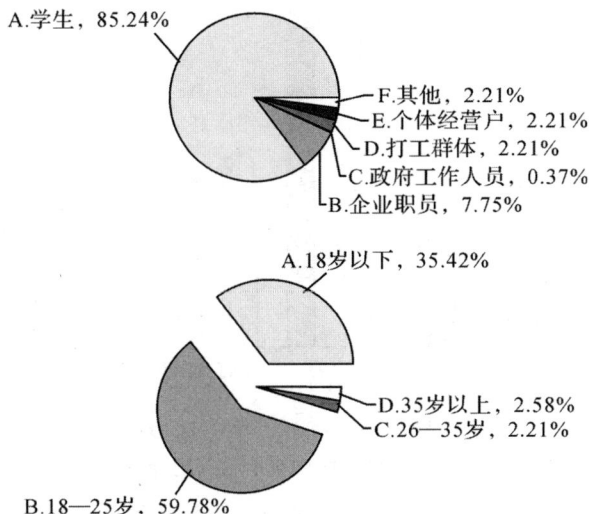

图 3.1 粉丝构成图

(二)收入偏低、消费与收入挂钩

在大众的印象里,粉丝总是狂热的代表,围绕明星的消费总是一掷千金甚至超出自身承受能力,在调查中我们也发现,有的粉丝为了支持明星票房,3天看6次同样的电影,有的粉丝连追数天明星花费7000多元,那么这是粉丝群体中的普遍现象吗?

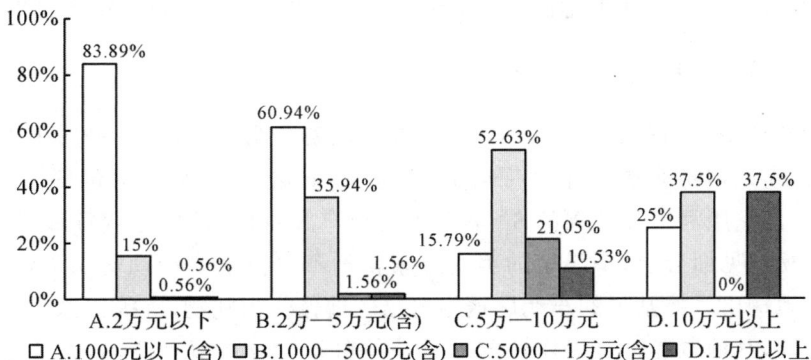

图 3.2 粉丝年收入与追星支出统计图

但是调查发现,过度的非理性消费的确存在,比如在年收入2万元以下的粉丝中,有极少数的粉丝每年追星花费高于5000元甚至是10000元,但是绝大多数的粉丝的年消费都在1000元以下,属于合理的消费。其次,通过数据可以发现,随着年收入的增长,其消费的额度不断上涨,所占比例也不断上升。所以,大众印象中粉丝疯狂的消费仅仅只是个例,或者只是粉丝长久积累的一次

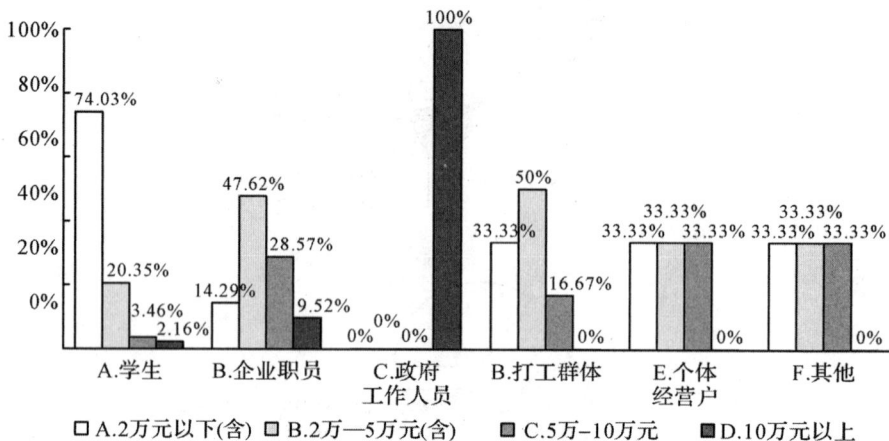

图 3.3 粉丝职业与年收入统计图

爆发型消费,绝大多数粉丝能够结合自身收入,合理地安排追星支出。

综上所述,粉丝群体主要由 25 岁以下的青年和少年为主,其中学生,特别是大学生充当了主力军。在收入上,大部分粉丝每年收入为 20000 元以下,属于低收入阶层。

四、消费与情感——粉丝的特征

深入了解粉丝群体之后,我们发现,粉丝最集中突出的特征就是消费和情感,两者相互交织,在不断地满足个人和组织需求的过程中保持了粉丝的持续性。

(一)消费导致的区隔

粉丝消费能力强是被公认的,粉丝高额消费分为两种,第一得属于土豪式消费,即粉丝本身非常富有,如一个匿名为"陈十元"的土豪凉粉包下了某报 7 月 13 日的整版和连续 8 周的 60 辆深圳公交车车身广告,向张靓颖深情表白;在某次粉丝见面会上,华晨宇的美女土豪粉丝不仅拒绝了活动奖品 LV 包,反而任性地掏出兰博基尼的车钥匙送给自己的偶像作为礼物;等等。这些一掷千金的粉丝,其消费能力是爆炸性的。另一种粉丝本身并不有钱,如大部分的学生群体和打工群体,但是,他们会长期积攒,在短时间内进行爆炸式消费。接受访谈的一名学生粉丝每月生活费为 1200 元,但是会存几个月积蓄,进行一次追机、追片场的行动,短期消费数千元。但是无论哪种消费,关注点不应该在于消费本身,在粉丝进行消费的同时,也在制造着文化意义上的区隔,追求文艺偶像的粉丝会排斥土豪式消费,追求摇滚偶像的粉丝也在消费行为中把自己和乡村音乐粉丝进行了区分。

(二)形式消费——自我认同

文化是一个包含了认同和区分的双向过程,文化消费在生产着社会区隔的同时,也在制造着身份认同。个人的消费具有其偏好,其消费对象的不同代表着个人喜好的差异,对于明星外貌、才华、品质的消费,蕴含着粉丝对于自我形象、自我认同构建的思考。如 TFBOYS 的粉丝在消费的过程中,表达了对其坚持、努力、团结的喜爱,并希望能够将这样的品质加以内化,从而将自身归入到具备坚持、努力、团结这样的群体中,得到自我和他人的认同。所以看似盲目的消费方式其实是粉丝在追求个人的价值构建,希望以消费的方式将自身与他人进行区分,突出个人的不同,并得到相应的认同。

(三)投射、模仿与反馈——构建想象空间

在对明星的调查中发现,不同类别的明星,其粉丝群体有特征相同的群体,也有区分明显的粉丝,如张靓颖的粉丝群体中,有着较大比例的"80 后""70 后"男性粉丝;周杰伦粉丝中"80 后"比例非常高;TFBOYS 组合中则有着很高比例的"00 后"粉丝、妈妈粉等,但三者都具备数量可观的"90 后"粉丝。那么,是什么原因使得不同明星的粉丝既有共性又有差别呢?我们选取了 TFBOYS 的粉丝和周杰伦的粉丝作为分析样本,进行访谈。TFBOYS 的低龄粉丝在反馈中表示:"喜欢明星帅气的外表和努力向上的精神,希望自己也能够成为这样的人。""王俊凯和我们一样,都是学生,有很多一样的地方,我相信自己也可以像他一样。"对于低龄粉丝而言,对于明星的学习和模仿是一种本能,通过这样的方式,粉丝从中得到激励,并在现实世界中得到努力的反馈,继而巩固对明星的情感,更有甚者模糊明星和自我的边界,将对明星的贡献,明星的成长视为自我的成长,自我付出的回报。

一名周杰伦的"80 后"粉丝表示:"周杰伦在很多方面和我有共同点,不被承认,被人看轻,又不服输,甚者那种耍帅和痞痞的感觉都和我记忆中的自己一样。"这种共同经历的唤醒,自身情感的投射,使得粉丝认可明星,并且将明星的成就看成是自己这代人的代表。

从中发现,明星粉丝群体中的差异部分与明星的不同特质有关,但最终的回归依然是与粉丝的个人经历、期待的一种重合,确切地说是粉丝想象中的重合。粉丝用自己的付出支持明星,同时主观地将明星取得的成绩等同于自己付出的结果,明星获得的荣誉越多,越被认可,其粉丝群体就越发觉得自身投射于明星的特质被认可,进而使得粉丝更加认同明星对于自身的代表性。在这种不断付出—获得心理成就—强化认同的过程中,粉丝迸发出一种与自身紧密相连的情感。

（四）徘徊于理性和感性之间

粉丝对于明星的强烈情感凝结导致了粉丝在行为上的不确定性。这种不确定性主要表现为粉丝在理性和感性的不确定上。

在对贴吧、粉丝团的调查中发现，大部分的平台和组织都有相对详细的规章制度，粉丝遵从规则进行追星，有违规之处，管理者会通过删帖等方式进行改正；部分粉丝起草"粉丝宣言"承诺合理追星，团结、诚信、讲文明，受到 EXO 等广大粉丝群体的认同；李宇春粉丝成立公益基金会，助力慈善事业；等等，这些示例表达出粉丝群体的理性思考与选择，也表达了一种改变外界对粉丝群体不良认知的想法。但也恰恰是这些渴望建立理性形象的群体，往往会有意料之外的行为。

下面我们通过"爆吧"案例来了解粉丝疯狂的一面。"爆吧"是指在贴吧内，大量发布无实质内容的废帖、水帖、垃圾帖等，把可以浏览的帖子刷到后几页去的行为。"李毅吧"和"李宇春吧"是两个在百度贴吧很有势力和影响的贴吧，他们之间因为某些原因发生了冲突。2005 年 6 月 21 日，发生了贴吧历史上最大规模的爆吧活动。对"李宇春吧"的入侵在当日傍晚 6 点 20 分左右开始，6 点 40 分左右，人数开始增多。高潮部分来自 7 点 10 分左右，大量其他粉丝团体进入。此时，在"李宇春吧"，爆吧速度居然达到了 1000 帖每秒。"李宇春吧"当晚被刷屏 1900 多页，被爆近 100000 帖，爆吧事件朝不可收拾的方向发展。百度官方开始介入解决，一度把"李宇春吧"设置为先审后发，这是百度官方一年来第一次采取这个非常措施。

此外，还有针对杨丞琳、权志龙、东方神起等明星的"爆吧"行动，每次"爆吧"行动参与者可达数万甚者数十万之多，在爱国、抵制韩流、圣战等口号下，贴吧上充斥污言秽语，俨然成为粉丝们的一场暴力狂欢。

值得我们注意的是，这些参与"爆吧"的粉丝大部分并不认识，只是凭借贴吧、QQ、微博等网络媒介联系在一起，但正是这样的群体，能够在短时间内响应号召，快速聚集，达成目标。不得不让人感叹粉丝力量之大，最重要的是，这种力量具备极强的不确定性。

综上所述，我们可以发现，粉丝群体是一种在经济消费，特别明星消费上具有某种共同行为的情感性社会群体。

五、粉丝群体的自组织

（一）制度化的粉丝自组织

制度学派提出，组织面对两种不同的环境：技术环境和制度环境。技术环境要求组织有效率；组织的制度化过程即组织或个人不断接受和采纳外界公认或赞许的形式、做法或"社会事实"的过程。

粉丝组织由非正式的组织不断向正式组织转变的过程中,其组织对于制度化的需求也在不断提升。在通常意义上,大众对于粉丝的印象往往是疯狂、无序的,其行为因带有浓重的感情色彩,常使人无法理解,在这样条件下的粉丝们自发聚合而成的组织很难被制度环境所认可。因此,在粉丝团体不断提升其组织化程度的同时,内部出于技术环境和制度环境的需求,形成了韦伯制的分化。以 TFBOYS 的粉丝组织"THRONE-问鼎"为例,其内部建立了纵向上"站长—管理组—功能组"三个层次,横向上"招新—应援—后期制作—管理"四个方面,形成了分工细致的管理运行制度。从技术环境的要求而言,"严格细化内部分工,提高站子内部专业集群化程度"是确保站子能够顺利运行的重要因素,模块化的分工合作,寻找具备专业技能的粉丝,很大程度上提升了站子的运行效率。

(二)组织制度的自然化

组织制度是相对理性、严谨的,而粉丝个体本身却具备强烈的情感特征,如何整合散漫、个性的粉丝群体,使得粉丝组织内部能够保持较高的统一性,使得粉丝愿意遵守组织制度,维护组织稳定是粉丝组织面临的重大问题。道格拉斯提出,制度不能建立在功利性或实用性的基础之上,而必须建立在人们都能接受的基本的理念规范之上。而这种理念规范常常是隐藏在自然或超自然世界中,只有这种超越个人利益的制度才能够稳定地存在。比如牧区有许多约定俗成的习惯,牧民会在牛粪上放一块石头来宣示主权,但如果有人为了自己的利益不遵守规则,私下拿走牛粪,这种规则就会受到冲击,所以许多建立在个人利益上的规则是非常不稳定的。因此,规则需要进行自然化或者神圣化的过程才能具备较强的持续性。

依据道格拉斯的理论,粉丝组织将制度自然化的过程运用了多种具体化的机制,首先是通过制度来赋予人们身份,塑造着人们的思维习惯。比如不同的职业有着不同的思维逻辑,将一个人放到警察的角色中时,他就会按照警察的身份来要求自己,从而形成独特的行为习惯和意识。心理学家菲利普·津巴多 1971 年在斯坦福大学进行的斯坦福监狱实验充分地显现出身份、角色对人强大的影响力。津巴多把征募来的通过了专门测试的受试者——24 名身心健康、情绪稳定的大学生分成两组,一组扮作狱警,一组扮作犯人,在短短一天的时间里这些大学生就各自进入了角色,扮演狱警的大学生通过体罚、关禁闭、取消晚餐等方式对不服从的犯人进行惩罚,犯人在面对惩罚时也表现出一个犯人角色所应有的反应,甚至作为实验设计者的津巴多也因为沉浸在监狱长角色中而拒绝了志愿者的退出,甚至还开出优惠条件,让其返回犯人中做卧底。最终,这项计划开展14天的实验在第七天就被迫终止,因为参加的犯人志愿者身心受到了巨大的伤害。从实验中我们可以看出,制度所赋予人的身份对个人的影响是非常巨大的,粉丝组织通过细致的分工将不同的粉丝归到各自的组别中,如实施组、策划组等,赋予其身份,然后粉丝就会自然地去完成各自的任务。

制度在赋予人身份的同时,也塑造了社会群体的记忆和遗忘功能。以下是截取自百度贴吧之"李易峰吧"的部分吧规:

      ……

（3）禁止发布广告帖、交易帖、造谣帖、游戏帖（如:成语接龙）、恐吓帖,以及未经官方证实的不实爆料帖、小道消息帖、个人主观臆断帖、长篇大论暗藏不实信息的"洗脑帖"等,一经发现,立即删除,情节严重者可考虑酌情封号,在峰吧发布任何广告,吧务看到了都会做封号处理（哥哥代言产品除外）。

（4）本吧禁止发布讨论关于李易峰的任何负面新闻,发布传播一切影响损害李易峰、影响蜜蜂团体的帖子,一经发现立即删除。

（5）禁止发布李易峰的PS合成图片（特指与无关艺人的P图）。禁止传播李易峰个人过分PS（丑化/女化/恶意P图）违背基本审美标准、有损李易峰形象及名誉的任何帖子,一经发现立即删除。

（6）峰吧的一切主题都应该以李易峰为中心,禁止讨论或提及其他明星、无关人士、李易峰没有参演的其他艺人作品等。

（7）峰吧发帖标题禁止带其他艺人,主题帖、镇楼图禁止带其他艺人。新闻稿涉及其他艺人请自行截除,除作品合照无所避免外,禁止在峰吧发布其他艺人相关图片。

（8）本吧禁止讨论除水仙外所有CP,严禁真人CP,禁止包括CP相关的小说、文字、视频、图签、回复、CP网站链接等帖子。禁止发布任何杜撰和李易峰相关的小说及非水仙的角色同人小说。发布作品须全年龄向,禁止黄暴。以上情况,一经发现立即删除。

从吧规中我们可以看出,任何与李易峰无关的、关于李易峰负面的信息都是违反组织规定的,将会被立刻删除,而能够发表的信息只有与李易峰相关的、正向的信息。通过这样的制度规定,粉丝群体关于偶像李易峰的负面内容都被组织有预谋地选择遗忘,组织希望给粉丝塑造的是它所想要的。

第三种机制,制度会对事物进行分类,将其放入属性不同的范畴之中,从而通过制度的思维方式,来影响人的思维方式。在中国有通过地域来区分群体,如南方人、北方人等,在粉丝组织中,有一项非常重要的制度——会员制,正式区分了会员与非会员之间的不同。我们选取了黄明官方粉丝后援会中一些关于会员的制度规定。

会员权利:

(1)活动信息通告:后援会将向后援会成员及时发布黄明相关活动信息、组织应援活动、组织后援会会员活动。活动通知办法:官方微博、贴吧、QQ群等形式。

(2)活动优先参与权:对于公开、无人数限制的活动,后援会将组织会员参与活动。对于有名额限制的活动,会员将享有活动优先参与权。

(3)贴心服务:后援会将针对黄明参与的演出活动、后援会组织的探班等协助安排好相应的交通食宿。

(4)会员有对后援会的工作提出建议及批评的权利。

(5)会员有推举及被推举出任后援会各级负责人的权利。

(6)会员有对后援会相关会费的收取及支出进行监督的权利。

会员义务:

(1)所有会员必须遵守本会相关章程制度,积极执行本会决议,响应本会号召。

(2)本会推崇理智追星、文明追星,所有会员相互之间要和睦相处,相互之间不得有争吵、辱骂、语言攻击甚至私下人身攻击等;自觉积极维护黄明本人、黄明全国后援会及明流集体的名誉和尊严,不得做有损黄明本人、黄明全国后援会及明流集体声誉的行为;不得以黄明本人、黄明全国后援会及明流集体名义攻击其他明星及粉丝团体。如有违反,将视程度轻重而进行警告、开除会籍等处罚。

(3)尽可能积极参加后援会组织的各项活动,在活动现场听从相关负责人的安排和调度,协助主要负责人做好各项活动,体现团结一致的形象。

(4)公开场合应援中,要保持相对冷静的态度,与偶像保持一定的距离,不要强行靠近黄明本人。

(5)参加后援会组织的活动时,会员须统一听从后援会活动负责人的安排,自觉维护后援会形象。

(6)会员在传播任何关于黄明的新闻和信息时,不得捏造虚假信息,更不应追究、传播黄明的个人隐私。

制度清晰地划分了会员与普通粉丝之间的界限,这种规定了不同类别的粉丝所享有的权利和义务的等级制度使得不同等级的粉丝在思维方式和行为方式上依照制度的设定,自然而然地产生了区分。

(三)分工明确,构架清晰

通过对粉丝团的调查,我们发现,大部分具有规模的粉丝团体,其内部的组织框架都十分清晰,部门之间职责明确。以 TFBOYS 的粉丝团体"THRONE-问鼎"为例,"THRONE-问鼎"站对内要求是"严格细化内部分工,提高站子内部专业集群化程度",其内部组成特别强调各个部门各司其职。

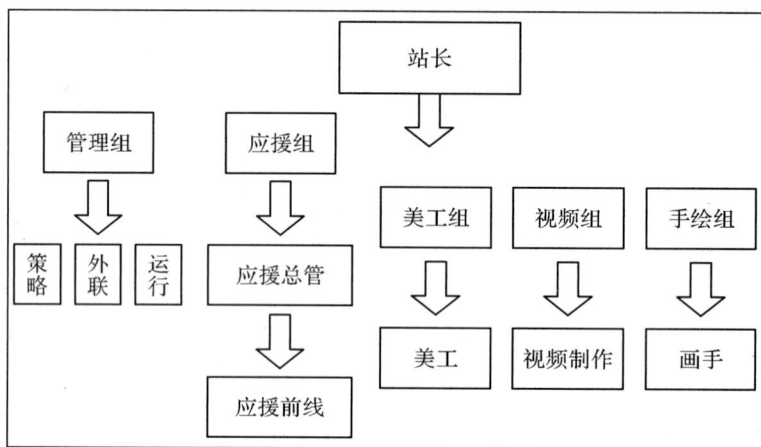

图 5.1　粉丝团分工明细

粉丝团还会经常通过社交媒体进行招新,吸纳更多有技能的人才进入,同时每个部门的招新都有详细的要求和删选机制,严格程度不低于公司招聘。

1.粉丝团的资金来源

(1)创造周边产品

粉丝团手绘人物形象和拍摄的活动现场图都可以用来制作站子周边(在这里并不考虑是否侵权问题)。小卡、手副、钥匙扣、扇子、卡贴、鼠标垫灯牌等等都以站子出的图或设计进行定制,通过淘宝进行交易来获得资金。

(2)会员出资

有些后援会是采用会员制,在这些后援会中,粉丝们的会费,购买集体服装,等等,都是一笔不小的经济收益。

2014 年 6 月,音悦台为 TFBOYS 打造了国内首个官方粉丝 CLUB,并将粉丝 CLUB 和 TFBOYS 的官方 App 绑定,粉丝们通过年费制获得粉丝 CLUB 会员身份,而会员身份可以让他们在 App 和音悦台官网上享受观看专享视频、抽送盛典及活动门票、获得明星周边商品礼物等特权。

站子里肯定会有特别富裕的成员，会为站子的资金贡献很大的一部分。相应地，他们获得会员的福利也会高于一般站子成员。例如，站子内得到的亲笔签名，也会给出钱多的会员。他们在站子里也具有较大的话语权。

（3）内部集资

粉丝组织内部进行非强制的集资，组织成员自愿性捐款作为组织活动经费。

（4）拉赞助

拉取广告商对组织进行赞助，相应地，组织进行活动的时候要为广告商进行宣传。这也是互惠互利。

（四）粉丝组织的权力网络

明星作为粉丝崇拜的对象，甚少介入到粉丝组织之中，对于粉丝组织的构架、运行基本不会有太多的干预，两者属于彼此独立的运行状态，更多的是通过类似信仰的体系将彼此相联系，明星如上帝一般很少与粉丝产生直接的互动，粉丝更多的是通过同伴之间的互动在自己与他人想象的重叠区域来寻找与明星的亲密感。而官方的贴吧等平台是明星在粉丝群体乃至粉丝组织中的代言人，粉丝每天会花费大量的时间通过这些官方平台来获知明星最近的动态新闻，同样，只有被官方认可的粉丝组织才能在该粉丝群体中获得相应的地位。

在类似"信仰"的偶像崇拜作用下，粉丝等级和权利分化也相应地产生，我们可以粗浅地将粉丝划分成：业余粉丝、忠实粉丝和职业粉丝。而其分化的主要依据不在于对偶像崇拜的感情深度，而是与明星的距离远近。业余粉丝较少地参与到与明星相关的活动中，但追星几年甚至十几年的业余粉丝大有人在，其感情投入不比忠实粉丝少，但是其在粉丝群体之中的话语权、影响力都微乎其微；而作为职业粉丝，以粉丝作为职业从中谋取利益，其中有情感投入较深的职粉存在，也有大量单纯追求利益的职业粉丝，但是毫无例外的是，职粉在粉丝群体中是具备相当高的地位的，一般称得上"职业粉丝"的，都是一些大学生。他们"级别比较高"，与明星经纪人团队走得近，能得到免费的明星签名海报、演唱会入场券、歌友会信息等；而小粉丝只有掏钱参加活动的份儿，搞一次活动，要买统一的广告衫、荧光棒；另外，交通费、海报和灯牌制作费、追星用的打车费等等都要平摊。费孝通认为，在差序格局下，每个人都以自己为中心结成网络。这就像把一块石头扔到湖水里，以这个石头（个人）为中心点，在四周形成一圈一圈的波纹，波纹的远近可以标示社会关系的亲疏。距离中心点越近的粉丝组织和粉丝就享有越高的权利和影响力。

被崇拜的偶像和粉丝之间是存在着天然的距离的，而时间、精力等多方面的原因也导致个体粉丝很难有机会能够直接与明星进行互动。粉丝自发地或者在经纪公司的引导下组成的粉丝组织，则通过一种共同体的营造，让粉丝个体在彼此分享交流和想象中，拉近了与偶像之间的心理距离，同时也能够聚合起财力、物力和人力，创造出更多与偶像现实接触的机会。

组织的出现，特别是官方认证的组织出现后，一定程度上将粉丝群体内部分成了官方和民间两个部分。组织作为有目的的集体，在聚合资源、提升效率的同时，很大程度上挤占了偶像资源，使得个体粉丝与偶像之间的接触交流变得更加困难，个体粉丝的影响力和话语权也在组织产生的过程中被不断地削弱，偶像在选择互动对象、合作对象时，具备完善运行制度且影响力较大的组织相对于个人粉丝占据了更大的机会。因此，粉丝试图接近偶像并获得地位的前提必然是加入粉丝组织之中。

影响粉丝在组织权力网络中位置的因素主要有经济实力、对偶像的了解程度和个人技能。粉丝渴求缩短与偶像之间的距离，通过自我和集体的幻想，借助于偶像相关的周边产品，如海报、唱片等，粉丝在精神上得以靠近偶像，现实距离的缩短则需要不断地参加后援、演唱会、线下活动，寻找更多与偶像接触的机会。"冲锋在前的后援成员几乎都是白富美，长枪短炮各种类型的相机都价值不菲，而赶场的交通、住宿等都需要庞大的资金支持，像我们这样的粉丝更多的只能通过网络进行关注，很少能够参与实际的活动中。"一名 TFBOYS 的粉丝描述道。

对偶像的了解程度是判别粉丝等级的重要标准之一，大多数的粉丝组织在招募成员时，会考核粉丝对偶像的熟知程度，对偶像信息掌握越详细，其地位也就越高，而能够直接提供稀有的"小道消息""内部消息"的粉丝，则被其他粉丝称为大神，这类粉丝比一般粉丝更加接近偶像，有特殊渠道获得信息，因此其地位和权力也比较高。

粉丝组织的组织架构大部分以职能型为主，不同的职能部门有各自的职责。虽然在一定程度上人员和任务会有一些重合，但是职能的分化显而易见。视频的制作、剪辑，应援的组织、实施，文本小说的创造等职能，粉丝组织通过定期的招募，从普通的粉丝中筛选出具备个人技能的粉丝，加入到粉丝的权力网络中，以科层制的管道向偶像不断靠近。而职业粉丝的个人技能直接作用于偶像，与偶像的距离更近，能够获取的偶像资源更多，其等级和权力也就相应地更高。

经济实力、对偶像的了解程度和个人技能这三个因素并非是完全独立的，要增进对偶像的了解,获取更多的偶像资源,必然需要经济实力的支撑。因此,粉丝在组织权力网络中的地位往往是三者相互交织的结果,而其最终的逻辑依然是粉丝个体与偶像之间的距离远近。

六、自组织的动力来源

粉丝组织在中国的发展壮大十分迅速,远远超过一般组织的发展,其内部发展动力主要可以分为制度和个人两个方面。

(一)制度动力

组织的完善发展过程,也伴随着制度的发展,合适的制度能够为组织的发展提供强劲的动力,而保持制度动力最普遍的方式就是激励机制。大部分的粉丝内部都出台了具体的激励政策来影响粉丝的行为,以下是笔者选取的快乐大本营粉丝组织的部分内容:

七、协会会员考核章程

A 协会会员评选制度

1. 协会考核分 A 级(好)、B 级(一般)、C 级(差);

2. 协会考核表每月 31 日由协会人事部、评选部进行统计一次,统计结果作为协会评奖规则;

3. 协会评选部将在每周日、每月 31 日和每年 12 月 31 日分别评选周度、月度、年度最佳管理人员、最佳会员。

B 协会会员级别制度

1. 协会会员考核分数规定 A 级(+3 分)、B 级(+1 分)、C 级(-2 分);

2. 每月由协会人事部、评选部计算会员考核总分,分数最高的前三名会员,将进行颁奖,且在协会网站上宣传,并可成为协会贵宾会员,以此类推,达到钻石会员可直接进入协会管理部;

3. 会员级别:A 级:钻石会员(12—15 分)、B 级:资深会员(8—11 分)、C 级:贵宾会员(4—7 分)、D 级:普通会员(0—3 分)。

C 协会会员考核范围

1. 上线情况(每人每次上线后须上协会博客报到处留言报到,写清会员编号、上线时间);

2. 讨论气氛(仅限讨论有关快乐大本营活动的气氛);

3. 评论文章的次数(针对全体会员);

4.评论文章的精彩程度(针对全体会员)；

5.有无辱骂现象(针对全体会员)；

6.有无违反协会规章制度(针对全体会员)；

7.有无在协会内发布不良信息(针对全体会员)、广告(针对全体会员,宣传部除外)；

8.推荐评论文章的次数(针对全体会员)；

9.管理人员工作的好坏；

10.有无对协会造成名誉损坏(如有发现,直接取消其入会资格,证实后,举报者获得 3 分奖励)。

规章制度中,管理人员和会员都有标准化的考核指标,并且进行了分级处理,规定了具体的考核时间以及相应的激励措施。这种制度上的规定,极大地激发了组织内部成员的参与动机,正向激励吸引着粉丝积极地参与到粉丝社区的活动中,很好地保持了粉丝社区的氛围,在保障社区人气的同时,又规范化促进粉丝交流,能够很好地巩固粉丝组织营造的共同体,给粉丝自组织提供源源不断的发展动力。

(二)个人动力

1.粉丝与明星、组织共荣

粉丝总是在追星的过程中迷失自我和明星的区别,将自身与明星进行紧密的结合,进入组织之后,粉丝之间相互影响,粉丝组织代替个人成为与明星结合的对象,无论是组织成立的初衷,还是组织开展活动的目标都与明星紧密相关。我们摘录了几位粉丝对参与组织活动的观点,"有一些打榜和投票是要花钱的,可是为了让他们获得更多荣誉,我愿意参与这样的打榜和投票。他们的荣誉有我们站子的努力,我感到很开心","应援不光是做给偶像看的,更是给媒体、工作人员看的,让大家都享受粉丝的实惠,让媒体知道偶像的人气,也要制作组对自己偶像多多照顾,俗话说'吃人家嘴软,拿人家手短',就是这个道理","虽然在酒店等了整整一天很累,但是想到他能在忙碌一天工作睡觉前有粉丝和他说一声'晚安',我就很开心"。

组织使命、个人情感与明星紧密结合的方式,粉丝在参与组织追星时,同时获得组织归属与偶像归属,这种归属又反作用于粉丝,彼此形成联动。如果说偶像归属会因为距离而产生朦胧感,那么组织归属的建立,则对粉丝个体的想象共同体进行了现实中的补充,进而不断激发个体动力,推动组织发展。

2. 想象中的共同体

有组织的粉丝是擅长营造共同体的,固定的昵称如"凉粉""四叶草"等,口头的约定如 TFBOYS 的"十年之约",等等,粉丝通过这些方式结合自身的想象,将所有的粉丝群体归到一个虚拟的粉丝家庭中,并从中汲取支持和关注。而粉丝组织将这种虚拟关系现实化,进一步激发粉丝的激情与动力。同一明星的粉丝能够很快地在线下从陌生到熟悉,而同一组织的粉丝,在初次见面的情况下就能成为同甘共苦的战友。粉丝在组织中寻找志同道合的朋友,通过分享明星的途径获得彼此认可,而应援会等线下活动的开展,让粉丝在困难里相互吸引,产生联结。粉丝组织开展的活动给粉丝互动搭建平台,满足粉丝的心理、社交需求,让粉丝在困难和挑战中收获认可和成就,形成一个具有强烈吸引力的共同体,并最终又不断推动粉丝组织的成长和发展。

3. 粉丝领袖的作用

粉丝自组织中的线上线下交流是非常频繁的,普通粉丝个体虽然具备很高的判断力和辨别力,但作为"游牧民"和"盗猎者"的粉丝,本身却是零散的和无序的,他们很难通过个体的力量组织起大部分的粉丝进行互动,因此,粉丝领袖的作用十分重要。在粉丝互动的社区贴吧、微博等,吧主和大 V 承担着号召和管理的作用。作为被官方认可的吧主和影响力巨大的大 V,他们具备着和偶像沟通交流的能力,也是粉丝权力体系中距离偶像最近的阶级,甚至偶像都需要借助粉丝领袖来传达信息、组织活动,他们在粉丝群体中拥有很高的权威。因此,粉丝领袖的号召是最能够激起粉丝响应的,也是粉丝自组织发展动力的重要源泉。

七、粉丝组织乱象

(一)管理缺失

在合法性压力下,粉丝组织建立了比较完善的制度规范,在调查的数十个贴吧、论坛中,几乎每一个贴吧都出台了完整的"吧规""守则"等管理章程,但在管理过程中,很难做到组织内部的章程和内部运作相统一。贴吧吧主固然能够通过删除贴吧中某位粉丝的不当言论,甚至将粉丝拉黑的方式给予粉丝压力,要求其注意自身言论,但是大部分粉丝依然可以游离在组织之外,借助网络渠道肆意发表自身的看法。如侯磊与姚贝娜粉丝互掐,"爆吧"事件,粉丝斗殴等事件层出不穷,从个体到有组织的冲突都有出现,而作为管理者,能够做到置身事外已经是非常难得,想要很好地管理组织内的粉丝十分困难,依靠粉丝自觉是现在大部分组织的现状。

(二)经费管理混乱

在粉丝组织内部,的确有相应的经费管理制度,如黄明后援会有详细的经费报销规定。

附则1:财务报销管理办法(暂行):

一、报销内容:活动应援费用、官方物流费用、所批准应援物料、宣传物料、周边物料制作费用等;

二、报销流程:活动之前提交活动申请及大概预算申请,经总会及总会财务组通过后,进行购买制作及活动执行,活动结束后以邮件方式提供凭证及最终决算给总会,审核无误后,根据决算报销;

三、财务公示:完成财务报销后,由执行分会在分会官博及贴吧统一财政公示楼中贴出账目及凭证公示账目(其中个人赞助、分会赞助及总会报销方面都须体现)接受全体会员监督。财务公示结束后,总会根据报销金额进行报销。

但是在实际操作过程中,很少有粉丝组织会提供详细的物品清单和报销凭证,而随着职业粉丝的兴起,通过粉丝组织牟利成为众多职粉的选择,借组织之名,贩卖高价门票,买卖制式T恤赚取差价等现象大量存在。

粉丝个体的不确定性非常大,而松散的粉丝自组织在管理方面有着非常大的缺失,在具备汇集粉丝力量,调动粉丝情感能力的同时,却无法落实规范的管理制度,几乎所有的粉丝自组织都没有登记为社会团体,国家也没有相应的部门对其进行规范管理和指导,其中的监管缺失是非常大的隐患。

八、结　语

在经济不断发展的中国,粉丝数量呈现几何式的增长,在对粉丝消费特性上,我们已经有了较为清晰的认识,粉丝经济也成为当下非常热门的话题。但是,粉丝的情感特性在很大程度上依然被我们所轻视,无法全面地、深刻地认识粉丝情感,从而无法恰当地应对。城市青年粉丝作为具备高度情感性的消费群体,当其自发集合,形成自组织时,强大的组织动能已经开始展现。这种类似宗教崇拜的组织权力分布,如今依然缺乏正规体制的制约,掺杂着很多的问题,怎样认识青年粉丝自组织,引导其合理、有序地发展,是亟待解决的问题。

参考文献

[1] 叶开.粉丝经济[M].北京:中国华侨出版社,2014.

[2] 张嫱.粉丝力量大[M].北京:中国人民大学出版社,2010.

[3] 陶东风主编.粉丝文化读本[M].北京:北京大学出版社,2009.

[4] 蔡骐.大众传播中的粉丝现象研究[M].北京:新华出版社,2014.

[5] 周雪光.组织社会学十讲[M].北京:社会科学文献出版社,2003.

[6] 岳晓东.追星与粉丝:揭秘偶像崇拜中的心理效应[M].北京:机械工业出版社,2011.

[7] 杨玲.转型时代的娱乐狂欢:超女粉丝与大众文化消费[M].北京:中国社会科学出版社,2012.

[8] 蔡骐.网络与粉丝文化的发展[J].国际新闻界,2009(7):86-90.

[9] 金圣华.本土心理学视域下的偶像崇拜[D].长春:吉林大学,2015.

[10] DAVIS R,MCGINNIS L P. Conceptualizing excessive fan consumption behavior[J]. Journal of Retailing and Consumer Services,2016,28.

[11] MINTERT S M,PFISTER G. The Female Vikings, a Women's Fan Group in Denmark:Formation and Development in the Context of Football and Fan Histories[J]. The International Journal of the History of Sport,2014.

[12] ECHO L. Fans Group 'Parked' FOUNDER MEMBER:Rogan Taylor of Share Liverpool[J]. Liverpool Echo,2011.

[13] GLEN M J,MALLORY W. An anatomy of appreciation and of viewing amongst a group of fans of the serial East Enders[J]. Journal of Broadcasting & Electronic Media,1997,41(4):530-547.

（指导教师:卢成仁）

"以老养老"：一种新型居家养老模式研究

——以宁波市北仑区紫荆社区为例

张　菡　11级社会工作

摘　要：随着我国人口老龄化加剧，传统的机构养老和居家养老由于其自身的弊端，已不足以满足日益增长的养老需求，由此"以老养老"养老新模式应运而生。本文以宁波市北仑区紫荆社区为例，从现状、实践过程及效果三个方面对社区正在开展的"以老养老"养老模式进行了深入探究。研究发现，社区开展"以老养老"养老模式流程规范、内容丰富，不但助力满足了在有限政府投入下的养老需求，更充实了低龄老人的业余生活，收获了老人和居民的一致好评。但也发现此模式存在的一些问题，如助老志愿者平均年龄过高、模式推广困难等。

关键词：养老模式；以老养老；老龄化

一、导　言

（一）研究背景及意义

1. 研究背景

继发达国家相继迈入老龄化之后，中国在改革开放、经济不断发展、计划生育政策出台和科学技术水平提高的背景下，生育率降低，平均预期寿命明显提高，致使老年人口比重逐渐增加，展现出老龄化趋势。并且作为一个人口大国，中国的老龄人口基数更大，如何解决庞大的老年人口的赡养问题将会是摆在国家面前的一个重大挑战。

据国际通行的标准，60岁或者65岁以上的老年人口在总人口中的比例分别超过10%和7%，即达到了人口老龄化。根据第六次全国人口普查显示：大陆31个省、自治区、直辖市和现役军人的人口中，0—14岁人口为222459737

人,占 16.60%;15—59 岁人口为 939616410 人,占 70.14%;60 岁及以上人口
为 177648705 人,占 13.26%,其中 65 岁及以上人口为 118831709 人,占 8.87%。
同 2000 年第五次全国人口普查相比,0—14 岁人口的比重下降 6.29 个百分
点,15—59 岁人口的比重上升 3.36 个百分点,60 岁及以上人口的比重上升
2.93 个百分点,65 岁及以上人口的比重上升 1.91 个百分点。

浙江是全国老龄化程度较高的省份之一。根据第六次全国人口普查数据,
浙江 60 岁及以上人口为 756 万人,占常住人口总数的 13.9%,老龄化程度仅
次于上海。宁波市在 1987 年便踏入了老龄化,截至 2012 年底,宁波市户籍老
人总人口数为 112.5 万,占户籍总人口数 19.4% 左右,比当年全国平均水平高
5.1 个百分点(全国为 14.3%),已是程度较深的老龄化。按照国际标准,我国
早已迈入了老龄化阶段,而浙江省,尤其是宁波市老龄化程度已经非常高。

有专业机构对老龄人口趋势进行了预测。

表 1.1　宁波市老年人口预测表

	年龄组(岁)	2015 年转化为老人的现有数量(人)	2015 年预测老人数(人)	2020 年转化为老人的现有数量(人)	2020 年预测老人数(人)
1	50—54	—	—	258421	251791
2	55—59	288096	284367	502070	480954
3	60—64	390648	382433	390648	366449
4	65—69	261755	254394	261755	238070
5	70—74	150899	143928	150899	128005
6	75—79	153500	140892	153500	114550
7	80—84	102542	88272	102542	62001
8	85—89	49649	38536	49649	22224
9	90—94	13444	9180	13444	4302
10	95—99	2045	1236	2045	501
11	100 岁及以上	218	124	218	48
合计		1412796	1343362	1885191	1668895

表 1.1 出自《经济视角》于 2013 年所刊登的《宁波市人口老龄化发展趋
势》。由表可见,2015 年底宁波市老年人口数为 134.34 万人,2020 年宁波市老
年人口数为 166.89 万人。更有权威预测,到 2040 年,浙江 60 岁及以上人口将
占全省总人口的 32%,这意味着,30 年后,浙江每 3 个人中,就有一个是 60 岁

以上的老年人。老年人口数量不断增加，比例逐渐加大，完善社会养老模式，实现老有所养迫在眉睫。

通常所说的"以老养老"包括三种情况：社区中低龄老人志愿服务于高龄老人，老年配偶一方照料另一方，老龄子女供养父母。第二、第三两种养老模式都属于家庭养老，第二种模式存在已久，因此本文不对这两种模式进行研究。第一种养老模式属于社区养老，也称为时下流行的"居家养老"的一种，是社会、社区针对老年人口增多，传统养老不足以满足当前养老需求所创造的新型养老模式。本文就对此新型养老模式进行探究。

2.研究意义

传统的养老模式主要包括机构养老、居家养老，此外，有条件的老人还会选择乡村养老、旅游养老等形式更为多样的养老模式。这些传统的养老模式在不断发展的过程中，依旧有不少问题和障碍存在。我国的养老机构发展滞缓，政府和非政府组织划分不清，责任模糊，导致机构养老频频出现信任危机，口碑下降。居家养老管理投入大，随着老年人口数量增多，需求的增大，此养老模式逐渐出现"吃紧"现象。另外，乡村养老和旅游养老对老年人的条件要求高，并不能有效帮助解决越来越严峻的养老问题。

在此背景下，衍生出"以老养老"养老模式来应对这一现实养老不足之处。与机构养老和居家养老不同，它是贯穿于几种模式中，是一种辅助性的，能帮助任何一种养老模式发展得更完善的养老模式。通过集中有能力的老人群体，去帮助已丧失自理能力的老人，一方面缓解了对这群有能力的老年人的养老压力，另外还可以对整个养老系统注入不小的力量。

（二）"以老养老"的养老模式起源及现状

"以老养老"养老模式起源于居家养老，居家养老，顾名思义，指老人待在家中进行养老。广义上指由政府民政部门牵头，社区进行辅助管理，以"家庭养老院"的形式帮助老人度过健康安乐的晚年生活。目前，居家养老主要是政府购买服务推动，服务对象只限于"三无"老人等较小的范围，其费用主要由政府负担。一些地方鼓励老年人自己购买服务，对此政府给予适当补贴。

"以老养老"的养老模式，广义来说，就是指尚有能力的低龄老人帮助照顾缺乏自理能力的老年人。而狭义来说，"以老养老"可以分为多种情况，如低龄老年子女照顾高龄父母、老龄配偶一方照顾另一方、社区中低龄老人志愿服务于高龄老人等。当然，笔者认为"以老养老"亦可不拘于社区居家养老，当前社会中活跃着很多老年人志愿者，他们的志愿服务于养老机构亦是一种"以老养老"的体现。

与传统居家养老模式相比,"以老养老"养老模式的优势在于,其服务来自低龄老人的志愿服务,是免费的。并且对于社区、社会而言,一方面解决了高龄老人的养老问题,一方面又丰富了低龄老人的业余生活。

关于养老模式的研究,国内外专家学者多集中于养老的基本概念、几种传统养老模式的探究和划分、养老模式的选择等方面,针对"以老养老"养老模式的研究并不多。"以老养老"作为近几年逐渐发展起来的养老模式,迅速被许多社区采用推广,并且收到不错的效果。为何会出现此养老模式、此模式目前的发展现状如何以及怎样将此模式发展得更好都是值得研究的课题,本文将以宁波市紫荆社区为例,对由社区开展的"以老养老"养老模式进行探究。

(三)研究方法

本次调查笔者采取的方法主要有以下几种:

问卷法:

通过对宁波市北仑区紫荆社区居民做问卷,了解社区养老活动的开展情况以及效果,简单问及"以老养老"养老模式,了解大家的看法。

访谈法:

(1)非结构访谈法:针对社区中部分老年群体,不愿意填写问卷以及没有能力填写问卷者。此次共访谈了5位被结对对象,以及帮助了部分不识字的居民和老人填写问卷,并在问卷过程中进行了简单访谈。

(2)结构访谈法:针对社区老年社会工作从事者以及做得比较出色的老年志愿者。使用此种方式访谈了1位社区老龄服务的社工和10位助老志愿者。

文献法:

(1)通过查阅图书馆馆藏纸质文献。

(2)通过阅览图书馆网站数据库。

通过这几种调查方法,为本次调查获得了调查所需的一些数据,通过对现状进行分析,最终对"以老养老"养老模式的开展,提出一些意见及建议。

二、紫荆社区"以老养老"实施现状与实效

(一)社区现状

1.社区地域结构

紫荆社区居委会位于新碶老城区,其管辖范围东依太河,西靠岩河,南邻明州路,北至进港路,区域面积约1.2平方千米。海琴园小区、花峙新村、港湾人家、珍宝公寓、仙荷家园等小区以及税关弄、祥发弄、卫生弄、茅家弄等背街小巷

都属于紫荆社区居委会的辖区范围。周边还与大路村、备磡村、星阳村、高潮村、横浦村、北仑一村相连。

紫荆社区的地域结构有一显著的特点，即小区与小街巷相结合。小街巷的居民多是一直居住在一起的老邻居，彼此熟悉，本身就有邻里互助的历史基础，这一特点对于社区今后更好地发展"以老养老"的居家养老模式提供了现实可能。

访谈时，社区工作人员曾强调："我觉得我们社区之所以在养老这一块能很快而且发展得比较好的原因主要是两点：第一，我们社区所管辖的地域是小街弄和小区结合，而小街弄的特点是邻里熟悉，他们本来就存在邻里互助养老的基础；第二就是社区和居民的配合非常好，社区有老年协会，一些老人比较活跃，常与社区沟通，社区也积极向上级申请，于是更好地促成了这件事。"

2. 社区人口组成

宁波市北仑区紫荆社区居委会是新碶街道成立时间最早的居委会，原名新碶居委会，2003 年 7 月改名为紫荆社区居委会，现有总户数 3200 户，人口 8900 人，其中常住户数 2100 户，常住人数 5400 人，有社会组织 46 个（不包括业主委员会），业主委员会 16 个。在常住人口中，包括外来人口 3500 人，退休工人 513 名，老年人 1090 名，其中老年人口占常住人口 20%，是宁波市北仑区最"老"的社区。

表 2.1　紫荆社区 2014 年户籍人口数统计表

年初总人口数（人）	年末总人口数（人）	年末 60 岁及以上老年人口按年龄分组											
		60 岁及以上老年人口数（人）		65—69 岁老年人口数（人）		70—79 岁老年人口数（人）		80—89 岁老年人口数（人）		90—99 岁老年人口数（人）		100 岁及以上老年人口数（人）	
		男性	女性	男性	女性	男性	女性	男性	女性	男性	女性	男性	女性
2856	2831	318	377	146	159	72	91	32	38	5	7	—	—

此表出自社区 2015 年初对上一年户籍人口的统计。总的来说，社区人口结构具有老年人多（80 岁以上的高龄老人也较多）、外来人员多、弱势群体多等特点，外来人口的增多加重了社区的管理难度，而老年人和弱势群体多则要求社区提供更多的管理招抚力度。鉴于社区日常事务的繁多，目前社区成立了包括公益、学习、服务、文体等在内的 46 个社区社会组织，以帮助社区更好地管理。其中在养老这一块的发展比较突出，有助老志愿者 180 名，并与 127 名高龄独居、空巢老人进行结对。

(二)社区养老模式的发展和构成

与其他社区无异,北仑区紫荆社区的养老模式亦是从居家养老、机构养老开始发展的,以往的居家养老多是集中在老龄配偶一方照顾另一方、子女赡养自己父母和出资聘请保姆抚养老年人几个方面。随后养老院、福利院、老年公寓的陆续发展,使得有部分自愿的或者无人照顾的老人开始集中到这些养老机构中去。但由于机构养老存在一定的缺陷,在调查中发现,许多老人表示养老机构床位难求、入住费用高而承担不起、子女舍不得、担心养老机构不够舒适等实际情况,这也是导致没有或者不愿意入住养老院的老年人占绝大部分的原因所在。

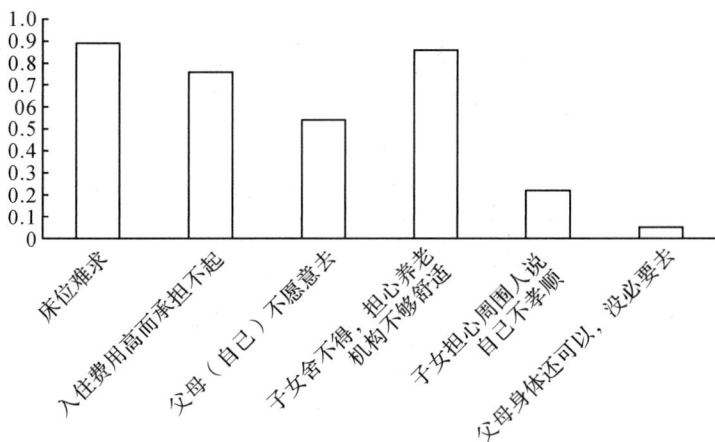

图 2.1 导致老年人没有入住养老院的原因

随着经济的发展,人们生活水平提高,有不少老人有条件选择更多样的养老方式。而对于社区而言,从原来单一的统计管理逐步发展成为服务性社区,关注社区内老年居民情况,提供养老服务。

从 2003 年起,紫荆社区成立"邻里互助社",鼓励低龄老人与高龄老人结对,为独居或空巢的高龄老人提供接力式的亲情服务,逐渐培养出一批助老志愿者。从 2005 年起,正式成立居家养老服务中心,并配备了专门场地供社区老年人养老及活动,2014 年还成功申请成立了名为"紫荆居家养老服务站"的民办非企业。

助老志愿者每周会有 3 至 4 次到结对高龄老人家中,为其提供生活帮助,帮其排遣寂寞。经过 10 余年的培育,社区已有助老志愿者 180 名,并与 127 名高龄独居、空巢老人进行结对。

此外,为了吸引更多居民加入助老服务,紫荆社区还推出"积分制",每次活动之后由组长负责在会员的会员证上记录工时,义务服务工时累积到 70 小时为一星级,200 小时为二星级,600 小时为三星级,1800 小时为四星级,3200 小时为五星级,并根据星级情况,每年评选"城管义工之星"。同时积分越多,志愿者未来可享受的服务也越多,并提出了"今天你做一名助老志愿者,明天你优先享受服务!"的口号。

(三)"以老养老"模式的实践

1."以老养老"养老模式参与主体的构成情况

"以老养老"养老模式能够顺利开展和起效,受到多方面因素的影响,但在具体实践过程中,主要由三个参与主体构成:(1)助老志愿者,即在模式中直接提供养老服务的主体;(2)被结对对象,即享受养老服务的对象;(3)组织者,在紫荆社区的养老模式中,组织者便是社区。

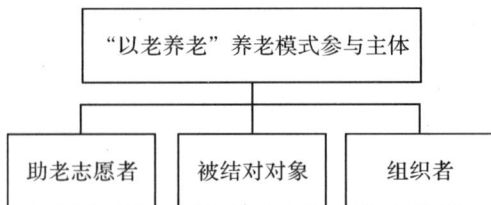

图 2.2 "以老养老"养老模式构成情况

养老模式的第一个主体,是助老志愿者。居家养老式的"以老养老"主要可分为三种类型,第一种为老龄配偶一方照顾另一方,第二种为老龄子女照顾高龄父母,第三种为社区低龄老人志愿服务高龄老人。其区别便在于提供养老服务的主体不同,分别为①老龄的配偶一方,②年纪已达老龄的子女,③社区内低龄老年志愿者。

低龄老人是指年纪已经到达退休年龄,又不超过 75 岁的老人,而这样的老人大多还具备基本自理能力和帮助他人的行动能力。而年纪已经超过 75 岁,甚至高达 90 多岁,便属于高龄老人。在紫荆社区中,助老志愿者的年纪多集中于 65 岁至 75 岁之间,被结对对象则都属于高龄老人。

北仑区紫荆社区以社区为单位组建的"邻里互助社",便是以社区里低龄、自愿、有行动能力的助老志愿者为提供养老服务的主体,开展"以老养老"养老模式相应的养老服务。

社区共有 180 名助老志愿者,除去二三十名非老龄志愿者外,老年志愿者多是年龄集中于 65 岁至 75 岁之间的低龄老人,且女性偏多。通过问卷和访谈调查,总结社区老年助老志愿者有以下几个特点:文化程度相对来说不低,多数能达到初中学历;不少人退休前是工人或专业人士,有较好的社会地位;健康状况还不错,大部分虽有心脏病、高血压等高发性老年慢性病,但对自理能力影响不大,尚能正常生活;经济状况不愁,都有退休金可以领;平时空闲时间相对富裕,多数人平时都选择与邻居好友聚会打发时间。这些特点都使得社区里的老人具有时间、精力去成为助老志愿者帮助别人。

养老模式的另一主体便是接受赡养、接受帮助的老人,即紫荆社区内被结对的老人。紫荆社区被结对的老人年纪多将近 80 岁或在 80 岁以上,这些老人早已属于高龄老人,紫荆社区户籍人口数统计表显示社区 75 岁以上的人数相对来说并不少。

社区又把这些老人分为一般结对对象和特殊结对对象两类,其中一般结对对象 70 多对,特殊结对对象 50 多对。两类结对对象都是年纪大于 75 岁,或者部分未超过 75 岁但已经行动不便的老人。不同点在于一般结对对象大多是子女在身边,但是白天子女上班需要志愿者照顾的老人;特殊结对对象包括独居老人、高龄空巢老人、有残疾的老人等,需要得到志愿者更多的照顾。

所谓的养老组织者便是社区,社区作为结对双方的桥梁促成结对,在这养老服务过程中的重要性不言而喻。

在调查过程中,不少人偏向赞同这个观点:养老需要政府进行买单,社区作为辅助,个人和家庭予以配合。由此可见大家对社区的信任。

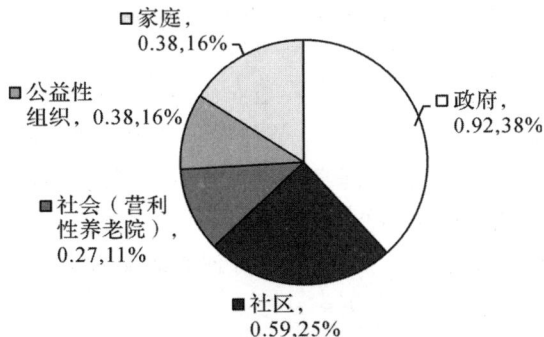

图 2.3　对于养老服务,哪方面该负起责任

紫荆社区在最初开展"以老养老"养老模式时,作为组织者,联系了当时在老年群体中有一定影响力的老年协会,一起在社区老年群体中宣传、号召,同时将一些近况和遇到的问题上报上一级部门,申请政府的补贴和辅助。综上看来,社区为养老问题的解决主要作用体现在资源的获得以及组织应用方面。

养老活动的组织者作为"以老养老"养老模式中助老志愿者和被结对对象之间的润滑剂是不可或缺的,作为所有养老服务得以实现的辅助者,社区的作用更是重要。

2."以老养老"养老模式内容

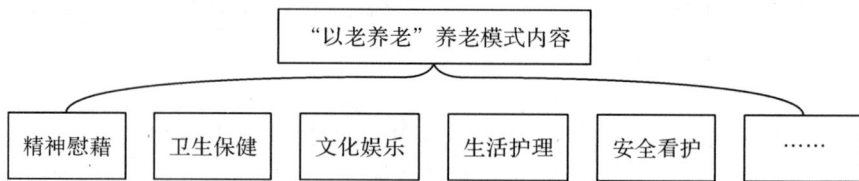

图2.4 "以老养老"养老模式内容

所有的养老活动归根结底其目标就是达成"老有所养、老有所乐、老有所为"，所以养老不仅仅是让老人活下去，更重要的是让他们更好地生活。"以老养老"养老模式中，养老内容具体涉及很多方面，比如精神慰藉、卫生保健、文化娱乐、生活护理、安全看护等。

在调查过程中，发现社区老人在经济上非常有问题的基本没有，每位老人都多多少少有社保，能保障基本生活。但是大多数老人都处于独居或者空巢状态，相比较之下，对这些老人来说，精神上的需求远大于物质上的需求。因此在社区开展的养老活动中精神慰藉是主要服务内容。

社区养老的具体内容包括很多，首先最主要的是结对养老活动，其日常活动是志愿者每周对结对对象进行3至4次访问，以安全看护和生活护理为主要内容，并着重强调精神慰藉，多陪这些老人聊聊天排解寂寞。

除此之外，社区也统一开展了很多集体活动，涉及文化娱乐、卫生保健、生活护理等多方面。①集体访问，每年5至6次，在传统节假日前后，一般都会带上一些生活必需品进行探望。如端午节包粽子送到老年人的家里去，夏天买西瓜或清凉油，中秋送月饼。②清理身体，每年4次，帮助洗脚并剪指甲等。③免费理发，每年8次，针对行动不便的老人定期上门服务。④爱心食堂，周一至周五开放，80岁以上老人每餐6元，活动不方便者志愿者会送上门。⑤其余娱乐活动，比如每年一次老年运动会等。

3.实务效果

紫荆社区开展的"以老养老"养老模式的效果具体体现在被结对老人状况的改善情况、对社区居民的影响力中。在调查时发现，凡是参与调查的紫荆社区居民，都对社区正在开展"以老养老"养老模式有所了解，只是了解的程度有差别。

产生这样效果的原因无疑是多样的：社区针对老年人的活动很多；社区对养老非常重视，社区里的老人确实得到了实际的享受；社区对此养老模式的宣传比较到位，报纸、网络等媒体宣传都很多。而这样的活动办得越好，居民对此就会越了解、越认可，也就促进这个活动办得更好。

下面从组织者、被结对对象、助老志愿者和普通居民四个方面的反馈，对紫

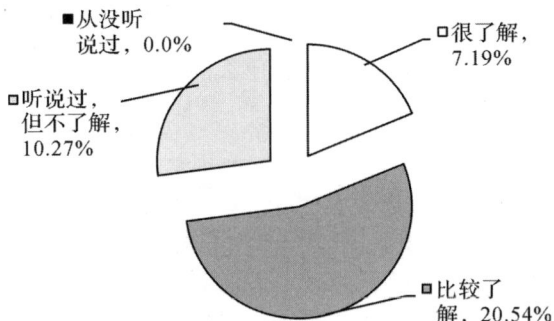

图2.5　紫荆社区居民对"以老养老"养老模式的了解

荆社区"以老养老"养老模式的效果进行分析。

（1）组织者。

以社区的视角来说，无论以怎样的活动形式开展，其目的是很好地解决社区里老人的生活问题，使老有所养、老有所乐、老有所为。所以社区专门设置了老年活动场所，在这里面配备有按摩房、乒乓球室、台球室、棋牌室、休息室、书画室等多种娱乐活动室。同时还有义工每天在办公室值班，接听各种热线电话。这些都对社区内所有老人免费开放，以丰富老年人的日常生活。"以老养老"的养老模式，使被结对对象老有所养，让结对助老志愿者老有所为，同时老年活动场地的使用也帮助所有老人老有所乐。

组织者对此无疑是较为满意的，在访谈时，可以发现社区工作人员非常以本社区的养老模式为自豪。社区在完成管理任务的同时，收获了居民的一致好评。但他们也有一些担心，因为目前的"以老养老"养老模式是不完善的，比如助老志愿者的年龄结构存在缺陷，可能会影响这个模式的可持续发展。

（2）被结对对象和助老志愿者。

作为紫荆社区的被结对对象来说，在本社区养老最大的感受就是舒心，因为自己被重视。虽然自己行动不方便，但是却没有被忽略，不会感到孤独。因为平时有志愿者上门嘘寒问暖，逢年过节社区和结对者会一起上门来慰问。

而对于助老志愿者来说，这样的志愿活动使得他们在退出主要社会后仍能继续体现其社会参与的价值，从中获得自我认同。成为一个志愿者一方面可以让自己平时的生活更充实，另一方面则是体现了自我价值。在调查中，志愿者之所以选择成为志愿者，一来是认为自己也将会老到行动不便，现在帮助别人，以后别人也会帮助自己，二来在自己闲暇时间，能用自己的能力帮助别人感到很开心。

助老志愿者认为社区目前活动开展得很不错，老人们的反响都非常好。社区老年协会会长表示："我们社区做得挺好的，90％老人都会满意的。平常在社区两委的领导下开展的活动也比较多，集体活动很多，比如端午节包粽子送到老年人的家里去，夏天买个西瓜、清凉油什么的，中秋送月饼。"他认为作为紫荆社区的老年人，居住得都比较安心舒心。

（3）普通居民。

社区采取"以老养老"养老模式，展开一系列的活动，作为普通居民虽不能从中直接获得利益，但是却在这样的活动中看到了人文关怀，对活动的认可度比较高。想到自己父母和自己也会有一天老到行动不便，对社区这样的活动更是赞同。社区活动办得越好，越能够帮助在社区内形成敬老爱老的风气。

在180名助老志愿者中，有二三十名志愿者并不是老年人，他们有的会理发，有的会足疗，有的仅仅只是有一颗关爱老人的心，他们主动加入志愿者队伍，利用自己的专业技能让老年人更舒适。

社区工作人员表示，以前曾有好几个老年人或者老年人的子女写信到区政府的信箱，专门表扬这个活动，并对社区表示感谢。除此之外，在社区办公场所收到的表扬更多。社区更是专门开辟一个储藏室用来储藏本社区养老这一块所收获的来自上级和居民们的荣誉："老龄工作先进单位""敬老爱老先进集体"等。

三、"以老养老"模式的现实困境与思考

（一）志愿者年龄结构难以可持续发展

基于紫荆社区当前的现状，助老志愿者的年龄都集中在65岁到75岁之间，而55岁至65岁的助老志愿者却没有衔接上。等到现在这批助老志愿者成为被结对对象的时候，就会出现志愿者人数不够的现象。

随着城市化的进程推进，许多农村被拆迁改造成为小区，原来的老邻居都分散各地，而在一个小区里大家也关起门来不再相互联系。这使得人与人之间关系更加疏远，开展邻里互助也变得困难重重。若说当前65岁至75岁的一辈还有互帮互助的情怀，所以开展"以老养老"比较容易，那么新上来的50岁至65岁的预期老龄人或老龄人就不见得有这样的热情和精神了。

因此，想要"以老养老"养老模式更长久地发展必定要想一些新的办法。比如加大对活动的宣传，鼓励更多低龄的老人加入。

（二）"以老养老"问题上，政府作用有待加强

在"以老养老"养老模式中，社区、个人和政府都有其各自的作用：社区作为主要组织者和负责人，安排养老活动场所，制定养老活动规则、活动内容，管理

志愿者,号召、宣传这些活动;而个人方面,志愿者们提供时间和精力,以自身的能力帮助需要帮助的老年人;政府在此养老模式中,一方面可以加大政策扶持,另一方面可以提供财力上的支持力度。

但由调查中看来,社区和个人的作用都比较到位,但是政府的作用却没有很好地体现。社区工作人员在访谈时提到就"以老养老"养老模式来说,来自政府的扶持是比较少的,财物上的支持只有每位老人的社保和老年食堂的补贴两项。

对此,作为政府为了更好地开展养老活动,需要更深入地了解当前养老体系。传统居家养老模式,为了顺应时代的发展也在不断改变,那么政府的投入亦可以据此做出相应的倾斜。针对"以老养老"模式,政府可以在财物上加大支持力度,甚至可以有条件对助老志愿者进行物质上的鼓励。"以老养老"的重点在于养老,进行物质上的鼓励与原来的志愿服务相比,虽然需要额外付出一定的资金,但是这笔资金相比传统的居家养老和机构养老来说,依旧比较便宜,并且物质鼓励使老人更具积极性,能吸纳更多老年人加入其中,还能帮助解决助老志愿者年龄断层问题。

(三)"以老养老"养老模式的推广具有局限性

紫荆社区之所以能很快并且很好地发展起"以老养老"养老模式,是有原因的。第一,紫荆社区所管辖的地域是小街弄和小区结合,而小街弄的特点是邻里之间熟悉,他们本来就存在邻里互助养老的基础。在此基础上,社区利用其拥有的权利,将邻里互助的活动进行扩大和规范化,此养老模式便得以很快很好地发展。第二就是社区和居民的配合非常好,社区里有老年协会,一些老人比较活跃,愿意常与社区沟通,社区也愿意通过它的能力和权力帮助居民,通过积极向上级申请,获得更优的养老环境,于是更好地促成了这件事。

但是要将此模式推广到只有小区的社区或者农村中,却面临着相当大的挑战。乡村里没有很好的经济条件,老人被迫选择居家养老,并且村干部人手没有社区干部富足,或许对老年这一块也没有那么重视。所以纵使村里有着邻里互助的良好传统作为辅助,可是"巧妇难为无米之炊",村两委也是心有余而力不足。而城市的小区里,人与人之间的距离更大,要想很好地号召起一帮低龄老人志愿者,谈何容易。

要促进"以老养老"养老模式的推广,亦无非是政府、社区和个体之间的合作。农村缺少经济上的支持,那么便加大政策的支持和政府补贴的投入;小区缺乏人文的热情,便需要社区工作者做更多的工作,多宣传、多号召、多鼓励。

此前我们亦可以以当前发展较好的社区作为试点，比如紫荆社区，探究其将如何把此养老模式从小街弄推广到小区中去，再向其学习。

四、小　结

本文通过对宁波市北仑区紫荆社区的实地调查，发现"以老养老"养老模式在该社区的发展和效果是非常乐观的，不但助力了在有限政府投入下的养老需求，更充实了低龄老人的业余生活，收获了老人和居民的一致好评。"以老养老"养老模式是一种居家养老的新形式，本文所调查的"以老养老"方式也完全可以推广贯穿于所有的传统养老模式之中，所以其有效性也越来越为人熟知，被越来越多的社区借鉴采用。

人口老龄化是全球人口结构发展的必然趋势，面对人口老龄化的加剧，要想解决好养老问题，形成好的养老模式是必然选择。尽管"以老养老"养老模式尚不成熟，在居家养老以及整个养老体系中所占的比例都不大，但就其效果来看，可以预见其发展必是光明的。

参考文献

[1] 孙文华，陈建国."低龄老龄化"形势下"以老养老"的机构养老发展模式——针对上海市的实证研究[J].城市发展研究，2013(11):112-118.

[2] 白海燕，刘志财.浅析我国人口老龄化问题及其对策[J].山西大同大学学报(社会科学版)，2008(4):12-14.

[3] 要瑞丽."以老养老"：一种养老的过渡性模式——基于对上海市×社区的一项实证研究[D].上海：华东理工大学，2010.

[4] 童雅平.宁波市人口老龄化发展趋势分析[J].经济视角，2013(12):18-19.

[5] 喻美玲，赵敏，刘颜妍，杜季达.以老助老居家养老新模式的研究——以北京市H社区为例[J].劳动保障世界，2013(9):16-17.

[6] 张淑芳.以老养老：现代新型养老模式探究[J].社会福利(理论版)，2013(9):26-29.

[7] 张婷.社会工作视域下社区居家养老服务模式的初探——以新城区×社区为例[D].西安：西北大学，2012.

[8] 张颖，熊俊顺.浙江省人口老龄化趋势和社会服务的研究综述[J].统计与咨询，2012(4):45.

[9] 居家养老：模式创新[J].宁波经济(财经视点)，2014(4).

[10] 修宏方.社区服务支持下的居家养老服务研究——以黑龙江哈尔滨市为例[D].天津：南开大学，2013.

[11] 宣丹萍.浙江省人口年龄结构预测研究[D].杭州:杭州电子科技大学,2012.

[12] 宁波市人口普查领导小组办公室、宁波市统计局.宁波市 2010 年第六次全国人口普查主要数据公报[R]. https://wenku. baidu. com/view/847cdb3d376baf1ffc4fadb0. html.

[13] 吴玉韶.中国老龄事业发展报告[M].北京:社会科学文献出版社,2013.

[14] 齐碧艳.紫荆社区"以老养老"居家养老活动[EB/OL]. http://news. cnnb. com. cn/system/2012/06/02/007338994. shtml,(2012-06-02).

（指导教师:朱丹）

附件一：

关于"以老养老"养老模式的相关调查

亲爱的朋友：

您好！

感谢您参与我们的调查！老年人口逐渐增多，养老越发成为一个社会问题，本次调查主要针对这一方面，询问您身边的养老状况，以及对于养老问题有何看法。此外，对于最近几年出现的"以老养老"养老模式，您有哪些意见和看法？

如果对问卷中有任何问题可以询问调研的负责人。

谢谢您的合作！

基本信息：

1.您的性别：

A.男　　　　　　　B.女

2.您的年龄：

A.60岁以下　　　B.60—64岁　　　C.65—75岁　　　D.75岁以上

3.您的文化程度：

A.小学及以下　　B.初中　　　　C.高中或中专　　D.大专及以上

4.您退休前的职业：

A.党政干部　　　　　　　　　B.专业人士（如律师、医生、教师等）

C.工人　　　　　　　　　　　D.个体户、小业主

E.无业　　　　　　　　　　　F.其他（请注明）_____

5.您的健康状况：

A.非常好，无任何疾病　　　　B.一般，偶有小病

C.差，有长期慢性病　　　　　D.很差，有严重疾病

6.您目前的状态：

A.独居（无老伴，无子女同住）　　B.空巢（无子女同住）

C.其他老人　　　　　　　　　　　D.非老年人

以下问题希望您能根据自己的情况做出选择，如果您有自己的意见可以口头或书面提出，谢谢！

7.您（您家中老人）平日里都在做些什么？

A. 再学习   B. 带孩子

C. 与邻居、好友聚会   D. 再就业

E. 其他_____

8. 您（您家中老人）目前生活的经济来源有哪些？（可多选）

A. 退休金   B. 子女的资助

C. 父母退休金的一部分   D. 工作收入

E. 其他_____

9. 您更愿意您自己（您家中老人）在哪里养老？

A. 养老院   B. 单独居住在家中

C. 与子女同住   D. 其他_____

10. 导致您（您家中老人）没有入住养老机构的原因有哪些？（可多选）

A. 床位难求   B. 入住费用高，承担不起

C. 父母（自己）不愿意去   D. 子女舍不得，担心养老机构照料不好

E. 担心周围人说自己不孝顺   F. 父母身体还可以，没必要住养老机构

11. 您认为在照料老人过程中，最需要解决的问题是？（按迫切程度排序）

A. 父母的日常照料问题   B. 父母的医疗费用及护理问题

C. 经济上的负担   D. 自己的精神压力

E. 感觉没什么困难

12. 对于当前社会上的养老政策您清楚吗？

A. 非常清楚

B. 比较清楚，至少与自己相关的政策很了解

C. 不怎么清楚，不知道自己能享受哪些政策

D. 完全不清楚

13. 您觉得对于养老服务，哪一方面应当负起主要责任？

A. 政府   B. 社区

C. 社会（营利性养老院）   D. 公益性组织

E. 家庭

14. 您了解您所住的社区（村庄）有哪些针对老年人的活动或优惠政策吗？

A. 了解（能较详细描述）   B. 不怎么了解

C. 完全不了解

15. 您对当前的养老现状满意吗？

A. 满意   B. 比较满意

C. 一般   D. 比较不满意

E. 不满意

16.您了解"以老养老"养老模式吗？

A. 很了解　　　　　　　　　　B. 比较了解

C. 听说过,但不了解　　　　　　D. 从没听说过

17.您觉得社区有条件、有必要去组织"以老养老"的活动吗？

A. 有必要,可以调动老年力量,使老年人过得更有价值

B. 无所谓　　　　　　　　　　C. 没有必要

18.如果有这样的活动开展,您(您家中老人)愿意参与吗？

A. 非常愿意　　　　　　　　　B. 无所谓,看情况

C. 不太愿意

19.针对"以老养老"养老模式,您有什么想法和建议？

_____

_____

感谢您的配合,祝您生活愉快!

民间河长制

——杭州"五水共治"中的新机制

金梦晨　11级社会工作

　　摘　要：本文主要针对杭州市在"五水共治"过程中提出的"民间河长制"做出一系列研究，重点分析"民间河长制"的起源、运行及发展。主要使用了文献分析法，先对"河长制"进行解释，然后由其不足引出了"民间河长制"，比较分析两者不同来说明"民间河长制"的起源，又通过案例法，证明其作用。"民间河长制"确实对于河道治理起了一定的作用，也是公众参与社会治理的一种形式。文章最后就"民间河长制"运行中出现的问题提出了一些建议。

　　关键词：五水共治；河长制；民间河长；公众参与

一、引　言

(一)"河长制"的历史背景

1."河长制"的起源和内涵

　　"河长制"由江苏省无锡市首创。它是在太湖蓝藻暴发后，无锡市委、市政府自加压力的举措，所针对的是无锡市水污染严重、河道长时间没有清淤整治、企业违法排污、农业面源排污严重等现象。

　　2007年8月23日，无锡市委办公室和无锡市人民政府办公室印发了《无锡市河（湖、库、荡、氿）断面水质控制目标及考核办法（试行）》。在下达的这份文件中明确指出，将河流断面水质的检测结果"纳入各市（县）、区党政主要负责人政绩考核内容"，"各市（县）、区不按期报告或拒报、谎报水质检测结果的，按照有关规定追究责任"。这份文件的出台，被认为是无锡推行"河长制"的起源。

　　所谓"河长制"，就是对管辖范围内的河道（包括湖泊、水库等，下同）逐条明确由各级党政领导担任河长，负责落实该河道的管理和整治等各项措施，以实现河道水质和水环境的持续改善，保障和促进经济社会的可持续发展。

2. 浙江省实施"河长制"的进程

早在 2008 年，湖州市长兴县率先在水口乡和夹浦镇试行"河长制"。随后，嘉兴、温州、金华、绍兴等多地也陆续推行。2012 年，嘉兴市委书记带头担任河长，多次到河道水域巡查污染源，研究治理对策。2013 年 11 月 5 日，省长李强召开省政府常务会议，审议了《关于全面实施"河长制"进一步加强水环境治理工作的意见》，决定在全省范围内全面实施"河长制"，作为新一轮治水工作的有力抓手。根据《意见》相关内容，确定了各条河道的河长，并将河长名单公示，接受公众监督，并制订了在 5 年内消除垃圾河、黑臭河的目标。

（二）"河长制"实施中出现的问题

实行"河长制"传达了地方政府重视环保、强化责任的鲜明态度。特别是在一些水污染较严重的地区，由党政一把手"屈尊"担任"河长"，亲自督办河流环保工作，可以震慑环境违法行为、加大环境治理力度，从而起到一定的立竿见影之效。

然而，市长、区长政务繁忙，自己分内的工作林林总总，能拿出多少精力来管辖自己所负责的河道还是未知。更何况，随着官员的调动或高升，"河长制"是否能一如既往地得到重视，还是人走政息，污染问题依旧没有得到解决。

"河长制"透露出一种行政权依赖，它的核心是当某地环境污染沉疴难返，一些人便开始期待地方主要领导批示或亲自过问，以待问题的最终解决。在他们心目中，地方政府成了污染企业的天敌，成了挽救环境危局的最后倚靠。殊不知，在一些地方，以问题解决者面目出现的"行政权力"，往往也是环境问题的麻烦制造者。

（三）从"河长制"到"民间河长制"的演进

早在苏轼成为历史上第一个"河长"，清理葑草湖泥修筑苏堤的时候，就有专家点评："苏市长施政最大的目的是为全体民众创造出一种舒适的生活。这种施政方法从民间出发，又服务民间，从实用出发，又实现了创造性的审美。"可见，治水与民间的关系非常紧密。既然是公众关注的问题，当然也应该让公众参与到其中，赋权给公众，"民间河长"应运而生。

1. 杭州"民间河长制"的提出

杭州借鉴无锡太湖治理的经验，全面建立"河长制"。受"长春护河队"的启示，也为规避"河长制"的缺陷，杭州酝酿由单一"河长制"转向"民间河长"与"责任河长"并重的制度重构效应。

2.杭州全面实施"民间河长制"

2014年4月开始,杭州市治水办、市城管委与《杭州日报》等部门合作,在广大市民和读者中,招募56位对城市河道水质改善工作有热情、有能力的"民间河长",由政府工作人员担任"责任河长","民间河长"要协助"责任河长"开展治水工作的监督检查,并将相关情况反馈给"责任河长"和相关职能部门,承担监督检查的职能,参与47条黑臭河的治理全过程。

这56位"民间河长"按照城区分为7个小组,由个人自荐,投票选举后,再产生总河长1名,区小组河长7名。4月27日,河道监管中心专门组织一次上岗培训,培训的内容包括"民间河长"职责,工作方法、工作内容和工作制度,城市河道治污的相关知识等。经过为期一周的培训后,56位"民间河长"正式上岗,这也意味着杭州"民间河长制"正式全面实施。

二、"民间河长制"的生成与发展

(一)"民间河长"的产生

1."民间河长"人员情况

首次通过媒体选出来的56位"民间河长"真正体现了"民间"二字。这56位"民间河长"中,有环保志愿者,有从事环境监测分析工作的专业人士,也有企业退休的老职工、公交修理师傅、普通在校大学生等。他们来自各行各业,年龄更是从20世纪40年代跨越到年轻的"90后"。虽然职业不同,年龄也相差较大,但56位"民间河长"都有一颗热爱环境的心,他们有一个共同的目标:保护我们的河道。

表2.1 2014年杭州市47条黑臭河道民间河长(部分)

序号	城区	河道名称	民间河长
1	下城区	东新河	施美星
			刘明峰
2		陆家河	忻皓
3		将军河	申屠俊
4	江干区	丁桥一号港	胡定福
5		丁桥二号港	张海清
6		勤丰港	田国彬
			朱碎有

序号	城区	河道名称	民间河长
7	江干区	泥桥港	范黎平
8		五会港	赵晶友
9		同协河	詹国荣
10		彭埠备塘河	施华清
11		引水河	李书丰
12		范家桥港	陈东菊
13		马家桥港	李东华
14		机场港	郭财根
15		机场港支流	杨茂林

2.“民间河长”的职责

“民间河长”既然来自于民间，代表的也是公众力量，他们的职责相较于“责任河长”，更多地体现在对河道的日常监管，对河道周边污染情况的实时监督和对周边居民的民意搜集，再将这些有关河道的信息反馈给“责任河长”或相关部门。“民间河长”具体职责如下：

(1)协助“责任河长”开展“治水”工作的监督检查，利用工作之余，开展监督检查工作，并将相关情况反馈于“责任河长”或职能部门。

(2)参与“治水”的“四问四权”工作。

“四问”分别是问计于民、问需于民、问情于民、问绩于民。“四权”分别是选择权、监督权、参与权、知情权。

第一，如何“治水”，问计于民，请市民投票选择，市民设计方案提意见建议；“民间河长”协助搜集市民意见建议。

第二，治哪条河，问需于民，市民从身边日常生活出发，提出治水需求，民间“河长”协助搜集市民意见建议。

第三，“治水”过程有无安全文明生产，施工质量如何，问情于民，请百姓、两委员一代表，“民间河长”全程参与“治水”项目监督管理，监督检查施工是否规范，有无扰民，有无偷工减料，安全生产文明措施落实情况如何，采用的材料设备有无假冒伪劣产品，施工内容有无按计划施工，施工质量是否到位，等等。市民对项目管理有监督权、参与权。

第四，“治水”成效如何，问绩于民，“治水”项目验收环节，请各级代表参加，能否通过竣工验收，请市民发表意见，项目成效如何，听取市民意见建议，有无达到立项目的,设计内容要求,听取百姓意见。

(3)协助职能部门开展"治水"的具体工作。主要包括长效管理,日常巡查,排放口检查,涉水违章违法行为查处,发动沿河百姓,共同参与"治水"工作等。

(4)开展力所能及的河道管理保护宣传工作,宣传《杭州市城市河道建设管理条例》基本常识,治水基本情况等。

3."民间河长"的工作机制

(1)建立联系电话网、QQ群和微信圈。

(2)各区河道管理部门设置专人与"民间河长"对接日常工作。

(3)建立问题快速反应机制。"民间河长"工作中发现的问题可通过电话、邮件、面谈等方式直接与"责任河长"联系,或向各区河道管理部门反映。

(4)各区每季度召开一次"民间河长"工作交流座谈会。

(5)各区每半年召开一次"民间河长"与"责任河长"的工作交流会。

(6)全市每年组织一次河长工作研讨会。

(二)"民间河长制"的发展

"民间河长制"在经历了2014年一年的实施后,于2014年12月的最后一周迎来了年末检验。年末检验主要对年初选出的47条黑臭河道治理结果进行检验。经过"责任河长"、职能部门和"民间河长"的走访,47条黑臭河全部"摘帽",完成率达100%,沿线居民对黑臭河治理效果满意率达97.9%。

2015年新年伊始,杭州市再接再厉,初定消除30条黑臭河道,并争取在2016年前消除绕城以内的黑臭河道。新的计划有新的要求,"民间河长制"也在2015年得到了更多完善。根据社会动员的含义,一方面,以前的56位"民间河长"可以继续报名竞聘,另一方面,也通过媒体宣传等大众传播手段向社会募集更多爱心人士,共同监督管理新的30条黑臭河。另外,鉴于2014年"民间河长制"的实施取得了良好成效,2015年,"民间河长"增加了很多宣传行程,比如东新河"民间河长"施美星于1月27日受邀来到"品之行"水上课堂讲课,与市民分享她当"民间河长"一年以来的经验与感悟。

三、绿色浙江与"民间河长制"

浙江省绿色科技文化促进会(以下简称绿色浙江)在"民间河长制"的制定与实施过程中是不可或缺的重要推动力。绿色浙江参与了包括"民间河长制"的讨论制定、首批"民间河长"人员选拔等在内的一系列活动。作为除了政府和企业之外的第三方社会组织,绿色浙江积极推动"民间河长制"的运行,并主动带领"民间河长"参与多项治水活动，协调"民间河长"与"责任河长"和职能部门的沟通，帮助"民间河长制"更快更好地适应"五水共治"的要求。

（一）绿色浙江推动"民间河长制"运行

作为一家颇有影响力的环保组织，绿色浙江拥有许多关心和支持环保的会员。自浙江省提出"五水共治"的目标后，就有很多民间公益人士纷纷响应，绿色浙江也积极关注"五水共治"，并根据社会组织的特性，以"家园之水是吾水，五水共治是吾责"为主题，提出了"吾水共治"的行动。既然把治水作为我们的责任，当然要从民间做起。根据"责任河长制"的工作精神，结合民间社会力量，提出了"民间河长制"的想法，通过选拔有热心、有责任心、有奉献精神的市民担任"民间河长"，协助"责任河长"一起治水。在首批56位"民间河长"中，有4位是绿色浙江的专职人员；通过竞选和推举产生了1位总河长，正是绿色浙江副会长兼秘书长忻皓。

为了准备第一次"民间河长"会议，绿色浙江办公室工作人员从"民间河长"名单刚出炉的一刻就开始准备，提前借了会议室，与每一位"民间河长"联系，跟他们敲定第一次会议的时间和地点，然后联系邀请了杭州市城市管理委员会河道监管中心的邱佩璜主任出席会议，会议讨论并制定了"民间河长"的职责和工作机制，作为总河长的忻皓承诺，协同其他55位"民间河长"，群策群力，为治理我们身边的河道出谋划策，誓要让这47条黑臭河"摘帽"，还沿河百姓一片绿水青山。

隶属于下城区的将军河是首批47条黑臭河之一，将军河位于城乡接合部，还有一段是跟江干区有交接，在监管和巡护过程中难免有一些界限管控职责问题出现。而将军河的"民间河长"申屠俊也是绿色浙江的副秘书长，针对将军河的特殊性，特召集了与将军河有利益相关的各方，包括沿河的居民、企业，以及法律顾问、治水专家、职能部门，召开了一次专门探讨如何治理将军河的会议。

绿色浙江在整个"民间河长制"运行的过程中，还充当了整合资源的角色。绿色浙江定期将"民间河长"统一集中起来培训，邀请一些河道监管中心的专家给"民间河长"们上课，建立微信公众号定期发布最新消息，建立微信讨论群组收集各位"民间河长"的工作进展，还编写"民间河长"简报，分享工作经验。

可以说，除了政府职能部门，绿色浙江在"民间河长制"整个运行中起到的是领导带头作用。无论是参与治水还是召集"民间河长"开会，还有帮助"民间河长"与"责任河长"交流沟通，绿色浙江都是这个项目中不可或缺的一环。

(二)民间总河长谈"民间河长制"

身兼数职的民间总河长忻皓,平时作为绿色浙江的副会长兼秘书长,工作内容已经占据了他大部分时间,在谈到被选为民间总河长的感受时,忻皓表示非常荣幸,但更多的是责任与压力。他坦言,自己从大学时代就很热心环保,当时跟随导师——浙江大学管理学院的阮俊华老师一起参加过很多环保活动,并于2001年12月成立了浙江省青年志愿者协会绿色环保志愿者分会,之后一步步发展壮大,有了今天的绿色浙江。但他也是一个不安于现状的年轻人,在浙江省提出"五水共治"新议题的时候,忻皓与伙伴们第一时间提出了"吾水共治"的想法,并将此作为绿色浙江公共环境监督项目中的重要项目,结合河长制的运行及其中出现的问题和不足,提出了"民间河长制"的创新想法。在与职能部门沟通后,联合媒体面向公众召集了56位"民间河长",开始了"民间河长制"的正式运行。忻皓对"民间河长制"信心满满,结合在环保的道路上十几年的经验,他认为,环保还是要靠民间力量。"民间有能力也有自制力,我相信群众。"忻皓还说,"民间河长制"运行初期已初现成效,"民间河长"天天到管辖的河道去巡护,及时发现偷排现象,向职能部门举报,基本能在3天内得到满意答复和处理。对于治理污水,很多"民间河长"也有自己的一套办法,从刚开始的懵懵懂懂到现在每位"民间河长"说到治水都有自己的想法,这样的改变是大家花费几个月时间与精力,亲上"战场"磨炼出来的。他在这个过程中看到了很多正能量,也学到了很多新知识,最最关键的,经过年末走访和检验,47条黑臭河全部"摘帽",还有5条河流被评为了"生态示范河道"。这种种喜人的成绩,都证明了"民间河长制"是切实有效的。忻皓更表示,民间总河长的经历让他看到了民间环保确实大有可为,希望"民间河长制"能继续运行下去,改善其中的不足,全社会人士都能积极争当"民间河长",保护我们身边的河流。

四、"民间河长制"的运行

(一)"民间河长制"的运行机制

根据郑杭生的社会运行机制理论,和谐社会有五大机制,分别是动力机制、整合机制、激励机制、控制机制、保障机制。

1.动力机制

社会需要是社会运行的动力源。在社会运行过程中必须要有适度的社会动力。环境保护这一议题贴近公众日常生活,与每一位市民都有紧密联系,做好环境保护对市民百利无一害。浙江省"五水共治"的提出是基于环保的一项新举措,众所周知,水资源是人类生存最重要的资源,水环境是人类赖以生存的基础环境。杭州市民在经历了 2013 年底的自来水污染事件之后,环保意识大大增强,所以在 2014 年初提出"民间河长制"是顺应民意、符合时势的。因为大部分的市民有"保护身边的水源"这样的意识,"民间河长制"才能得到公众的拥护。公众也从自来水污染事件中看到了政府和职能部门反应滞后的缺陷,看到了企业在水环境保护中的无奈。公众需要更多的力量,需要能真正代表他们利益的力量加入水环境保护中去。"民间河长制"满足了公众社会参与的需要,它的动力即社会需要,推动"民间河长制"产生和发展的也是这一机制,它的运行是有社会动力基础的。

2. 整合机制

社会运行整合机制由三个部分组成:整合对象、整合中心、整合过程。

"民间河长制"除了利益整合,它的整合对象还包括组织和功能。"民间河长制"代表的是民间的利益,因为有相同的目标,"民间河长"们组成了一个小组,发挥功能。另外,为了辅助"民间河长制"的运行,倡导全民参与到发现污染、监督污染中来,绿色浙江联合杭州尚青科技有限公司开发的手机应用软件——环境观察,也正式上线。市民可以用手机下载环境观察 App,如果发现污染源,只需打开环境观察 App,拍下污染照片,记下污染情况,准确定位后提交即可。绿色浙江工作人员在收到后台提示后会到污染点实地考察取证,待核实污染情况后向有关部门举报,并持续跟进污染治理情况。在"民间河长"与广大市民的共同努力下,绿色浙江绘制出了杭州市主城区水污染地图,在与有关部门联系之后,一一消除了这些污染点。这场自下而上的环保运动,极大地发挥了公众的功能,带来了意想不到的成效,进一步推动了"民间河长制"的运行。

3. 激励机制

"民间河长制"是纯公益性质推动的机制,虽然得到了政府的肯定,但并未取得资金支持。杭州市城市管理委员会河道监管中心在"民间河长"第一次工作会议上向 56 位"民间河长"发放了聘书,并鼓励"民间河长"大胆向"责任河长"和职能部门提建议。

4. 控制机制

"民间河长制"是同时受政府职能部门和公众监督的。政府虽然没有出台专门的法规制度约束"民间河长制"的运行,但是"民间河长"的工作与"责任河长"一样,同样有考核与评比,不同的是,这种考核与评比是"民间河长"在工作会议上主动提出来的,而且考核与评比的对象是他们所监管的河道,而"民间河长"的行为则完全由社会舆论监督。

5.保障机制

就"民间河长制"的运行来说,政府为其提供了有利的保护措施。首先,"民间河长"的工作是获得政府支持和肯定的,当企业或居民与"民间河长"在工作过程中发生矛盾时,职能部门优先保护"民间河长"。其次,为了保护"民间河长"不受威胁,政府不得以任何形式公开举报内容和举报人信息。最后也是最关键的,"民间河长"代表的是公众利益,市民都十分拥护他们,"民间河长"每日巡护工作时总会有几位市民陪同,或向"民间河长"提供污染信息,或为"民间河长"递上一瓶水,遇到突降大雨的情况,市民还会把伞借给他们。可以说,"民间河长"是非常受欢迎的。

(二)"民间河长"治水案例

案例一:"民间河长"自制环保酵素低碳治水

江干区同协河的"民间河长"詹国荣是一位退休工人,原本是做养生工作的,他认为首先要做好环保,有了良好的环境才能谈养生。他管辖的同协河是一条1000多米长的断头河,正因为是断头河,河水不能正常流动,相当于"死水",许多水生生物不能繁殖,河水也就失去了自净的能力。而周边居民排放的生活污水又不断涌入其中,河水表面漂浮着一层油星子,河水看起来比较黏稠,能见度大概只有几厘米。詹国荣联想到环保酵素能有效去除厨房油污,于是想到了用环保酵素治理同协河的办法。他先将自己制作的一桶环保酵素倒入同协河中,大约一个星期后,同段水域能见度明显提高,目测能达到30厘米,原先漂浮在水面的油星子也不见了。这一结果给了詹国荣极大的鼓舞,他决定继续用环保酵素治理河流。但是很快,詹国荣就遇到了困难,因为治理河流所需的环保酵素量很大,而制作环保酵素最少需要3个月时间,自己目前拥有的环保酵素量根本不够,要想使同协河恢复清澈要到何年何月?詹国荣又想到了自己还有一批志同道合的"酵友",在他的发动下,各地"酵友"纷纷贡献自制的酵素支持他治水,他也厚着脸皮每天到周边的水果店收集丢弃的果皮,用作酵素原料。就这样,经过一个多月的治理,同协河恢复了清澈。

案例二:治水先治人心——"医生河长"的治水之道

江干区马家桥港的"民间河长"李东华是一位医生,他工作的医院距离马家桥港还有10多千米的路程,每月空闲时候,他都会骑车到马家河港巡护,查看污水治理近况,听取周边居民反馈。马家河港也是一条断头河,沿河搭满了违建的房屋,生活废水直接排入河流,是一条有名的臭水沟。2013年底市城管委河道中心对马家河港进行清淤疏浚、引水配水、截污纳管、生态治理等科学治水同时,李东华的主要任务是宣传治水,让更多的人认识到治水的重要性。"我们不能总是先污染后保护,要先保护起来,才能让马家河港不再变回臭水沟。"李东华发挥了一名医生的耐心和细心,他认真听取居民反馈,组织了学校的少先队员们加入治水队伍,不定期组织宣传活动,发放"五水共治倡议书"、宣传册,让居民真正认识治水这件事。治水先治人心,李东华坚信,居民们有了治水的环保理念,马家河港一定能保持清澈。

五、"民间河长制"运行中的问题与优化路径

（一）"民间河长制"运行中出现的问题

"民间河长制"运行一年多以来,效果显著,为杭州市"五水共治"项目推进做出了很大贡献。但其中也有一些问题不容忽视。最直接的问题就是"民间河长"与"责任河长"和职能部门间的沟通联系问题。当前情况下,"民间河长"还是一个相较来说孤立无援的群体,虽然公众或多或少有些支持,但在与"责任河长"沟通的环节中还是没有建起桥梁。很多"民间河长"反映,他们有一些治水成果希望能与"责任河长"共享,有一些不足之处希望得到职能部门指点。虽然每条河的信息牌上都写着"责任河长"的名字,但实际上,"民间河长"中的大多数没有见过"责任河长",更别说与他们谈话了。第二个问题是"民间河长"在行使监督权时没有专门的渠道,体现不出优势。"民间河长"空有头衔,一旦发现河道被污染等情况,要向相关部门举报时,又成了普通老百姓——无渠道,无头绪,无优势。第三个问题是目前"民间河长"人数较少,只是每年根据政府公布的重点整治的几十条黑臭河选出几十位"民间河长",还有很多城市河道没有人监管。治水应该是一件刻不容缓的大事,光靠政府计划根本来不及。而且,从"民间河长"的年龄分布上来看,还是普遍老龄化,"民间河长"的队伍需要更多更年轻、有实干精神、有创新意识的年轻人加入。

"民间河长制"要想持续运行下去,解决这些问题是关键。

（二）"民间河长制"的优化路径

那么,如何优化"民间河长制"这一制度设置呢？第一,建立"民间河长"与"责任河长"联络簿,做到"每周一联系,每月一访问"。现代社会通信技术非常发达,每个人都有 QQ、微信、微博等多种社交工具,为每一条河道的"责任河长"与"民间河长"建立专属的联络簿,将双方电话、邮箱、QQ 号、微信号、微博名印在联络簿上,方便彼此交流沟通。同时,联络簿还有登记作用,每周将双方联系情况记录在簿,每月底"责任河长"到所管辖河道走访,与"民间河长"当面

交流。联络簿一方面为双方联系提供便利,另一方面也是"责任河长"提醒和监督自己工作进度的工具。甚至可以将河长联络簿作为"责任河长"年终考核的一项标准,让每位"责任河长"重视民间力量。第二,设立"民间河长"举报绿色通道。政府既然赋予"民间河长"监督权,就应给他们更多特权。职能部门在接到来自"民间河长"的举报时应第一时间核实信息,并优先处理,然后将处理进展和处理结果及时反馈给"民间河长",从接获举报到第一次反馈信息时间不能超过3个工作日。第三,扩大"民间河长"队伍,组建护水者联盟。"民间河长"代表的是民间力量,其实是不需要政府推选的,民间完全有能力组建一支完整的"民间河长"队伍,为城市每一条河道配备一位"民间河长"。另外,在校学生是可利用的最佳青年资源,每个学校成立一支护水队,在全市范围内成立一个护水者联盟,开展水环境保护活动,宣传、监督"五水共治",这样会大大提高治水效率。另外,笔者认为应当给予"民间河长"更多激励。一方面要在精神上鼓励他们,比如年末为优秀"民间河长"颁发"民间河长奖",邀请"民间河长"参加联欢会,请"民间河长"吃年夜饭等;另一方面,物质上也要给予鼓励,定期为"民间河长"送去慰问,炎夏送水果、送凉茶,寒冬送暖被、送棉鞋,逢年过节为他们送上慰问金。这些都代表政府对"民间河长"的支持和重视。

公众参与是一个缓慢发展的过程。"民间河长制"是公众参与社会治理的重要一步,也是杭州市"五水共治"的重要机制。"民间河长制"目前发展势头良好,但能否持续有效运行下去,能够帮助杭州市完成"五水共治"的目标还未可知,但笔者希望"民间河长制"能走得更远。

六、"民间河长制"中的社会治理模式

20世纪后期,人类的社会治理模式变革进入了一个迅猛发展的时期,从80年代到今天,已经形成了三种既有逻辑联系又有所不同的治理模式,分别是参与治理、社会自治和合作治理。参与治理是在民主行政的理想追求中出现的,社会自治是在非政府组织以及其他社会自治力量的成长中展现出来的,而合作治理则是社会自治力量成长的必然结果,也是对前两种社会治理模式的扬弃。

"民间河长制"体现了社会自治的模式,依靠非政府组织动员民间力量,将一个国际性的问题化大为小,融入日常生活中。通过选举产生的"民间河长"代表了民间力量,是民间力量参与社会治理的一个例证。之前的社会治理大多停留在参与治理阶段,"民间河长制"的运行,说明公众的社会参与意识越来越强,社会参与度越来越高,公众作为社会的主体,他们主动要求治理,并自发提出治理方案,正是社会自治的一个开端,杭州正在向社会自治前进。

参考文献

[1] 何晴,陆一奇,钱学诚.杭州市实施"河长制"的探索[J].中国水运,2014
(11):98-99.

[2] 徐锦萍.环境治理主体多元化趋势下的河长制演进[J].开封教育学院学
报,2014(8):265-266.

[3] 陈福民.五水共治:浙江治水集结号[M].北京:中国水利水电出版社,2014.

[4] 周旭霞.水污染治理的有效实践——杭州"民间河长"的设立与成效[R/
OL].[2014-11-12].http://www.hzsk.com/portal/n2715c29.shtml.

[5] 罗兴佐.治水:国家介入与农民合作[M].武汉:湖北人民出版社,2006.

[6] 郑杭生.社会运行学派成长历程:郑杭生社会学思想述评文选[M].北京:
中国人民大学出版社,2013.

[7] 郑杭生.社会运行导论[M].北京:中国人民大学出版社,1993.

[8] 落实"河长制"改善水环境:浙江省副省长熊建平访谈[J].当代社科视野,
2014(5):3-5.

[9] 赵佳娜.还我绿水青山,"五水共治"蓝图[M].北京:经济时报出版社,2015.

[10] 斯特兰,理瓦斯.小组工作导论[M].北京:中国人民大学出版社,2010.

[11] 贺威尔.酵素全书[M].台北:世潮出版有限公司,2008.

[12] 张康之.论参与治理、社会自治与合作治理[D].北京:中国人民大学,2008.

（指导教师：童志锋）

试论中国网络社会的退行行为

周一　10级社会工作

摘　要:本文将通过对网络中相关词汇和案例的展示与分析,证明现代中国网络社会中的退行行为已经产生,且已经从个体行为转变为群体行为,并逐渐渗透进我们的现实生活之中;另一方面,笔者将对这些案例进行总结,通过对个体心理、群体心理和社会大环境的分析,简要谈谈造成中国网络社会退行行为可能的原因,提出自己的看法。

关键词:网络社会;群体;退行行为;表现及原因

一、引　言

退行,在心理学上的定义是指人们在受到挫折或面临焦虑、应激等状态时,放弃已经学到的比较成熟的适应技巧或方式,而退行到使用早期生活阶段的某种行为方式,以满足自己的某些欲望的一种心理现象,通常是一个个体所运用的心理防御机制。而群体性的退行行为是指一个群体的人,在面临焦虑、应激状态之时,放弃自身成熟的适应技巧或方式,而采取早期生活阶段的某种行为方式的一种现象。个体退行行为与群体退行行为除了在人数上有不同之外,并没有本质上的差别。本文需要描述的问题是在中国网络社会中所表现出的退行性行为,具体而言即需要证明两个问题:其一,群体退行行为已经出现在中国社会中;其二,该现象可以通过中国的民众在网络社会中的表现证明。在本文中,笔者会通过引用中国网络社会中的各类案例,并对这些案例进行逐一分析,来最终证明本文提出的假设和观点。

笔者认为,这种现象涉及心理学与社会学两个领域:在心理学领域,笔者将阐述退行性行为存在的心理因素;在社会学领域,笔者将通过产生群体退行性行为的原因来发现当今社会存在的问题。通过对网络社会中退行性行为的研究,可以将产生这种群体退行性行为的心理原因与宏观世界的社会因素相结合,从而发现已经存在的社会问题。

在本文中,笔者将通过网络社会中实际例子的引用,从退行行为发生的心理层面来对所引用的现象进行具体的分析,从而证明在中国的网络社会中,退行心理已经普遍存在,并且已经发展成为退行行为在网络中甚至实际生活中广泛传播。除此之外,本文也将对产生退行行为的部分原因进行简单的推测与分析,这一部分将从网络社会中主要参与者个人因素以及社会大环境两个方面进行阐述。本文的写作目的是将中国网络社会中的这种群体退行现象通过网络社会中具体的词汇和各种行为表现出来,阐述清楚,并将产生这种言语和行为的原因进行逐个分析,从而证明在中国网络社会中,退行行为已经存在并已经充分表露,并且这种行为已经由个体表现转变为群体现象的事实。在文章中,笔者想要达到的效果有以下几点:首先,能够将所举的事例完整地阐述清楚,并对产生该类言语和行为的原因进行试分析;其次,归纳论证退行行为在中国网络社会中已经存在,并且已经逐渐侵入到我们的现实生活之中;最后,能将这种群体退行行为与参与者、中国社会大环境的影响结合,提出合理的解释。

二、写作背景与研究方式简述

随着网络使用的普及,网络上的行为现象也渐渐对现实生活中的我们产生了巨大的影响,让我们的生活中存在了一种奇特的现象,并且这种现象现在正在逐渐地弥漫在各类群体中,成为新时代的一个流行趋势。而这种现象目前还未被系统性地整理出来,只能在各种社交网络上,通过语言的表达、视频的转载以及来自四面八方各行各业人士的评论、参与,散乱地分布在我们周围的世界。我们不需要刻意地去寻找,就能发现这种现象已经成为我们生活中的一部分,成为许多人的一种惯用方式。许多人不断地模仿着婴幼儿的稚嫩行为,并且乐此不疲地去追从,去进行二次传播。笔者认为这种现象属于退行行为,而因为这种现象如今存在于整个网络社会乃至我们的现实生活之中,因此,这种退行行为也已经成为一个群体性的行为。在本文中,笔者希望通过几个案例的列举,证明在中国网络社会之中,群体性的退行行为已经形成。

经相关查阅,目前国内外对于退行性的研究,大多集中在医学方面,而在心理学方面的研究,只有屈指可数的几篇论文是有关于退行性行为的研究,并且目标群体都为大学生,除此之外,针对的对象强调的则是应激状态下的退行行为,此类论文将应激状态作为论述的核心内容。黄希庭、郑涌(2000)提出过角色退行,是指个体在面临应激状态下,运用过时的方法来应对面临的困难,具有逃避的意味。张建梅、李宏翰(2006)通过调查问卷和情况表的发放统计,得出了现今大学生遇到困难挫折时,发生角色退行现象的可能性与该个体心理健康状况是否良好具有很大联系。滕瀚(2010)认为,新生大一入学后,退行行为可以通过找到原因,适当引导来消除。而对于应激状态的研究,汉斯·塞里(Hans Selye)认为,"应激是身体为满足需要所产生的一种非特定性反应"。Beehr认为"应激是某一情境使人产生特殊的生理或心理需要,由此发生的不平常的或出人意料的反应"。Lazarus认为,"应激是指环境或内部的需要超出个体或社会系统,或机体组织系统的适应能力"。我国的学者认为,"应激是那些使人感到紧张的事件或环境刺激,是一种主观反应",或是指"人或有机体在某种环境刺激作用下所产生的一种环境适应的反应状态。如果这个刺激或情景需要人做出较大努力去适应,甚至超出个人所能负担的适应能力时,就会出现应激"。因此,关于应激状态的研究,有三个触发点,第一要存在外界的刺激物,第二是能够引起机体的紧张反应,第三是机体和环境之间造成了失衡,从而导致了机体的紧张感。

在本文中,笔者想要讲述的退行行为,其发生虽然有外在的刺激和机体与环境之间的失衡存在,但是机体却不一定产生紧张的反应;除此之外,关于角色退行的研究仅停留于大学生群体,与笔者想要讨论的中国网络社会中所存在的群体退行行为有着巨大的差距。因此,关于退行行为在心理学方面的研究,应激方面的有关资料与大学生角色退行的研究只能作为本篇论文间接的参考,对于中国网络社会中退行行为的研究没有直接的阐述与帮助。

在本文中,笔者主要运用了文献研究法、观察法、定性分析法和经验总结法进行论文的撰写。通过对相关文献的查阅,笔者发现了群体退行行为虽然已经在我们的现实中崭露头角,但是如今却没有关于中国社会中群体退行行为的系统性研究,从而决定选择该课题作为笔者的毕业论文。通过对如今网络社会中的一些现象的观察和收集,笔者将这些现象作为案例,采用举例论证的方法来对中国网络社会退行行为已经存在的事实进行论证,其中在这些案例中,会涉及言语和行为两个方面,笔者通过对这些言语和行为结合发生的心理促进因素分析以及为何此类行为被称为退行行为进行原因阐释,来验证这些行为属于笔者所描述的退行行为。最后,通过对这些案例的共通之处进行分析与概括,将案例中的相似点进行归纳,最终提炼出退行行为已经在中国网络社会中存在的观点。

三、群体退行行为的界定

相较于个体退行行为,群体退行行为与其除了人数上的不同之外,并没有太大的不同。在下文中,笔者将对群体退行行为进行界定,作为接下来中国网络社会中的退行行为论证的基础。

退行行为至今为止研究的都是以个体为单位的，是指个体在面临焦虑或应激状态下时所产生的一种自我防御的方式。而产生这种退行行为时，个体最鲜明的表现往往是退化——在心理层面上，个体的心理活动退化到早于现年龄段的水平；在行为上，个体会选择通过原始或是幼稚的方法来应付当前的情景。简而言之，退行行为是一种反成熟的倒退现象。

而笔者所要证明的群体退行行为与现阶段已有的个体退行行为相比较而言，只是人数从原本的单个人上升到了多个人，并且该人数已经达到了能够构成一个群体的概念。在本文中，笔者将研究的眼光聚焦于中国现今的网络社会。顾名思义，网络社会就是以各个网络终端为平台，通过互联网将各种关系聚合起来的社会系统，它与现实社会的最大区别就在于现实社会是我们每个个体实际上所处在的外在环境，而网络社会则将每个个体都塞进了因特网联结而成的非现实性的世界中。而事实上，我们作为一名社会人，也无时无刻不生活在群体之中，不论这个群体是大是小，这其中当然也可以包含网络社会这样一个通过互联网联结而成的世界。因此，笔者认为，网络社会中的行为就可以算是群体行为，同理地，在网络社会中获得大家关注和效仿的各种退行行为也就可以被称为是群体退行行为。

四、退行行为的表现

退行行为在网络社会中尤为显著，它们往往通过网络语言、网络行为等方式表现出来，引起群体性的效仿与传播。在下文中，笔者将通过网络上的流行词汇和收集到的几个行为来进一步阐释退行行为在网络社会中已经形成并已然存在。

（一）案例一："小伙伴"

来源：原句为"我和我的小伙伴们都惊呆了"。2011年11月14日，在新浪微博注册名为"苏隐衡"的一位网友，在其新浪微博上发表了一篇微博，与此同时，微博的配图晒出了一篇关于端午节由来的小学作文节选照片。微博正文中，网友"苏隐衡"描述道："风中凌乱了！！！学生发散起来地球人都阻止不了了！！！！我觉得我压根不配当这朵奇葩的老师！！！请看关于端午节的来历。老娘只能说一句，我也惊呆了……"在这篇文章中，这位小学生用逆天的想象力为大家讲述了新人类时代端午节的由来，故事惊心动魄，情节跌宕起伏，元素中包括了校园友情、屈原等。而文章中"我和我的小伙伴们都惊呆了"也从此成为网络中的流行热词。

现况：在暴走漫画与百度贴吧的巨大影响力之下，"我和小伙伴们都惊呆了"被作为网络流行语迅速传播,引起了社会各界巨大的反响,在短时间内一跃成了热门话题,大家开始纷纷模仿,最初,使用者以"我伙呆"("我和我的小伙伴们都惊呆了"的简称)的短语用于表示对某件事情的不可思议的惊讶之情,在新闻媒体的报道中也大量引用,之后,越来越多的使用者直接提取了句子中的"小伙伴"来指代自己和自己的同伴,上至三四十岁的成年人,下至校园中天真烂漫的孩童,使用年龄范围之广早已超出了之前对"小伙伴"的年龄定义。

分析:"小伙伴"原应指代共同参与一件事或是同行的未成年人,"小"字尤其是指代那些生理、心理都还未成熟的年幼者。而如今,不论是法定意义上的未成年人还是已经步入大学校门或是走入社会的成年人,也常常以"小伙伴"自居,将这种词语的用法带入生活的方方面面之中。笔者认为,这是退行行为的一个很明显的表现。原因如下:

(1)言语的表达带有主观性,并且可以反映一个人的认知水平。根据认知语言学中的观点,人的语言能力并不是独立存在的,这种能力与人的认知能力紧密存在,相互影响。在心理语言学的研究中,人们会对将要表达出来的言语进行概念化,确立所要表达的概念和企图,接下来选择言语的编码,最后才产生表达这个行为。从这一点也可以发现,言语是表达者通过意识层面加工后的产物,是受主观与客观相互作用产生的最终结果。而言语的选择中,不同的年龄层次会因为语言习得的程度不同产生不同的表达方式。瑞士心理学家 J. 皮亚杰(1896—1980)指出,人类与生俱来的是更广泛的认知能力而不是语言能力。人们在语言习得的过程中,需要通过认知能力让自身从客观世界得到各种概念,再通过加工,把这些概念组成若干个系列,最终发展成语言能力。所以,语言能力可以反映出他对客观世界信息的加工程度,从而间接体现他认知能力的高低。

在对"小伙伴"这个词的使用中,正常情况下的成年人在表达共同参与某件事或是陪伴在身边的人时,一般会用"同伴""伙伴"等诸如此类没有强调年龄层次的词汇,并且以此来表明自身的沉稳成熟。但是现在越来越多的成年人却在使用"伙伴"这个词之时,模仿小学生作文中的语气,加上了形容词"小"来强调,仿佛使用者自身的认知水平从原本成年的阶段退化到了未成年的小学生水平,给人一种幼稚卖萌的感受。

(2)言语的使用能够折射出使用者心理的需求。根据社会心理学家奥尔波特的观点,人格是个体内部决定其思想的身心系统和特征性行为的动力组织。也就是说,个体在行为发生的最初,是因为自身内部因素的驱动作用,才导致最后语言与行为的产生。而言语作为行为表达方式的一种,也能因此折射出发生者当时的心理状态与心理需求。

在"小伙伴"这个词的使用中,使用该词的成年人虽然在生理和心理上都已经能够应对外在环境的困难与改变,但他们仍然通过对"小伙伴"这个词的疯狂追捧与使用,将自己定义为幼小者,能够折射出使用者对于成年人该面对的生活压力的逃避,渴望能够退化到幼儿时期的自己,找到比自己强大的、可以依靠的外在力量或是他人,诸如父母、老师等长辈,来替自己承担成年后的人生中应当自行承担的责任和义务,企盼已经成年的自己还能够像小时候那样逃避困难,坐享其成,寻求压力的转嫁。

(二)案例二:"童鞋""虾米"

来源:"童鞋",原意是指 0—16 岁儿童所穿的鞋子。如今在网络中流行甚广的"童鞋"实则含义为"同学",是各路网友通过对"同学"一词的谐音所演化而来。"虾米",原意为一种海洋生物,现流行的含义为"什么"的意思,在网络中的用法与"童鞋"一词类似,都为谐音词。以上两个词语都是网友们在网络聊天中,模仿牙牙学语的婴幼儿在进行语言的发声学习中,产生的错误发音所创造出的,赋予新的意义的词汇。

现况:通过网络的传播和网络聊天的不断发展,越来越多的人开始喜欢用这种类似于婴儿发声的词汇来表达自己的意思,在网络中已经成为聊天必备的常识和用法。除此之外,人们在现实生活中也可以看到这类词语的存在,许多年轻人已经在日常对话中频繁使用这类谐音词,许多自称为潮人的中年人也在与他人的对话中抛弃了原有的规范性的词语,而选择使用网络流行词,并且将这种方法不断地加强拓展,产生出了更多类似的词语,诸如"美铝""帅锅""妹纸""菇凉"等,并以此为乐。

分析:作为早已断奶,接受过知识教育,已经习得言语能力并且能够流利地表达自身想法的成年人而言,即使是那些法定意义上还未成年的群体,在没有智力障碍的情况下,也已经度过了牙牙学语的阶段,在能力上不应该出现咬字不清的问题,正常情况下应早已能够使用规范语。但是这种词语的使用现象与方式在网络中出现之后,仍然受到了强烈的追捧与模仿。通过网络的放大效应,笔者认为这也表现出了群体性的退行现象。

(1)使用群体从最初的孩童扩散到了如今的成年人。笔者认为这些网络词语出现并迅速在日常生活的使用中被普及表现出了不正常。因为该词语的使用者和推广者并不是那些正处于婴幼儿以词代句的语言学习时代,而那些真正忙于接触这个世界,学习大人们交流方式的孩童并没有这种刻意改变词的意识和能力。因此,这些能够创造出并推广这种词语用法的人一定是属于智力正常,并且已经达到一定知识积累水平的成年人。

（2）成年人在使用过程中表现出退化后的心理需求。其次，智力正常并有一定知识积累的成年人在使用词语的过程中并没有按常理出牌，使用"同学""什么""姑娘"等规范词语来表达自己的感受，而是在表达的过程中，选择"童鞋""虾米""菇凉"这类被刻意幼稚化、低龄化加工过后的词汇来达到表达的效果。这样的表达最终会给信息的接收者一种幼小、呆萌、需要被保护的感受。而表达者也在表达的过程中传达了一种自己很弱小，需要人呵护，需要人帮助的意味。这与现实中词汇使用者实际拥有的面临困难、解决问题的真实能力有很大的差距。用语言表达的方式有意识地弱化自身的能力，表现了使用者潜意识里对责任的逃避与对依赖的渴求。

（三）案例三："吃饭饭""找东东"

来源：网络叠词的使用，最初来源于"东东"一词。"东东"，表达的是书面语"东西"的意思，来源于20世纪90年代的网络用法。在当时，内地网民还处于用拨号上网的方式浏览互联网，而同时，不仅计算机普及较慢，网民们所使用的输入法也很原始，因此为了加快打字速度，网络使用者纷纷用重复输入的方式，将"东西"用"东东"来指代，从而使网络聊天更加方便快捷。这种词语的使用一般仅用于网络社区中的对话或是在自编教程发布中所使用。而如今，这种词语已经不仅仅是为了提高上网聊天时的交流效率，更是一种网络使用者情感的表达方式。"吃饭饭"，是指"吃饭"这一动词；"找东东"，是指代"找东西"的意义。

现况：如今不仅在网络社会中会有叠词的出现，在现实社会的交流中，我们也经常能够听到两个年轻人在交谈过程中，使用这种幼儿时期才会出现的代称。更有甚者，会将"吃饭饭"进一步演变成"吃妈妈"来表达自己。这一类词由于关系到平常生活的行为，而被广泛地流传开来，普遍地在人群中，尤其是一些年轻人，更觉得这是一种卖萌的能力而不断地去效仿、去传播。

分析：笔者认为，这类叠词的使用，也是群体退行行为的一种表现。原因如下：

（1）叠词原本的使用者是语言学习期的幼儿。叠词的使用虽然在诗词歌赋里可以作为押韵，增添诗歌的意境和美感，但是用在日常生活中，表达日常行为之时，通常出现在18—24个月的幼儿时期，这些还在语言学习期的幼儿为了表达自己的需求，向外界传达自己的意思，但却因为能力有限，只能通过叠词的发音来让外界感知到他的需要的一种社会化的必经状态。可对于现在网络使用者而言，这个阶段的社会化早已完成，成年人在常理下是有能力用完整的句子来表达自身的需求的，但是他们却选择用模范幼儿语言方式，来表达自己的需要，这种行为与成年人的生理心理年龄相比，都是幼稚的、低级的行为。

(2)叠词的使用是对压力的逃避。根据有关资料显示,人们往往会在对自己的语言能力感到不自信时,发生结巴、重复等现象,即下意识地重复之前说的一个词或者字。这种重复使用的方式在一定程度上能够缓解发音所带来的压力,这在幼儿的语言学习期也同样适用。当幼儿学习语言的紧张被父母所感知,父母会使用叠词来降低词语的难度,从而让幼儿在轻松的环境下学习更多语言的使用。作为一名正常的成年人,使用叠词当然不会是因为词语的难度超过了自身的表达能力,也不会是因为在日常表达中对自己语言能力感到不自信而产生的重复。因此,对这样做法的合理解释更倾向于通过自我的稚龄化,将自己想象成一个还在牙牙学语的幼儿,希望能够像幼儿一样,获得庇护,逃避现实中存在的困难和压力。

(四)案例四:超龄儿童节

来源:"儿童节"又称为"国际儿童节",该节日为每年的6月1日举行,参与者原应当为儿童。而如今,成年人过"六一儿童节"的现象愈演愈烈,从最初的网上发帖,在六一那天聚集怀念儿时的六一节,到后来相互讨论六一节的过法,到如今,在读的大学生、工作的年轻人,甚至是早已步入中年的人们也越来越期待着一年一度的"六一儿童节",在那个原本属于儿童的节日里,呼朋唤友,一同度过"六一儿童节"。鉴于如今过"六一儿童节"的年龄段已经具有了非常大的跨度,笔者在下文中,将以"超龄儿童节"来指代成年人过的"六一儿童节"。

现况:通过网络的搜索,我们可以找到许多关于"超龄儿童节"的相关新闻与文章,这说明"超龄儿童节"已经不是个案,而成为一种群体性的现象,并且已经受到社会各界的关注。网上还曾一度流传过"超龄儿童节"的一些过节建议:(1)在自己的房间开心地裸爬;(2)穿着鞋在自己的床上狂蹦;(3)披一个床单在身上,在街上欢跑,告诉别人你在飞;(4)订一份麦当劳的儿童乐园餐,并故意把可乐洒得到处都是,把来帮你收拾的服务员叫阿姨;(5)在床上画个圈,并在晚上把它尿湿;(6)假装迷路,或在路边无助地哭泣,当有人来问你时,告诉他/她你找不到妈妈;(7)打电话问妈妈,你是怎么来的;(8)一边唱《我们的祖国是花园》,一边跳舞。从以上8点建议我们可以发现,"超龄儿童节"早已超过了回忆分享的界限,步入了制造闹剧的层面。

分析:笔者认为,如果一开始网络上发起的回忆童年是正常的现象,那现今越来越夸张的"超龄儿童节"过节攻略建议则反映出的不是对流逝时光的感慨和追忆,而是明显的群体退行。原因如下:

(1)从对象上看,所谓的儿童,从年龄上是指18岁以下的任何人,除非对其适用的法律所规定的成年年龄低于18岁。这个标准是依据国际《儿童权利公约》界定的。在中国,《中华人民共和国未成年人保护法》等法律的规定也将未成年人规定为 0—18 岁,在医学界则多以 0—14 岁的儿童作为儿科的研究对象。但网络中将"超龄儿童节"炒作起来的人们都已经是 18 岁以上的成年人,并且通过"故意""假装"等词,都可以明显发现,如今网络上流传的过节建议都是针对早已度过了童年的成年人而言的,他们试图通过这样一个节日,来"抓住青春的尾巴",过上一把"装嫩"的瘾,这种趋势当然也催生出了 kidult(孩童化的成人)这种社会潜意识。

(2)从社会角色来看,如今热捧"超龄儿童节"的成年人,大多为"70 后""80 后"乃至"90 后",而这样的年纪在现实社会中,应当已经成为社会的中坚力量,甚至大多已经有了自己的孩子。在正常情况下,"儿童节"的到来,应该是这群成年人为自己的孩子准备节日的活动,扮演好父母长辈的角色,但现今,这群已经成为父母长辈的人却将过节的主体聚焦于自身,通过"超龄儿童节"使得自身平时隐藏的天真与犯傻的心理需求发泄出来,造成如今"儿童节"的错位。

(3)从观念导向上看,以上 8 点建议都有着相同的观念导向,简言之,即让成年人将自己的心理年龄退化到未成年的阶段,然后去做一些未成年的孩童才会做的事。从这几点建议就可以看出,如今网络上流传的"超龄儿童节"早已变了追忆童年的味道,而是越来越多的成年人通过"六一儿童节"这个借口,让自己再一次体会小时候那种无忧无虑,责任少负担轻,凡事都有长辈作为依靠的天真岁月。成年人原本应该理智地对待所发生的事,用自己多年生活所积累的经验来有效预防问题、及时发现问题,最后用最低的成本来解决面对的问题,不会发生类似于找不到回家的路、尿床等生活经验甚至是生理功能都还未完善的幼稚问题。但是在过"超龄儿童节"之时,许许多多的成年人却被建议向那些心理和生理都还未发育完全的儿童学习,做出低能的做法。可见"超龄儿童节"的退行现象已经成为一个值得关注的社会问题。

(五)案例五:娃娃音

来源:娃娃音,指成人说话类似小孩发音,听到会让人感觉酥麻或是温柔,典型代表就是台湾女演员林志玲、女艺人杨丞琳等。最自然的娃娃音是在 15 岁变声之后,由于感冒、肺炎等其他因素,导致声线回复到变声之前,所发出的至纯的声音被称为娃娃音。

现况:娃娃音有自然的和假装的两种情况。天然的娃娃音是指发声者不经修饰后所发出的如同娃娃般稚嫩甜美的声音,假装的娃娃音则是通过刻意修饰后发出的声音。现在我们经常听到的娃娃音多为经过修饰之后所发出的声音,并且这种声音在女生中非常流行,许多女生喜欢通过模仿娃娃音来撒娇、"卖萌"。

分析：娃娃音的存在或许是正常的生理现象，但对娃娃音的追捧和狂热的模仿则反映出的是一种社会问题——群体退行行为的存在。原因如下：

（1）从娃娃音的特征来分析。娃娃音，顾名思义，就是娃娃发出的声音，即指未满15岁的儿童所拥有的声音，而这种声音也一般用可爱、稚嫩等形容儿童的词汇来对其进行修饰，给人"嫩"而"娇小"的感觉，能引起人的保护欲望。它的显著特征就是"小""稚嫩"，传递的是一种需要保护、需要帮助的讯号。而如今在模仿娃娃音的人群中，都是已经过了15岁的儿童期，能够自立自理的成年人，如今的他们应当是社会的中流砥柱，拥有解决问题保护自己的能力，与娃娃音所表达的能力不足需要帮助的信息不相符，可见模仿娃娃音只是通过生理上的退化来传达出心理上的对退化的渴求的一种手段。

（2）从模仿人群的心理上分析。因为娃娃音给人的感觉就是缺乏足够的自理能力，还不能在纷繁的社会中独立地面对挑战，渡过危机，因此，模仿了娃娃音，模仿者就有可能从外界获得自己想要的帮助。这让模仿者尝到了减轻负担，转移压力，拥有依赖的滋味，这种滋味明显是愉快的，能给人带来轻松的感觉。斯金纳的强化学习理论对于这点刚好适用。由于人的本我遵循的是快乐原则，模仿者通过对娃娃音的使用达到了自身想要达到的目的，因此在潜意识里对这样的行为进行了认可，从而不断地发生强化，促使模仿者在下一次面临困难时，采取同样的做法——用娃娃音求助来解决困难。而他人则通过对外界环境中这种行为的结果进行了分析，从而产生学习的动机，在一次次达到自身的期望之后，最终也会习得。由于学习理论的存在，社会中，尤其是年轻女性对于娃娃音的模仿也就愈演愈烈，最终成为一种群体现象。

（六）案例六：卖萌

来源："卖萌"是典型的网络用语。原本是ACG（日本通过网络传播到中国的动画、漫画、游戏的总称）界词汇"萌"的引申词汇，是个动词，指"刻意显示自身的萌"，在网络上的意义后又有所延伸，在褒义的词性下，"卖萌"是指通过低效率或是无效率的手段来处理事物，旨在展现自己的可爱、青春、活力、美貌、感性和友善；而在贬义的词性下，"卖萌"则是指单纯地犯蠢。

现况：网络中出现的"卖萌"行为比比皆是，诸如火星文的使用、剪刀手自拍照的晾晒、秀智商下限等等被称为"萌蠢"的行为，甚至连人民网也打出了"现在流行卖萌，不会你就out了，赶紧和众位男神女神学学吧"的新闻语。由此可见，"卖萌"如今已经成为社会的主流倾向，在网络社会和现实社会中都已经收获了大量的追捧者。

分析：笔者认为，"卖萌"实则是成年人对年幼者行为的模仿，行为表现与自身年龄不符的一种退行行为的体现，该结论可以通过以下两个方面的分析来进行证明：

（1）年龄上的差距。"萌"的词汇含义是指刚刚生长出来的草芽，是对鲜嫩新生命的描述与形容。"萌"这个词体现出的就是小、稚嫩的感觉，与已经成年的人并无太大的联系。在网络用语中，"萌"单纯指的是可爱、惹人喜欢的样子，但是"卖萌"却让自然的美感由于刻意地修饰出现了做作的感觉。如今许多网络上更多的"卖萌"行为，是通过展示那些与自身年龄不符的呆蠢行为来博得看客者的一笑，诸如成年人做出咬手指、吐泡泡等婴幼儿的行为，认为这是一种"萌"的表现。

（2）心理上的需求。小朋友做出"萌"的状态是因为想通过自身天然的可爱条件引起大家对他的关注，从而直接或者间接达到自己的目的。同样地，成年人"卖萌"也是想要获得他人对其的关注，从而通过这种关注获得自己想要获得的东西，比如人们的好感、网络的关注度、点击率等。而且这种通过模仿儿童的幼稚行为，比其他要通过努力、通过大量付出的行为更容易达到，这种行为可以认为是一种对现实中所存在的困难和挑战的一种逃避方式，"卖萌"者通过逃避成年人应当承担的压力和付出，转而求助于儿童吸引他人关注的稚嫩方式来达到自身对关注度的需求。

（七）结 论

退行行为已经在网络社会中形成，通过以上 6 个流行语言和案例的分析，我们不难发现，原本是儿童专属的行为现象如今已经被网络社会成员奉为面对问题、处理困难的首选方式。他们虽然在年龄上已经步入成年人的范畴，甚至有很大一部分人已经有了自己的后代，成了他人的长辈，但是他们仍然对于这种婴幼儿才会产生的行为趋之若鹜，在有意无意中用自身的行为来表现自己在生理上的退化，证明自己心理上仍然存在着与年龄不相符合的天真稚嫩的一面。

综上所述，笔者认为，退行行为已经以一种群体的形式，在网络社会中形成，并已经扩散到我们的现实社会中，更加深入地融入进我们的生活。

五、原因分析

产生退行行为的原因有外在宏观因素与内在个人心理因素两个方面结合而成，笔者将在下文中对这两类因素做进一步的分析，提出自己的观点，解释退行行为的产生机制。

(一)产生退行行为的宏观因素

产生退行行为的宏观因素除了现实社会中许多社会问题还未被解决,网络社会本身存在的一些特征也助长了退行行为的进一步发展。具体分析如下:

(1)网络社会的特征。网络社会具有非现实性,在网络社会中,所有的知识、数字、信息、图像、文字、声音等内容都是以一种数字化的流动形式存在于这个无形的场景之中。在这种具有一定虚拟性、掩饰性的场景之中,并且通过互联网的联结,将人与人通过每一个终端联结起来,超越了现实社会中的时间和空间的限制。人们可以通过网络相互传递自身的想法和观念,从而为退行行为产生的可能打下一个群体性的基础。而网络同时还具有虚拟性、匿名性和同时性,虚拟性和匿名性特征使得人们在网上能够放下现实社会中伪装的面具,以一种更加开放,更加真实的姿态来进行交流互动,同时性代表着信息输出输入的间隔时间与现实生活相比能够大大缩短,这也促进了更多的人在网上寻求解决困难的办法。但是笔者认为,也同样是因为虚拟性、匿名性和同时性的存在,人们将许多退化的心理和表现大方地展示到了网络上,相互秀起智商的下限,而同时性则让更多的人和事不分好坏在第一时间内迅速传播,从而为人们对这类信息的发现和接下来的效仿提供了平台。与此同时,曼纽尔·卡斯特说过,在充分的自主性、完全独立于支配性的制度以及组织的网络逻辑之下,就能产生认同感。当人们在现实社会中遇到了同样的境地,产生了同样的感受,对退行行为带来的娱乐效果也有了同样的认可之时,退行行为便接着通过同样在人们心中获得认同感的网络社会传播出去。

(2)现实社会中的欲求不满导致人们诉诸网络社会,从而解决问题。马克思认为"生活决定意识",如果人们在意识层面上对于一件事产生了不满,那定是生活中出现了让他感受到不满意的事件。而网络社会中的退行行为,可以算是人们在现实生活中面临应激状态之时,在网络里以退化的方式来寻求问题的解决和压力的释放,这是退行行为发生的现实基础。而当现实社会中出现的问题超过了生活在该社会中的人们的解决能力时,更多的人们会为了保护自我,排解压力而选择用原始幼稚的方式来应对无法解决问题的无力感,这是退行行为传播普及的促进因素。因此笔者认为,中国社会现今存在的未解决的社会问题也是导致中国网络社会中退行行为出现的重要原因之一。

(二)产生退行行为的微观因素

产生退行行为的微观因素主要是发生退行行为的个人以及群体的心理因素。在下文中,笔者将通过对个人心理需求的分析与群体心理对个体心理的影响来解释退行行为的产生。

（1）个人心理抗压能力的减弱。根据相关资料的查阅,如今网络社会中参与者的主体是年轻人。有相关数据可以证明,学生是中国所有互联网网民群体中的最大一个群体,在中国互联网络信息中心（CNNIC）的《中国手机上网行为研究报告》显示,2008 年中国手机上网网民的职业分类中,学生以 41.2% 的比例占据了最大的比例。在《第 23 次互联网络发展状况统计报告》中显示,同期中国互联网网民中学生用户的比例为 33.2%,虽然比例有所下降,但仍占全体网民的较大比重。从上文中的数据我们可以发现,网络社会的主要人群为年轻人。

而当今社会中的年轻人大多为独生子女,在成长中受到的呵护较多,自我意识强,习惯享受、习惯索取,渴望关注,却因为被过度保护而导致抗压能力普遍较弱,遇到困难时更多地选择逃避而非面对,希望通过幼稚的做法找到可以替代长辈,给予依赖和呵护的对象,从而将自身应该面对的压力转嫁给他人。

（2）群体心理对退行行为产生了推动的作用。诺依曼认为,人作为一种社会性的动物,都会观察周围的环境之后提出自己的观点,以免落入被周遭孤立的地步。当发现自己在群体中属于"多数"或是"优势"意见时,能够大胆地表达自己的意见,而当发现自己属于"劣势"或是"少数"意见时,会选择沉默或是附和的行为。群体心理中的另一种心理——从众心理,也是多数个体普遍有的心理现象,尤其当个体自信心不足,或是面临权威和处于较强凝聚力的群体之中时,也会促进群体行为的发生。而在中国网络社会,当退行成为大多数人的行为指向时,根据诺依曼的理论,该行为也会随之普及流行;除此之外,参与的个体因为现实的残酷,对自身解决问题的能力失去信心,加之自身条件限制了对外界环境的改变能力,从而在网络社会求助于退化的方式,在获得了发泄之后的乐趣后,退行行为在网络社会中愈演愈烈,因此而得到人们的追捧,推动了退行行为的传播。

（三）结 论

所谓的"社会",其实是在一个空间和时间内,不同种类的个体与群体关系的总和,即指有相当数量的一群人,依照一定的规范,通过相互的联系和互动行为组成的生活共同体。所以网络社会中所产生的问题,是对现实社会中人类社会问题的体现和放大,反映出了当今时代个体所存在的心理问题和整个中国社会中所存在的社会问题。而这两者结合,加之日益发达的网络作为一针强效的催化剂,使得退行行为在中国的网络社会中充分显露。

六、结　语

退行行为作为一种心理防御机制，若使用恰当，便能够在个体面临焦虑、挫折等应激状态下时，给予个体一定的心理保护，使得个体能够在该时间段中保护自己安全地过渡，如同学生进入一个新的环境之中产生的心理变化一样。但如果所运用的心理防御机制不够成熟，如退行心理的滥用，则不利于案主的身心健康，在笔者看来，也无济于现实问题的解决。

从上文对案例的分析，笔者认为，退行行为产生的最主要表现即为成年人的稚龄化行为做法。由于儿童的世界里没有成人世界的复杂和重大压力，在儿童的生活中要解决的困难会轻松很多，而在现实社会，买房、买车等带来的经济压力让许多人永远生活在压抑之中，但他们又因为从小受到的呵护备至而失去了成年后应当有的抗压能力，再加之网络社会的虚拟性、开放性、自由性和信息广泛性助长了退行行为的传播，让人们通过网络来传递相互之间的感情，发泄对现实社会生存环境的不满。在各方面原因的综合下，中国网络社会中的群体退行行为已经存在，并逐渐从网络中转移，慢慢渗透进了我们的现实生活里。许多人在这种退行行为中通过模仿孩童的幼稚行为来处理面临的困难和挑战，转嫁了原本应该由自己承担的压力，并在其中体会到了向现实妥协的乐趣。但是这些做法却并不能在实际中起到解决问题的作用，改变让我们感到愤慨与无奈的现实。这是一种消极的处理方法，是对现实生活感到无奈之下的对现实社会的妥协。

而网络社会能够跨越时空，在一定范围内隐藏好参与者的信息，因此它就像一片雪地，在藏污纳垢的同时，也折射出社会中的非常态，将如今中国社会中出现的退行行为进行放大和传播，最终展现在我们的眼前，吸引我们的眼球，等待我们进一步地探索和发现。

参考文献

[1] 黄希庭,郑涌.大学生心理健康与咨询[M].北京:高等教育出版社,2000.
[2] 张建梅,李宏翰.大学生的角色退行与心理健康[J].中国健康心理学, 2006,14(2).
[3] 滕瀚.大一新生初入学的退行心理及其干预策略初探[J].校园心理,2010(4).
[4] BEEHR T A, FRANZ T M. The eurrent debate about the meaning of job stress[A]// IVANEEVIEH J M, GRANSTER D C. Job stress: From theory to suggestions[M]. New York: The Hauthorue Press,1987.
[5] LAZARUS R S, FOLKMAN S. Stress, app raisal and coping[M]. New York: Springer, 1984.

[6] 覃干超.高师学生应激生活事件状况的调查研究[J].广西师范大学学报（哲学社会科学版）,2004,40(4).

[7] 高红新,臧刚顺.应激理论及在大学生心理应激调节训练中的应用[J].燕山大学学报（哲学社会科学版）,2007(8).

[8] 刘伟霞.应激生活事件对广西师大90后大学生心理健康的影响及对策研究[D].桂林:广西师范大学,2011.

[9] 童星,罗军.网络社会:一种新的、现实的社会存在方式[J].江苏社会科学,2001(5).

[10] Myers D M. Social Psychology[M].（the 9th edition）. Beijing：Posts & Telecom Press，2008：261.

[11] 儿童节[OL].百度百科,2013-05-26[引用日期 2014-05-02],http://baike.baidu.com/link? url=_o6bQSyxWOZkumMY7ww3of0pfdjTT2EsgC71-1AhsMy7d5R_DtX5FifeXnrAal1Qlq6IHFthUC3t3rFjd8fi_1K.

[12] 孙艳兰."错位"的儿童节[J].观察与思考,2007(11).

[13] 众星卖萌 PK:范冰冰美艳,李湘搞怪,金秀贤呆[OL].人民网,访问时间：2014-05-02,http://hb.people.com.cn/n/2014/0426/c194063-21085688.html.

[14] 谢海光.联网与思想政治工作概论[M].上海:复旦大学出版社,2002:27-28.

[15] 牟丽琴.网络群体心理视角下的群体性事件防治研究[D].杭州:浙江财经大学,2013.

[17] 曼纽尔·卡斯特.认同的力量[M].北京:社会科学文献出版社,2006:10.

[18] 中共中央马克思恩格斯列宁斯大林著作编译局.马克思恩格斯选集[M].北京:人民出版社,1995.

[19] 池大治.中国手机网民中学生的比例将下降[R].中国互联网络信息中心,2009-06-23.

[20] 常昌富.大众传播学:影响研究范式[M].北京:中国社会科学出版社,2000.

[21] 朱力,等.社会问题概论[M].北京:社会科学文献出版社,2002:4.

[22] 刘春玉,王科峰.大一新生角色转换与目标定位探析[J].中国成人教育,2007(5):64-65.

[23] 辛雅丽.大学生的防御方式与心理健康[J].中国心理卫生杂志,1997,11(5):292-294.

[24] 董霞.网络社会中人的发展问题研究[D].石家庄:河北师范大学,2012.

（指导教师:刘光宁）

大学生第一印象形成机制及其影响因素

周紫桐　10级社会工作

摘　要：本研究采用深度访谈的研究方法，尝试展示人与人之间交往之初个体所处的环境以及其本人因素对形成第一印象所产生的影响。研究者对 46 名(24 男，22 女)大学生进行了深度访谈；针对访谈中大学生提名的第一印象的类别，通过讨论和分类编码，最终确定了 11 类第一印象；其中排名第一的好印象提名为外貌和身材：对男性形成好印象占 16.53%，对女性形成好印象占 28.79%。研究还发现，PEI 量表外貌分量表得分高的被试对外貌关注的要低于外貌分量表得分低的被试。对于不好印象的统计中，不好印象的男性和女性均是性格给予被试不好的第一印象，其中男性为 18.84%，女性为 23.08%。关于核心印象的提名，好印象依旧为外貌和身材，男性为 23.91%，女性为 50%。核心印象不好印象的提名，不好印象的男性更多在行为上占 21.74%，不好印象的女性更多是性格上占 26.09%。在访谈过程中，对于女性不好印象提名中有 4 名被试声明没有女性给他们带来不好的第一印象。至于周边其他个体的相关因素研究发现，对于男性而言认为周围外貌好看的异性数量越多，越不倾向于在好印象里描述异性的外貌。对于女性，周围外貌好看的异性数量越多，越倾向于在好印象里描述异性的外貌。

关键词：印象形成；大学生；深度访谈；第一印象

一、提出问题

　　心理学对于印象形成的研究可以追溯到 1946 年由著名心理学家所罗门·阿希(S. Asch)在实验过程中所得出的"中心品质词"和"边缘特质"基本印象形成的概念，在他的研究报告《形成个性的印象》中，提出了两个主要的问题。一是被试用什么方式把握某人的不同于其他人的品质特征，并做出一定的评价；二是了解被试对某人的印象及其印象形成的过程。1965 年安德森的认知代数学开始对形成第一印象的信息加工角度提出了不同的观点。累加和平均方式的评分标准,让我们重新认识了印象的多元化以及中心品质对形成印象所能带来的影响。1972 年,Dion Berscheide 和 Walster 首次对晕轮效应做出了研究和解释,他们发现外表有吸引力的人具有更多的受社会欢迎的人格特质、美满婚姻、充实的生活和稳定的职业。1933—2006 年,人们对于刻板印象的研究一直没有停止,从民族性格的总结到对于脑部的研究,都证明了刻板印象的长期性和稳定性,这对于个体来说形成对一类人的印象有一个先决条件,对于第一印象的研究也有很大的指导作用。2000 年,L. E. Stevens 和 S. T. Fiske 以认知者的动机形成角度对第一形象形成做出了新的解释和突破,他们研究生当个体发现自己处于一个比别人权力低的情景时,他们要花更多的努力去形成关于他人的准确印象。

近年来,随着人们获取信息的方式日益丰富,社交网络的兴起,印象的形成变得更加多样性,过去更多的人利用自己以往的经验来对一个人形成第一印象。如今我们能从更多的渠道来获得一个人的信息,让第一印象的重要性在人与人的交往中逐渐减弱。同时,地域、文化、宗教、年龄、审美观、家庭成长背景等都让第一印象形成产生太多变量。在研究者看来,第一印象是描述性的、抽象的,为了更加深入地了解第一印象研究者必须做出更多范围更广、数量更多的研究和投入更多研究者的好奇心;同时对于第一印象研究的深入性和多样性都在增强,带来好印象的方法,查看一张陌生面孔形成第一印象的时间的脑部活动研究,不同疾病所带来的医患第一印象的文章也形成了一种分类。这极大地说明在对于人与人之间如何建立第一印象的原理一直是被心理学、管理学、社会学等众多学科所关注的。Google 学术搜索中仅 2014 年的 5 个月和第一印象有关的搜索就有 24300 条。作为一名心理学相关专业的学生,笔者期待着可以对第一印象的研究进行更加深入的了解。

不可否认的是,随着信息获取更加丰富快捷,在短时间获得最有用的信息成了新目标。人们对于印象的形成有了新要求,越来越多的人开始研究如何与他人打交道,如何给面试官、上级营造一个好的印象。这也促使了研究者更深入地挖掘第一印象形成新起点。同时,第一印象的形成更像一项永恒的探索,研究得越深入越会有有趣的事情发生。本研究的初始意图在于量化第一印象的形成,研究之初是想建立一个量表体系,帮助人们去了解自身第一印象的缺陷和对他人形成第一印象的态度。但是由于本研究试图寻找更加丰富的形成第一印象的因素,以及第一印象形成机制的新角度,加上在预访谈中我们发现,个体所处的环境中其他个体对其带来的影响是非常重要的。除此之外,"外貌协会"一词的产生也证明了个体的个人因素对评价外貌的方式和数量有一定的标准。经过上述讨论,为了更好地了解第一印象的形成机制和影响因素,我们将围绕着上述讨论在研究中提出相关问题并根据数据做出解释。

对于第一印象的形成机制,研究者做出了如下假设为本次研究确定了目的和方向:1.总结第一形象形成的特质类型:主要是将大学生所提名的全部类型进行汇总分析,将被试最关注的提取出来并加以分析。2.查找第一印象的核心特质:排除个体的客观性,将数据分类了解被试最关注的印象所占比例判断核心印象。3.区别第一印象形成中的男女性别所带来的差异:了解不同性别对于第一印象的关注点。4.第一形象的成因分析:主要关注身边其他个体的外貌对被试所带来的影响。5.自我概念对第一印象形成的基本影响:利用个人评价问卷对被试进行自我自信度的评估,并对其所描述的印象进行统计,查看被试自我概念对于第一印象形成的影响。

二、研究方法

(一)被试

在浙江财经大学随机抽取男生 24 名,女生 22 名,年级包含大学四年级和大学三年级,共 46 名被试。

(二)研究工具

1.大学生第一印象形成机制深度访谈及提纲

"深度访谈"更加注重的是一定研究目的的指导下,向被访者索取并探索研究者希望获得的结果。在访谈的过程中,研究者只是给被访者一个研究主题,研究者和被访者就这个主题在一定范围内自由交谈,同时也并不要求被访者的专业水准及背景。深度访谈能够获得更多更有价值的信息,从而更好更深入地研究。

在本研究提出之初,研究者对 5 名大学生进行了预访谈和问题探讨,并提出了研究设想,向 5 名大学生进行了提问,围绕着第一印象的话题进行了交流和意见交换,在预访谈中获得了本研究的假设,并且修改了关于大学生第一印象形成机制的访谈内容及提纲。由于这 5 名预访谈者的访谈结果针对性不强,这些结果没有纳入本研究的访谈结果中。

正式访谈过程中,为了更好地引导被访者交流并获得我需要的信息,对"第一印象"的含义向被访者做出诠释,这种诠释基于前人的研究文献分析,以及开放式访谈所获取的部分信息,根据自己的需要进行了充分的整合,最后确定"第一印象"排除一定的文化因素具有交往性和修正性。因此,在提纲中笔者对可能出现的问题对被访谈者进行了澄清。

访谈提纲如下：

(1)请你描述有没有给你第一印象非常好的男性,请告诉我他的大致年龄,请你描述一下全部的相处细节和他的特征。具体的第一印象。

(2)请你描述有没有给你第一印象非常不好的男性,请告诉我他的大致年龄,请你描述一下全部的相处细节和他的特征。具体的第一印象。

(3)请你描述有没有给你第一印象非常好的女性,请告诉我她的大致年龄,请你描述一下全部的相处细节和她的特征。具体的第一印象。

(4)请你描述有没有给你第一印象非常不好的女性,请告诉我她的大致年龄,请你描述一下全部的相处细节和她的特征。具体的第一印象。

(5)在你周围的人是给你好印象多一点还是坏印象多一点？

(6)在你的生活中,你认为你所接触到的长相出众的男性有多少个,请给出具体数量。(30秒回忆出你给出数量的人的脸)

(7)在你的生活中,你认为你所接触到的长相出众的女性有多少个,请给出具体数量。(30秒回忆出你给出数量的人的脸)

2.自我评价问卷(PEI)

在访谈结束后,会让被试填写自我评价问卷。该量表是心理学家Shrauger于1990提出的被认为是在测量个人自信程度上最有前途的量表。中文版于1999年和2011年由中国研究者做了两次修订。2011年中国研究者将原先的54题修改为47题。但是由于结果较新并没有获得广泛的传播,本次所用量表依旧以2000年出版的《心理卫生评定手册》中54题的PEI量表为标准对被试进行个人自信度的测试。其中量表包括以下8个维度:学业表现、体育运动、外表、爱情关系、当众讲话、交友,以及评定总体自信水平和可能影响自信判断的心境状态。被试得分越高,证明自信程度越高。根据被试总分以及不同量表所得分数可以对被试进行排序并分类为高自信和低自信帮助研究者进行数据上的研究和处理。

(三)研究程序

1.正式访谈

与被试见面后,向其说明大致研究内容方向,并向其陈述访谈提纲中的四点澄清项目。确定访谈者理解并且没有其他问题时开始访谈。访谈过程会全程录制下来。访谈结束后发放PEI问卷。由于音频资料以及问卷资料需要对应,资料上都注明了访谈者的姓名(已经征求被试同意),对此项要求不适的只记录了姓氏和性别方便区分。在访谈中研究者根据自身需要和交流难易程度进行了无关问题的提问和引导，帮助被试度过心理紧张期从而获得更多描述。全部访谈时间为 6—12 分钟不等，填写问卷时间为 5 分钟。访谈结束后向被试表示感谢，并留下自己的联系方式，方便有兴趣的被试了解自己的问卷得分。

2.数据录入与整理

将全部声音文件转为文本文件，由研究者将被试所列举的第一印象全部录入，为保证还原性，录入时尽量记录了全部的语音信息，并且为了探究第一印象，核心印象即首要提名的印象录入时没有打乱被访者的提名顺序。将这些信息整合后得到频次总和为 809 次的第一印象描述。具体数量以及分类详见第三部分研究编码。

3.数据编码

借鉴已有相关研究的基础，建立本研究的初步构架。然后对于研究者与其他两位社工大四学生对已经录入的全部数据进行独立分类编码，将自己认为相似的行为组成一类并命名，为了避免研究者的推断，被访者所给出的词会意图，三人一致认为应依据被访者所给出的描述性词汇语句的直接理解并分类。最后所得出的编码一致性不高，最后三人进行讨论将不一致的分类合并，最终完成 12 项分类统计。其中包含一项未给出印象描述的也包含在最终数据中没有删除，并建立了单独分类："无"。分类如下：表情、外貌身材、着装、卫生习惯、言语交流、态度、性格、能力、行为、礼貌、相似性、无。

4.数据处理

利用 SPSS19.0 对数据进行处理分析。第一印象相关的类别数据采用频次统计和非参数检验相结合的方式，与自我评价问卷总分及其分量表得分相关的采用非参数检验和相关分析相结合的方式。

三、研究结果

(一)大学生第一印象形成的特质类型

通过对所记录的行为进行分类编码，我们获得了 12 类第一形象形成的相关类型。由于对于不同性别的描述是在访谈过程中分开的，所以表 3.1—3.4 的表格分别为：对于男性和女性好印象的全部提名，对于男性和女性不好印象的提名。各个类别频次和频率已经展现在如下表格中。

表 3.1 对男性第一印象(好印象)特质的频次分布

编号	类别名称	举例	频次	频率(%)
1	外貌身材	长相帅 身高高	41	16.53
2	言谈	幽默 健谈	38	15.32
3	态度	从他人角度考虑 热情	33	13.31
4	行为	照顾异性 提供帮助	30	12.10
5	性格	自信 大方	29	11.69
6	能力	优秀 有才	24	9.68
7	卫生习惯	衣着干净 指甲修剪	13	5.24
8	礼貌	语言礼貌 礼仪	12	4.84
9	衣着	衣着风格 穿戴得体	11	4.44
10	相似性	同一地区 性格相似	9	3.63
11	表情	笑容 表情丰富	8	3.23
		总计	248	100%

表 3.2 对女性第一印象(好印象)特质的频次分布

编号	类别名称	举例	频次	频率(%)
1	外貌身材	漂亮 长发	57	28.79
2	性格	外向 活泼	35	17.68
3	态度	温柔 为他人着想	30	15.15

续　表

编号	类别名称	举例	频次	频率(%)
4	行为	放得开 提供帮助	23	11.62
5	言谈	说话温柔 容易和异性交流	22	11.11
6	表情	笑容 微笑	11	5.56
7	能力	才艺多 学习好	7	3.54
8	卫生习惯	干净 整洁	5	2.53
9	衣着	衣着有风格 衣着搭配好	4	2.02
10	礼貌	不爆粗口 礼仪	4	2.02
11	相似性	同一地区	0	0
		总计	198	100%

表 3.3　对男性第一印象(坏印象)特质的频次分布

编号	类别名称	举例	频次	频率(%)
1	性格	自我中心 自大	39	18.75
2	言谈	说话没分寸 说话声音过大	32	15.38
3	态度	冷漠 不尊重	30	14.42
4	行为	急于表现 吸烟	28	13.46
5	外貌身材	猥琐 长相不好	25	12.02
6	卫生习惯	不干净 邋遢	24	11.54
7	礼貌	不适合场合做不适合的事 粗话	12	5.77

续　表

编号	类别名称	举例	频次	频率(%)
8	衣着	打扮夸张 颜色太显眼	10	4.81
9	表情	面向凶恶 表情过于丰富	5	2.40
10	能力	家里蹲好	2	0.96
11	相似性	周围人也认为他不好	1	0.48
		总计	208	100%

表 3.4　对女性第一印象(坏印象)特质的频次分布

编号	类别名称	举例	频次	频率(%)
1	性格	急躁 自我中心	36	23.08
2	态度	不在乎别人 爱搭不理	28	17.95
3	言谈	吵闹 言语过多	22	14.10
4	行为	吸烟 和异性相处有关问题	21	13.46
5	外表身材	不好看 浓妆	14	8.97
6	礼貌	粗话 不尊重他人	13	8.33
7	着装	暴露 打扮不符合年龄	11	7.05
8	没有产生坏印象	无	4	2.56
9	表情	表情变化快 冷淡	2	1.28
10	卫生习惯	邋遢 头发油	2	1.28
11	相似性	对待自己和他人差距大	2	2.02
12	能力	不具备的东西去展示	1	0.64
		总计	156	100%

(二)影响第一印象形成的核心特质

在之前的讨论中,我们总结了对于大学生来说所关注全部第一印象频率排名,研究什么对于大学生来说是最重要的特质。为了研究此问题,在对录音转换成文字时研究者并没有打乱被试描述内容的顺序。人类在记忆的过程中会编码,储存帮助人们进行记忆的提取,当研究者提及好的第一印象时,人脑会做出一个信息的反馈对这类信息进行提取,人们对于某个特质关注得越多就会越先被提取出来,所以研究者将被试第一个描述的特质归类。来研究大学生所提名的第一印象核心印象。

表 3.5 对男性第一印象(好印象)核心特质的频次分布

编号	类别名称	举例	频次	频率(%)
1	外貌身材	长相帅	11	23.91
2	性格	大方	6	13.04
3	能力	懂得多	6	13.04
4	行为	风度	5	10.87
5	态度	成熟	4	8.70
6	言谈	健谈	4	8.70
7	相似性	共同学校	3	6.52
8	卫生习惯	干净	3	6.52
9	衣着	有风格	2	4.35
10	礼貌	礼仪	1	2.17
11	表情	笑容	1	2.17
		总计	46	100%

表 3.6 对女性第一印象(好印象)核心特质的频次分布

编号	类别名称	举例	频次	频率(%)
1	外貌身材	漂亮	23	50.00
2	性格	随和	9	19.57
3	态度	乐观	6	13.04
4	行为	提供帮助	3	6.52
5	言谈	声音好听	2	4.53

编号	类别名称	举例	频次	频率(%)
6	表情	笑容	1	2.17
7	能力	女强人	1	2.17
8	卫生习惯	干净	1	2.17
		总计	46	100%

表3.7 对男性第一印象(坏印象)核心特质的频次分布

编号	类别名称	举例	频次	频率(%)
1	行为	没分寸	10	21.74
2	性格	自我中心	7	15.22
3	外貌身材	猥琐	7	15.22
4	卫生习惯	不干净	6	13.04
5	言谈	交流不顺	6	13.04
6	态度	冷漠	6	13.04
7	衣着	打扮夸张	2	4.35
8	能力	无所事事	1	2.17
9	礼貌	粗话	1	2.17
		总计	46	100%

表3.8 对女性第一印象(坏印象)核心特质的频次分布

编号	类别名称	举例	频次	频率(%)
1	性格	斤斤计较	12	26.09
2	言谈	讲话强势	9	19.57
3	外貌身材	胖	4	8.70
4	衣着	怪异	4	8.70
5	礼貌	粗话	4	8.70
6	态度	冷淡	4	8.70
7	行为	没修养	4	8.70
8	未产生印象	无	4	8.70

续　表

编号	类别名称	举例	频次	频率（%）
9	表情	表情冷淡	1	2.17
		总计	46	100%

（三）第一印象形成的特质类型的性别比较

在这个部分将要展示本次研究对于不同性别关注同性和异性对形成好印象和不好印象的差异，这部分也将和其他文章进行比对了解第一印象形成的性别差异。在数据编码的第一部分已经汇集了本次研究被试全部的描述，为了简化本研究的数据成果，下面的表格将不再展示类别举例。

表 3.9　不同性别形成第一印象的频率频次对比

	表情	外貌	着装	卫生	言谈	态度	性格	能力	行为	礼貌	共性	无
对于男性第一印象（好印象）												
男	6	14	5	4	25	17	15	11	12	6	7	0
%	4.92	11.48	4.10	3.28	20.49	13.93	12.30	9.02	9.84	4.92	5.74	0.00
女	2	27	6	9	13	16	14	13	18	6	2	0
%	1.59	21.43	4.76	7.14	10.32	12.70	11.11	10.32	14.29	4.76	1.59	0.00
对于女性第一印象（好印象）												
男	4	34	2	1	10	11	21	3	13	1	0	0
%	4.00	34.00	2.00	1.00	10.00	11.00	21.00	3.00	13.00	1.00	0.00	0.00
女	7	23	2	4	12	19	14	4	10	3	0	0
%	7.14	23.47	2.04	4.08	12.24	19.39	14.29	4.08	10.20	3.06	0.00	0.00
对于男性第一印象（坏印象）												
男	2	8	2	6	21	11	18	2	15	6	0	0
%	2.20	8.79	2.20	6.59	23.08	12.09	19.78	2.20	16.48	6.59	0.00	0.00
女	3	17	8	18	11	19	21	0	13	6	1	0
%	2.56	14.53	6.84	15.38	9.40	16.24	17.95	0.00	11.11	5.13	0.85	0.00
对于女性第一印象（坏印象）												
男	1	11	6	0	5	9	14	1	16	10	1	4
%	1.28	14.10	7.69	0.00	6.41	11.54	17.95	1.28	20.51	12.82	1.28	5.13
女	1	3	5	2	17	19	22	1	5	3	0	0
%	1.28	3.85	6.41	2.56	21.79	24.36	28.21	1.28	6.41	3.85	0.00	0.00

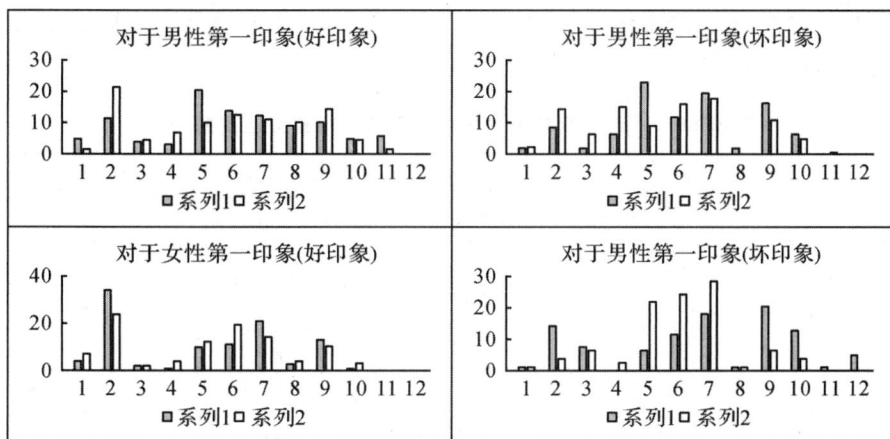

图 3.1 不同性别形成第一印象的频率频次对比

(四)周边人群环境影响第一印象形成原因的探究

在假设中提到,研究者认为被试的周边环境对被试形成第一印象有着决定性的作用,具体可以举例为周边长相好看的人数量与个体本身属性的关系,以及对于形成其他人第一印象的影响关系是否起到了作用都做出了假设。为此本文利用了 SPSS 中的非参数检验对所获得数据进行检验。主要操作为将 PEI 全部分量表与问题 6、7 所获得的被试的回答进行非参数相关检验。

表 3.10 SPSS 相关性分析数据

相关性		男性好印象的 外貌描述	女性好印象的 外貌描述
周围长相好看 的人的数量	Pearson 相关性	−0.483*	0.535*
	显著性(双尾)	0.017	0.010
	N	24	22

注:*.在置信度(双测)为 0.05 时,相关性是显著的。

(五)自我概念对好的第一印象形成的影响

一个人的自我概念对于第一印象的形成是本次研究最想探究的问题,自我评价对印象形成有着怎样深入的关系,觉得自己长相出众的人是否对他人能够形成好印象,自信度高的人更关注别人的哪些方面。在这个部分将会展示本研究中 PEI 得分高与 PEI 得分低人群之间的对比,以及长相分量表得分高低的人进行对比。要特别说明的是,为了更好地研究好印象的形成机制,这里不再展示不好印象在不同得分中所有被试的关注频次,只展示好印象的关注频次。

高低的分类是将所有的被试分数进行大小排序，最终分成两组。（注：高为高自信，低为低自信）

表 3.11　高自信度与低自信度对于第一印象关注度的分布

	表情	外貌	着装	卫生	言谈	态度	性格	能力	行为	礼貌	共性	无
第一印象男性好印象与 PEI 总分排名对比												
高	2	18	7	7	20	20	7	15	16	7	2	0
%	1.65	14.88	5.79	5.79	16.53	16.53	5.79	12.4	13.22	5.79	1.65	0.00
低	6	23	4	6	18	13	22	9	14	5	7	0
%	4.72	18.11	3.15	4.72	14.17	10.24	17.32	7.09	11.02	3.94	5.51	0.00
第一印象女性好印象与 PEI 总分排名对比												
高	7	32	2	3	10	16	17	4	10	2	0	0
%	6.80	31.07	1.94	2.91	9.71	15.53	16.50	3.88	9.71	1.94	0.00	0.00
低	4	25	2	2	12	14	18	3	13	2	0	0
%	4.21	26.32	2.11	2.11	12.63	14.74	18.95	3.16	13.68	2.11	0.00	0.00
第一印象男性好印象与 PEI 自信分量表排名对比												
高	3	17	8	4	22	20	11	12	15	7	4	0
%	2.44	13.82	6.50	3.25	17.89	16.26	8.94	9.76	12.20	5.69	3.25	0.00
低	5	24	3	9	16	13	18	12	15	5	5	0
%	4.00	19.20	2.40	7.20	12.80	10.40	14.40	9.60	12.00	4.00	4.00	0.00
总	8	41	11	13	38	33	29	24	30	12	9	
第一印象女性好印象与 PEI 自信分量表排名对比												
高	6	27	2	2	13	16	11	4	12	2	0	0
%	6.32	28.42	2.11	2.11	13.68	16.84	11.58	4.21	12.63	2.11	0.00	0.00
低	5	30	2	3	9	14	24	3	11	2	0	0
%	4.85	29.13	1.94	2.91	8.74	13.59	23.30	2.91	10.68	1.94	0.00	0.00

四、讨论与总结

（一）第一印象形成的特质类型分析

从表 3.1 和 3.2 两张表格中可以看出，对于好印象，大学生提名频次最多的 5 类为外貌、言谈、性格、行为、态度，对于不同性别有稍许的不同，对于形成好印象的男性外貌描述为 16.53％，女性好印象外貌描述更是达到了 28.79％。

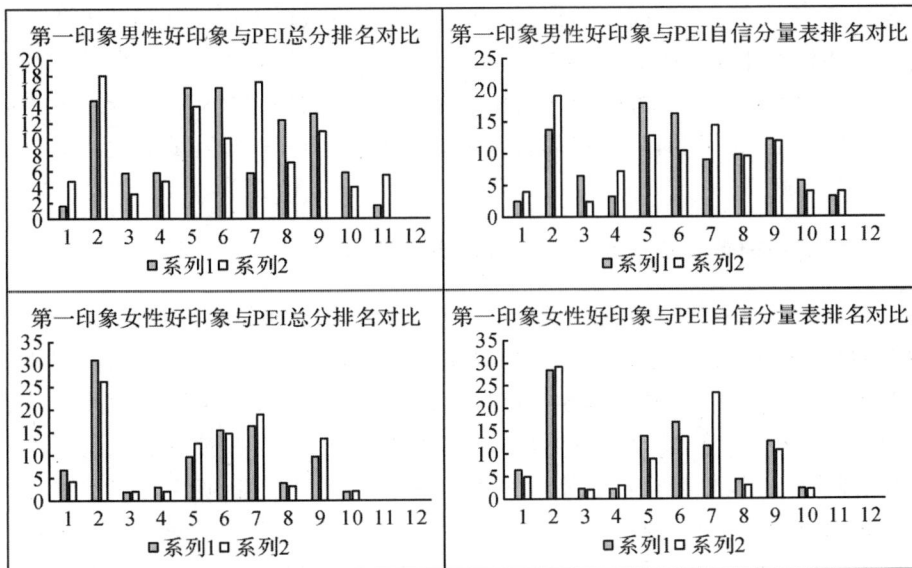

图 4.1 第一印象与 PEI 自信分量表排名对比

这证明了从大学生角度来讲外貌所占据的第一印象的形成是非常重要的。第一印象本是先入为主的思维方式加上视觉作为首要的获取信息的媒介,晕轮效应使得外貌出众的男性和女性更多地带给人们积极的好印象,这些外貌出众的人在访谈中更多地被描述为有能力,行为举止更为得体,性格上很亲切,这些带给人们的感觉在信息时代也是不可被磨灭的。对于男性其他好印象而言,言谈(15.32%)、态度(13.31%)、行为(12.10%)、性格(11.69%)占据了之后的四席,女性为性格(17.68%)、态度(15.15%)、行为(11.62%)、言谈(11.11%)。剔除外表不提,男性的言语说服力、表达能力、幽默感、语音发音,女性从性格的展示,如温柔、外向、活泼、文静等,这些给了被试更多的好印象。在笔者看来,这样的差别形成的原因是因为,在人交流的过程中男性是言语交谈的发起者,女性更多展现自己是性格的发起者。美国社会心理学家洛钦斯(A. S. Lochins)在 1957 年的研究中发现并验证了首因现象的存在,它的意义是个体在社会认知过程中,通过"第一印象"最先输入的信息,对客体以后的认知产生的影响作用,所以大部分被试提到的好印象的男性更多的是从言谈表现出来,而好印象的女性更多的是从性格展示出来。

表 3.3 和表 3.4 两个表格对于不好印象的统计和表 3.1、表 3.2 有了很明显的区别,可以看出大学生对于不好印象的描述男性女性的外貌的排名有所下降,性格的描述(男 18.84%)(女 23.08%)分别占据了首位,我们通过信息获取的方式分析,性格的展现是需要有一定的交流基础的,坏印象的产生并不像好

印象的产生一样提前，在访谈过程中研究者要求被试说出周围认识的人所带来的第一印象好印象的大致百分比。全部被试的平均值为 76.46%，大学生的交往过程中更倾向于形成好印象或者中性印象，坏印象的形成对信息获取顺序要求比好印象更低。同时从四张表格来看，相对于女生，全部被试更关注男性的个人卫生习惯。

（二）第一印象形成的特质中心特质类型分析

在访谈的过程中研究人员澄清了一些问题来削弱被试的客观性，但是不可避免的是，被试更倾向于回答出比平时更理性的陈述和总结，让自己的回答更为客观是社会交往中的惯性，让自己更为理性是思维上的"重力"，驱使个体在交流的过程中有个固定准则。当然，除了更理性之外，有些被试还表现出逃避判断性陈述，这样也会让自己显得客观。由于以上的原因，研究人员除了尽量帮助被试理解问题和放松心态之外，还将被试第一个列举出的第一印象描述进行归类，从访谈问题本质上来看，个体的回答包含总结性并且在访谈的过程中也展现出了期待性（个体更倾向于描述一类人）。因此将其作为大学生最关注的第一印象即核心印象将其分类汇总，得到了更惊人的数字：对男性形成好印象来讲，外貌身材从整体的 16.53% 提高到了 23.91%，女性好印象描述更是从先前的 28.79% 上升到了 50%。这足以说明外貌对于好印象来说依然起到了非常重要的作用。考虑到期待这一词汇的属性，研究者发现在总体词汇前五没出现的能力描述在男性核心好印象中排到了第三位，证明部分被试对于男性能力也是非常看重的。

不同于好印象的期待性，坏印象更具备的是总结性和厌恶性，被试进行不好印象的首要描述时表现出厌恶和强调，同样是描述一类人，开头"特别不喜欢""不能忍受""不能理解"等词汇并没有出现在好印象的描述中（例如"我很喜欢"等），坏印象看起来更让人印象深刻，从两个表格来看，不好印象的男性行为举止以 21.74% 从总体描述第四位变为核心印象首位；女性不好印象更多关注的依旧为性格，与总体表格的一致性证明了大学生所关注的女性第一印象不好印象，不论是厌恶性还是综合性都非常重要，所以要在他人眼里形成好的印象，女性应该更多注意性格上的展现。

（三）第一印象形成的特质类型的性别比较

性别区分的目的在于研究男女对同一类人的某一属性的区别和看法。先从表格的前两部分来看，对于好印象的形成，男性和女性被试的最直观的差异是更关注异性的外貌特征远远高于同性的外貌。男性被试更注重同性间的交流,异性的性格和行为;女性被试更关注同性的态度,异性的行为。女性被试也会放更多的关注在卫生习惯上,不论对方是男性还是女性。

从不好印象来分析:依旧是外貌,相较于同性,异性更容易关注外貌。男性被试依旧更加关注同性的言谈,异性的行为和礼貌。女性关注点就要在不好印象上的描述上产生了更多的关注点。女性被试更关注同性言谈态度和性格,关注异性的着装、卫生习惯、态度和性格。和好印象相似的是,女性更关注对方的卫生习惯。可以获得的结论是男性对于好印象的形成和不好印象的形成的评判维度以及数量基本一致。女性被试在形成不好印象的时候会有更多的维度去评判,可以认为给女性大学生形成好印象相对于男性有更少的评价种类。但是在形成坏印象上的维度增加也会更容易形成坏印象,并且坏印象一旦形成就要付出更多的努力去调整。男性被试所展现的数据证明男性形成好坏印象的评判维度以及数量是比较固定的,相对于女性,男性形成好坏印象变化更少,这种稳定让男性一旦形成第一印象,变化性就比女性要少,也更稳定。

(四)周边人群环境影响第一印象形成原因的探究

从 SPSS 相关分析来看,男性认为周围好看的异性与其描述好印象异性外貌的倾向性是负相关的($p < 0.05$),而女性认为周围好看的异性与其描述好印象异性外貌的倾向是正相关($p < 0.05$)。

所得结果为:男性在其所处环境下认为,外貌好看的异性数量越多,越不倾向于描述好印象异性外貌。而女性在其所处环境下认为,外貌好看的异性数量越多,越倾向于描述好印象异性的外貌。经过讨论和文献查找了解到,2009 年心理学教授(Dustin Wood)研究发现,对于异性有吸引力的判断时,男性的意见更为一致,女性对男性吸引力判断时更难达成一致性。换句话说,男性对于外貌长相好看的女性评价的多样性要远远小于女性的多样性,致使男性在周围好看女性数量相对较多时由于频繁接触和高度一致性的外貌描述,导致在形成好印象时大脑将这类信息归类为共性信息,而对于研究者让其描述好印象的特质时被试忽略了共性信息;相反,女性对于周围外貌好看的男性数量较多时,形成印象逐步的多元化,评判标准会跟随数量增多而更为广泛,因此对于逐渐增多的评判标准使得女性更容易在回忆的过程中提出外貌。

(五)自我概念对好第一印象形成的影响

首先从自信分量表来看,通过 Excel 图表分析可以明显看出不论是对于好印象的男性还是女性,对自己外貌自信低的群体对外貌的关注度均高于对自己外貌自信度高的,可以解释为外貌自信度高的人更少关注自己的外貌。同时,外貌自信度高的人会比外貌自信低的人形成的好印象更多关注了对方的言谈态度以及着装；相反，外貌自信低的人更关注别人的性格。从 PEI 自信分量表与被试信息汇总可以获得如下结论：对于形成一个人的好印象来看，外貌自信度高的人更关注对方的言谈以及态度，外貌自信度低的人更关注对方的外貌及性格。

从 PEI 总体得分来看，对于形成男性好印象来说与自信分量表基本吻合，即高自信的人更多关注了对方的言谈态度以及着装，低自信的人更关注别人的性格和外貌。不同的是，对于形成女性好印象，高自信的人更关注女性的外貌，其他方面高自信与低自信基本持平。

参考文献

[1] 孙小燕. 试述印象形成因素[J]. 湖北成人教育学院学报，2006(11).

[2] 尹伊，石秀，雷晋芳. 深度访谈方法的进一步探讨[J]. 科技情报开发与经济，2008(4).

[3] 全国. 所高等院校《社会心理学》编写组[J]. 社会心理学，1995(13)：68.

[4] 汪向东，王希林，马弘. 心理卫生评定量表手册[M]. 北京：中国心理卫生杂志社，1999.

[5] 余国良. 社会心理学[M]. 北京：北京师范大学出版社，2006.

[6] 张萍，毕重增. 个人评价问卷的中文修订[J]. 西南师范大学学报（自然科学版），2012.

[7] Paulhus D L. Balanced inventory of desirable responding(BIDR)[J]. Acceptance and Commitment Therapy. Measures Package，1988(41).

[8] Willis J，Todorov A. First impressions making up your mind after a 100-ms exposure to a face[J]. Psychological science，2006，17(7)：592-598.

[9] Bar M，Neta M，Linz H. Very first impressions[J]. Emotion，2006，6(2)：269.

[10] Wood D，Brumbaugh C C. Using revealed mate preferences to evaluate market force and differential preference explanations for mate selection [J]. Journal of personality and social psychology，2009，96(6)：1226.

[11] 赵爽. 女性容貌图片的评价者眼动研究[D]. 上海：华东师范大学，2010.

（指导教师：王婷）

医务社会工作对癌症患者的介入研究

石奇云 14级社会工作

摘 要:本文通过访谈法和文献研究法,了解癌症患者治疗现状,分析癌症患者及家属所面临的主要困境,主要包括心理、经济和服务支持困境。并通过案例分析探讨医务社会工作在实际介入过程存在的问题,发现介入过程中存在着对医务社会工作认知度不高,专业人才缺乏,伦理困境等问题,这些问题限制了医务社会工作在癌症患者治疗中发挥有效作用。结合对案例分析介入过程出现的问题,笔者从专业自身和政府政策层面提出了建议。

关键词:癌症;癌症患者;医务社会工作

一、引 言

(一)研究背景

随着社会经济的快速发展,人们的物质和精神生活水平都有了提高,但我国癌症的发病人数也在不断攀升。就目前而言,国内外依然没有一个很好的医疗方法能够有效地治疗和预防癌症,癌症慢慢地成了全人类共同的敌人。国家癌症中心发布了最新中国癌症数据,报告显示中国是癌症大国,癌症病人占全球癌症病人总量的将近40%,每天约1万人确诊癌症,平均每分钟就有7人确诊。显然,癌症已经严重威胁到人们的生命健康安全。

2017年中国肿瘤报告数据显示,与上年相比,中国癌症的新发人数继续上升,从358万增加到368万。同年,世界新发病例约1409万。中国新发癌症病例占世界的1/4。中国城市居民0—85岁,累计癌症发生风险为36%。肺癌、肠癌、肝癌为发病率较高的癌症,其中男性高发癌症为肺癌、胃癌和肝癌,女性高发癌症为乳腺癌、肺癌和肠癌。关于癌症死亡率,小城市大于大城市,中等城市最低。总体上肺癌、肝癌和胃癌的死亡率最高,分别为47%、25%和26%;白血病、淋巴癌和胆囊癌死亡率最低，分别为 4.6％、4.7％和 4.4％，女性患者死亡率总体低于男性。近几年，我国癌症的发病率逐年上升，确诊人数出现高增长。癌症的发病率与饮食习惯、环境污染、生活水平和医疗条件等有关，其中吸烟、不健康的饮食、不规律的作息时间以及缺乏锻炼等是主要的诱因。

癌症早期并无明显症状，大多数癌症患者都是中晚期才就医的，且癌症是一个需要巨大花费且病程长的慢性疾病。对患者来说，癌症带来的不仅是身体上病痛，还有心理上的巨大压力，患者可能会变得悲伤、绝望、恐惧，甚至有些人会想到自杀，同时患者的学习、生活、人际关系都会受到影响；对家庭来说，作为家属也承担着多重压力，包括高额的医疗费带来的经济压力，要面临家人因疾病带来的痛苦，甚至是家人突然离世带来的精神上的压力，一个家庭短时间内很难承受如此大的压力和打击；对于社会来说，癌症患者在治疗过程中，用药费用昂贵，推动了我国医疗费用的上涨。另外，以现有医疗水平，癌症晚期患者治疗效果甚微，人财两空，往往会给患者家属带来负面情绪，这就有可能滋生医患矛盾，产生不稳定因素，影响社会稳定。

欧美的医疗模式早在 20 世纪 70 年代从生物医疗模式转变为生物心理社会模式，但至今中国生物医疗模式的主流地位还是没有改变，执业医生和专业护士的本职在于利用专业知识和辅以先进的现代化技术来缓解病人的生理痛苦，努力达到根治癌症的目的，对患者以及家属的心理社会层面的关怀十分有限。随着社会经济发展，人们收入水平提高，带来的是生活品质和思想文化水平的提高，导致人们对疾病医疗的日益变化。尤其是癌症患者，希望可以得到更多的心理和社会层面的关怀，追求生物、心理、社会的医疗模式能促进患者达到最有效的治疗效果。

医务社会工作是指通过运用专业的社会工作方法，分析案主面临的困境，为案主提供心灵关怀，链接社会资源，整合患者社会关系网络，帮助案主恢复和发展社会功能的过程。一方面为患者提供专业的心理疏导和认知治疗，弥补医生和护士对患者和家属有限的心理社会层面的关怀；另一方面，改善患者的社会关系网络，帮助患者寻求经济补助，重新构建患者的社会支持网络，从而协助医生达到最好的治疗效果，缓解患者和家属身心的压力。

综上所述，我国癌症发病率逐年上升，患者增多，但现在的医疗模式以生物医疗为主，模式单一，癌症给患者和家人带来身体、经济、社会三方面的压力，患者和家属希望得到心理认知治疗和人文关怀。而医务社会工作是一个助人且自助的专业，弥补医生护士对患者和家属有限的心理社会层面的关怀，实现生物—心理—社会三者结合的医疗模式，帮助患者达到最佳的治疗效果。

(二)文献综述

1.概念界定

本文将医务社会工作定义为社会工作介入医疗领域,作为传统医疗缺乏心理社会层面关怀的补充,通过社会工作专业的方法和手段,更加关注案主心理层面的问题,提供专业的心灵关怀和社会支持服务,链接社会资源,重构案主社会支持网络,解决案主面临的困境,恢复和发展社会角色与功能的职业活动。

唐文(2006)指出,医务社会工作是专业的社会工作者在医疗体系中,运用社会工作专业的方法和理论提供相关医疗卫生服务的专业化社会工作。而医务社会工作者关注的是患者的社会性,分析患者的社会心理状态,解决患者面临的社会问题。刘继同(2008)在《医务社会工作导论》中提出,医务社会工作是指把社会工作的专业方法与理论运用到医疗、卫生、保健机构中,协助病人及家属解决和疾病相关的社会、家庭、经济、心理等问题,从而提高医疗效果。社会工作对医疗领域的介入,可以帮助患者达到理想治疗效果,缓解患者因疾病而产生的身心上的痛苦,减少社会不稳定因素。

2.国外相关研究

医务社会工作萌芽于英国,发展于美国。16世纪英国医院出现"施赈者"做救济贫病的工作。到19世纪80年代前后,英国医院正式聘请女施赈者,标志着英国医务社会工作开始萌芽。刘继同(2008)在《医务社会工作导论》一书中指出,1905年,麻省总医院的Richard Cabot医生首次聘请医务社会工作者,并建立世界首个医务社工部,标志着美国医务社会工作制度正式诞生。20世纪中后期,医务社会工作在欧美国家得到发展。刘继同(2007)认为,美国的医务社会工作发展有四个阶段:第一阶段是医院社会工作,服务局限于医院之中;第二阶段是美国医院社会工作诞生、快速发展并专业化,医院社会工作转化为医务社会工作。第三个阶段是医务社会工作迅猛发展,日趋成熟。第四个阶段是医务社会工作介入了医院、医务、临床、精神治疗等专门化服务领域,医务社会工作成为专业化工作。日本的医务社会工作发展较为成熟。芦鸿雁(2009)概括日本的医务社会工作主要分为三个部分:第一部分,为患者及其家属提供直接帮助、经济扶持、心理治疗等;第二部分,为患者及其家属提供简介帮助,如为家属建立同质小组;第三部分,重建社会支持网络,比如出院后社会福利的选择,以及对患者复学和复职的援助。洛克(1983)在《政府论》一书中提到西方从启蒙运动开始就主张人权高于国家主权,人人生而平等,每个人都享有同等的社会权利,西方启蒙运动的人人平等的价值观为社会工作理论的发展奠定了思想基础。Kitchen Alice(2005)提出医务社会工作能促进医疗工作,有利于患者达到最佳治疗效果,并且能够解决病人的社会、文化困境。总结了医务社会工作的服务模型和角色功能。Miller J J等(2007)提出医务社工在癌症患者康复治疗方面扮演着重要角色,医务社工通过健康评估和教育、安宁照顾、悲伤辅导等方式为癌症患者提供支持性服务。

3.国内相关研究

我国医务社会工作起源于北京的协和医院。1921年,浦爱德女士在北京协和医院创建了国内首个医院社工部。随后,济南、南京、上海和重庆的医院等先后设立了社会工作部,开展医务社会工作。后来由于抗战,医务社会工作的发展暂时停止。等到改革开放后,随着社会的发展和转型,医务社会工作又开始兴起。现行医疗卫生体系还存在许多问题,杨桂林(2008)认为,我国医疗制度改革正处在攻坚阶段,"看病难""看病贵"等医疗纠纷问题不断发生,产生了一系列社会不稳定因素,不利于社会和谐。因此李兵水(2012)等人指出,需要呼吁医务社会工作的发展,来促进其在医疗卫生制度改革、重塑医患关系、构建医院文化和建立社区医疗服务等方面的作用。对医务社会工作的功能与作用的研究,郭雅娟(2009)分别从医患关系、社区和疾病预防三方面分析了医务社会工作者的作用:与患者建立良好的互动关系,了解患者信息反应给医疗小组;向患者和家属介绍相关社会福利制度,帮助他们获得经济援助,减轻家庭经济压力;协助医院进行健康教育,使居民得到预防疾病的相关知识。李平、郭永松(2009)等人提出,在缓解医患冲突过程中,医务社会工作具有加强医患关系,平衡不对称的医患信息;协助病人缓解心理问题;为病人提供法律社会支持和帮助三方面功能。在医务社会工作的制度与政策方面,当前我国医务社会工作的发展面临很多问题,甄红菊(2013)认为,政府对医务社会工作重视不足、政策法规缺失,社会对医务社会工作认识度低、认同感不强。此外,郭永松等学者(2009)认为我国医务社会工作在专业人才培养方面存在问题,并提供了相对应的解决措施。刘岚(2011)研究了我国医务社会工作现行的框架以及制度,从使用、教育和评价三方面提出了建议。在医务社会工作的人才培养方面,马凤芝(2015)以北京为例,认为首都的医务社会工作者队伍专业化程度不高,兼职人数多,专职人数少,同时从业人员缺少专业培训,具有随意性。黄玉妹(2008)通过对广西医务社会工作的人才调查发现财政经费不足、人才培养存在问题,并针对所发现的问题提出相关对策。在医务社会工作实务方面,黄任飞(2012)从具体案例出发,介绍了医务社会工作实务操作流程。马嬰玄(2014)提出医务社会工作嵌入性发展模型,对医务社会工作的实务研究从具体操作流程研究转向对实务模型的探究上,提供了新的思路。刘新辉(2017)通过对癌症患者家属进行问卷调查发现,将近40%的被调查者对癌症的常识性认识不足,对癌症先兆症状的认识更差。铁强(2008)指出医务社会工作介入癌症的可能路径有团体社会工作、健康教育活动和慈善募捐等。刘芳(2015)在优势视角取向下认为医务社会工作者通过培养患者及其家庭的抗逆力,寻找个体自身或者环境中的保护因素,保证个体在逆境面前自我调整,面对压力获得良性的发展。而温锦旺(2014)从姑息照顾介入癌症患者,建立社会工作支持小组,为成员提供心理上和社会上的支持,满足其灵性需求。何苗(2015)指出心理弹性是指患者承受癌症带来的各种压力时良好的适应过程,并分析了国内外癌症患者的心理弹性现状及其影响因素。影响癌症患者的心理弹性因素主要有婚姻状况、年龄、受教育程度和宗教信仰等。癌症不仅带给患者的是身体上的痛苦,还有心理上、经济上、社会关系上的巨大压力。

(三)国内外研究评述

从国内外学者对医务社会工作的研究来看,欧美国家的医务社会工作发展得较为成熟,医疗模式已经发展到了生理—心理—社会模式,医务社工在癌症患者康复治疗方面扮演着重要角色,通过健康评估和教育、安宁照顾、悲伤辅导等方式为癌症患者提供支持性服务。医务社会工作介入了医院、医务、临床、精神治疗等专门化服务领域,医务社会工作成为专业化工作。国内医务社会工作起步较晚,国内学者大多同意医务社会工作在缓解医患冲突、协助患者达到理想治疗效果等方面有重要作用,但目前我国医务社会工作的发展面临很多问题,政府的重视不足、政策法规缺失、人才紧缺等问题都制约着医务社会工作的发展。上述研究为笔者对医务社会工作介入癌症患者治疗研究奠定了基础,但缺乏对个案实务的研究。本文通过案例分析研究医务社工面临的具体困境并提出相关建议。

(四)研究理论依据

1.优势视角理论

优势视角是关注、发掘个人的优势和资源,以利用和开发人的潜能为出发点,培养其在逆境中产生抗逆力,帮助其从逆境中挣脱出来的工作方法。优势视角理论认为,人是可以改变的,每个人都有解决问题的力量和资源。在社会工作实践过程中,更多关注案主自身和环境的优势,达到助人及自助的目的。

2.五阶段理论

五阶段理论认为,人们在面临重大疾病时在病程的不同阶段会有不同的心理反应,称之为"悲伤五阶段":否认期,病人在得知病情初期否认病情,逃避患病事实；愤怒期，病人对患病事实感到不满而愤怒；悔恨妥协期，病人开始后悔之前不好的生活习惯等，承认患病结果，接受医生治疗；抑郁期，因病程过长，治疗效果不明显，甚至是病情恶化，患者会出现极度悲伤、抑郁；接受期：患者正视病情，慢慢接受患病的现实。

3.认知行为理论

认知行为理论认为，人的认知、情绪和行为三者相互影响，认知是连接情绪和行为的桥梁，该理论并不关注事件本身，而重视认知对事件进行解释，这种解释的结果将直接影响人的情绪和行为，而认知受到自动化思维模式的影响。认知行为理论将认知用于行为修正上，强调认知在解决问题过程中的重要性，内在认知与外在环境之间的互动。

4.社会支持网络理论

社会支持网络指的是人与人之间社会关系的集合，个人通过这个网络来维持自身社会角色与功能，并且获得情绪支持、物质援助和信息服务，产生新的社会接触。一个人所拥有的社会支持网络越强大，就越能够较好地应对各种来自环境的挑战。社会支持网络分为正式支持网络和非正式支持网络，运用社会支持网络理论帮助案主解决所面临的困境，着重是帮助案主学习如何构建社会支持网络和利用社会支持网络。

二、研究方法

(一)文献研究法

通过中国知网查询下载与医务社会工作介入癌症患者的相关论文，分析总结前人最新的研究成果，找到切合实际的研究方法和研究方向。通过对资料的分析总结，为论文提供真实有效的理论和数据资料。

(二)访谈法

在调研期间共对 16 个癌症患者及其家属进行访谈，了解患者的需求以及所面临的问题，同时咨询了宁波市社会工作服务促进中心的主任，了解医务社会工作介入癌症患者的过程与步骤，记录访谈资料。梳理癌症患者所面临的问题，并选取典型案例，分析其在生理、心理和社会三方面所遇到的问题，以医务社会工作的视角开始展开介入服务。

三、癌症患者的现状以及所面临的困境

(一)宁波市癌症现状

根据宁波市疾病预防控制中心最新数据显示,2016 年宁波市因恶性肿瘤死亡人数为 12242 人,其中男性 8247 人,女性 3995 人,男女比例约为 2.06∶1,恶性肿瘤发病率为 0.208%。2016 年宁波市恶性肿瘤发病率前五位依次为:肺癌、胃癌、结直肠肛门癌、甲状腺癌和乳腺癌。男性发病率高于女性,城市发病率高于农村。年龄分布为 0—15 岁占总人数的 3.45%,16—45 岁占 18.17%,46—60 岁占 35.50%,60 岁以上占 42.88%。癌症患者平均住院日为 25 天,平均住院费为 3 万元。

(二)癌症患者所面临困境的现状调查

癌症患者在治疗的整个过程中,面临着很多困境,不仅存在身体上的痛苦,还存在经济困境、心理行为困境和社会支持困境。这些困境也为医务社会工作者的及时介入提出了迫切要求。医务社会工作者综合运用医务社会工作专业理论和方法,为癌症患者及其家属提供医务社会工作专业服务和心灵关怀,帮助其解决面临的困难。

1.经济困境

癌症的治疗是一个昂贵且漫长的过程。其中包括手术费、输液费、化疗费和放疗费等,数额十分惊人。以直肠癌为例,保留肛括约肌的直肠癌切除术,手术费用在 2 万元左右,一个吻合器 2500—5000 元。而手术仅仅只是治疗的第一步,因为癌症的特殊性,手术并不能根治,对于癌症患者来说,手术后还要经历大量的化疗、放疗。以宁波市 A 医院为例,一次化疗的费用在 1200—2000 元之间,一般一个疗程 6 次,时间间隔为 15 天,即一个月仅化疗费用就需 2400—4000 元。以 2016 年为例,我国人均可支配收入为 23821 元,每户家庭 3.35 人,即家庭平均可支配收入为 79800 元,而平均每位癌症患者自费医疗为 14 万元,相当于 1.75 倍家庭可支配收入,使用靶向药物患者自费平均为 22 万元,相当于 2.7 倍家庭可支配收入。根据笔者调查发现,访谈案主都因为癌症治疗的巨额花费,或多或少承受经济压力。

"老头子在大学当保安,一个月 2000 多元的工资,我开了一家杂货店,近几年没什么生意,基本没有赚头,自从老头查出肝癌,到处向亲戚借钱看病,最终卖了市区的房子,搬来了乡下。"(案例 2)

"爸妈本来在菜市场做些小买卖,自从妈妈得病后,摊位也没法摆了,这些

年的积蓄也用来看病了。"(案例6)

在经济帮助上,癌症患者主要是依靠家庭、亲友帮助为主,而来自医保方面的支持则很少。这是因为现有的医保政策不完善,很多医疗费用没有进入医保,尤其是进口药品;在报销方面,报销比例较小,且存在严重的偏差;很多高价值创新药没有进医保;患者使用的药物门诊不能报销,只有住院才能报销。即便在医保的帮助下,患者家庭仍需要承担高额的治疗费用。此外,我国现行医保报销制度存在农村与城镇,职工与居民的差别。

"我丈夫是残疾人,没有劳动能力,靠我一个人打打零工,自从女儿得了白血病,我天天医院家里两头跑,不舍得住医院陪床,住院费太贵了。"(患者8妻子等)

"我妈妈查出来就是晚期了,医生说只有3个月了,作为子女肯定不会放弃,托亲戚买了国外的进口药,很贵,医保报不了。"(患者3子女等)

除了医保、政府补助外,还有极小一部分来自社会慈善组织,他们的资金主要来自社会募捐,公益组织主要还是举办一些宣传活动、病友专家交流会等,针对癌症患者的直接捐助相对较少。另外就是社会公众的直接捐助了,除非通过媒体报道,引起社会关注,从而得到一些社会募捐。但并不是每个癌症患者都能得到社会公众的帮助。所访谈到的癌症患者能获得社会慈善组织和社会工作的捐助十分有限。

我国现行制度下,患者看病治疗都是先交费治疗后报销,增加了患者及其家属的经济压力。对于普通家庭来说,一次性拿出十几万元的医疗费是很困难的。再者癌症患者家属通常会放下手上的工作请假照顾家人,甚至还会请护工帮忙照顾,耽误了工作的同时,日常花费也是一笔不小的开支。尤其对于生活在农村的患者,在市里看病负担更重。

通过上述分析,大多数的普通家庭都面临着经济困境,家庭的经济能力有限,政府医保制度不完善,补助杯水车薪,社会慈善组织和社会公众捐款覆盖面窄,导致癌症患者家庭的经济困境得不到解决。

2.心理行为困境

根据阶段理论,癌症患者的心理会经历五大阶段变化:紧张和焦虑—否认—愤怒和怨恨—抑郁和挣扎—接受事实。

紧张和焦虑阶段:

当某人被怀疑得了癌症时,紧张和焦虑是患者自然的情绪反应。尤其当患者被隔离,医生仅告诉家属具体情况,患者就会出现紧张、焦虑,坐卧难安等状况。从心理学来讲,这属于心理防御机制的一种,当患者面对癌症做抗争时,焦虑是当人对面临的威胁或痛苦做出的应激情绪反应。但这种防御机制有利也有弊,长期的紧张和焦虑反而不能从心理上形成自我安慰,相反会形成心理疾病,最终影响癌症的治疗效果。

"我妈持续地排便出血已经3个月了,所以带她去医院检查。医生把我拉进办公室告知我们,她不幸得了直肠癌,那一刻我想我妈应该多少也猜到一点,从医生办公室出来,我只告诉妈妈得了痔疮,做个手术就没事,那时我明显能感觉到她很紧张,焦躁不安。"(患者1女儿)

否认阶段:

当医生或者家人正面告知诊断结果或者病情状况时,很多癌症患者在获知自己得癌症后,会出现否认、拒绝接受的情绪,这也是一种心理防御机制,在一个人面临突然降临的噩耗时,否认这种心理状态是一味极好的缓冲剂,能把噩耗带给人的压力减缓下来,使人有时间调整去接受事实。如果癌症患者没有经历否认阶段,一旦经受不住巨大打击,有些患者会做出过激行为,甚至自杀。

"检查出来的那刻,我是不相信的,我怎么可能得癌症,不可能的。那时饭也吃不下,睡觉也在想这些事情。"(患者7)

否认可能使患者受益,也可能延误病情。有的患者坚持其否认的观点,不相信医院的诊断,并到不同的医院重复检查,以致错过了早发现早治疗的黄金时间。只有当患者接受医院诊断患病的事实,家属分担不良情绪感受,才会感到如释重负,并积极配合医生参与各种治疗。

愤怒和怨恨阶段:

委屈和怨恨是癌症患者经过一番否认的斗争后,表现出的激烈情绪反应。这时患者知道自己患癌症的大局已定,不幸的厄运确已降临。想到自己年纪尚轻,却已快走到人生的尽头;想到自己还有很多理想未实现,不少工作还要做;想到父母、妻儿还需要自己的照顾……怎么会不感到痛苦万分呢?尤其是对比别人开心快乐地生活工作,而自己却只能在病房里接受各种化验检查,化疗、打针、吃药,患者往往会感到委屈和嫉妒、愤怒和怨恨。

"爸爸查出来肝癌后,依旧是正常工作,但比以前更拼命了,妈妈说爸爸是为了我们,他愤怒自己这么年轻就得了肺癌,上有老下有小,他不能倒下。"(患者4女儿)

抑郁和挣扎阶段:

当患者与癌症进行一段时间的斗争后,或因疗效不显著而有病情波动时,经常会感到人生渺茫。加上长期患病,连累亲人,于是产生内疚、失望、消沉、沮丧和孤单感。但又回想起为了家人不能放弃,就这样在放弃与重拾信心中不断挣扎。

"我和妈妈说,不想治了,想回家,我也不吃药了,怕花钱,放疗化疗真的很痛苦,家里又是这个样子,也许哪天我会去自杀。"(患者8)

接受事实阶段：

部分癌症患者经历了上述各种心理反应之后，经过与癌症长期的抗争后，慢慢开始接受现实，但对于生死，不同人有不同的看法。有的患者比较乐观，即便知道时间不多，安详地在家人的陪伴下度过人生最后一段时光。但也有患者知道自己输了与癌症的斗争，不再挣扎，不抱希望，带着悲伤无奈的心情离开人世，降低了生命质量。

3.支持困境

支持困境包括家属的非正式支持困境和社会的正式支持困境。

非正式支持困境：

非正式支持主要来自家庭、亲戚和朋友的支持。首要的是经济支持，癌症花费巨大，看病的大部分钱来自非正式支持。但家庭、亲戚、朋友不仅仅提供经济支持，还有照顾支持。癌症是个慢性病，病程长，特别是患者经过数次化疗、放疗身体虚弱，生活可能难以自理，这时就需要照顾的人，而照顾工作是一个劳累、漫长的过程。一般来说，照顾工作由子女、配偶或者父母承担，亲戚朋友提供临时性的照顾。家庭的经济情况、有无配偶、配偶的身体情况、有无子女、子女经济情况等因素会影响照顾支持。

"我家是单亲家庭，自从我妈病了，都是我在照顾，白天在单位上班，下班了直奔医院，晚上八九点回家，到家快 10 点了，早上 6 点不到就起床准备早饭和妈妈的鸡汤，单位—医院—家，三点一线，确实很累，有时会跟妈妈开玩笑说，她还没治好，可能我又倒下了。"（患者 1 女儿）

"老头子是残疾人，身体不方便，每天我照顾好他的起居后，马上赶往医院照顾女儿，再辛苦，只希望女儿能康复。"（患者 8 母亲）

"我妈妈有三个姐妹、两个兄弟，爸爸是个体户，为了分担我和爸爸的压力，兄弟姐妹也会隔天来医院照顾我。"（患者 3 女儿）

通过访问发现，有一部分患者家庭由于各种原因没法提供照顾支持，但会雇用陪护阿姨，一般费用为 100 元/天，护工阿姨虽然能承担照顾患者的职责，洗漱、吃饭、吊盐水等，但无法给予患者来自家属的安慰。

所以非正式支持主要来自家庭内部，包括配偶、女子和父母。但每个家庭情况不同，经济水平、子女情况、配偶情况等因素，导致在提供非正式支持上有所差异，具体体现在人力、精神和时间上。同时，社会上的营利机构如家政公司可以提供有偿的照顾服务，但还是缺少情感关怀，而且价格不便宜。因此现在非正式支持提供的来源和力度远远不能满足患者的照顾需求。

正式支持困境：

我国医疗资源紧张这是一个现实问题，尤其是癌症方面的专家更是少之又少,加之我国现有医疗资源分配不均匀,大医院越做越大,而患者只认大医院,这进一步加剧了大医院医疗资源紧张,导致医生只能保证救死扶伤的本职工作,癌症患者想要了解更多,医生也没有时间予以解答。

癌症的治疗方式主要有化疗、放疗。患者和家属希望了解病情,但由于医疗资源紧张,医院的医患比例失调,医生很难有精力逐个关注患者,患者缺少与医生的有效沟通,有时会因治疗效果差而抱怨医生。医患之间存在信息不对称的问题,导致医患关系紧张的局面。

"大医院床位紧张,小医院水平不够,最后还是托关系请上海的专家来做手术。"(患者1女儿)

"一开始定了一个化疗方案,几次化疗下来,血液指标不降反增,又换了另一个方案,等于前几次化疗白做,钱白花,人还要受罪,我怀疑医生是想赚钱,故意多做几次化疗。"(患者2妻子)

综上所述,癌症患者面临的支持困境,包括非正式支持困境和正式支持困境。前者主要来自家庭、朋友的支持,但由于人力、经济、时间的限制存在很多困难。后者反映的是现在我国医疗模式是生物医疗模式,加之医疗资源紧张的现状,医生仅仅只能为患者提供医疗层面的帮助,由于精力有限,较少关注患者的心理需求,加之医患之间存在信息的不对称,导致了医患矛盾的出现。患者支持需求得不到满足,医患矛盾突出,增加了社会不稳定因素。

四、医务社会工作介入癌症患者的案例分析

(一)医务社会工作介入癌症患者的必要性

近年来,我国癌症患者数量持续上升,癌症给患者带来身体、心理上的痛苦,也给家属带来沉重的经济、精神上的压力,造成我国医疗资源紧张、医患矛盾突出等问题。现在的医护人员本职在于借助现代的医疗技术来减轻疾病给病人带来的痛苦,努力达到治愈癌症的目的,很少关注患者心理层面的问题。医务社会工作作为助人自助的专业,能够运用专业方法介入癌症患者的治疗,满足癌症患者寻求心灵关怀的需求,帮助患者寻找经济补助,构建癌症患者的社会支持网络,从而实现最佳的治疗效果,缓解患者身体上的痛苦,提高患者生命最后阶段的生命质量。

(二)医务社会工作介入癌症患者的案例分析

某患者处于肺癌晚期,终因病情加重不幸离世,家属因此产生心理困境。此案例可以讨论医务社会工作如何介入癌症患者治疗,同时可以分析如何介入

癌症患者家属的创伤辅导。患者曾先后在宁波市 A 医院以及宁波市 B 医院住院，但两家医院均未设立医务社工部，也无与医务社工相关的志愿者，笔者自愿以医务社会工作者的角色介入患者的治疗过程。

1. 患者基本情况介绍

（1）基本情况：罗先生，58 岁，小学文化水平。

（2）身体情况：肺癌晚期，身体状况很差。前期通过手术切除了右半部分的肺，但情况不见好转，经过医生检查，发现癌细胞已经向淋巴细胞转移，病情加重，最后不幸离世。

（3）家庭情况：已婚，无子女，夫妻恩爱，有兄弟 6 人。

（4）情绪反应：单位体检查出肺癌晚期，患者陷入绝望，但恩爱的夫妻关系给予了患者安慰，开始积极配合治疗，希望能治愈，后病情加重，求生欲更强了。

（5）经济情况：患者从事学校门卫工作，工资 2000 多元每月，妻子开了家杂货店，每月收入也有限，一开始靠向亲戚借款看病，后来看病花费越来越高，不得不卖掉房子，经济负担比较重。

2. 患者治疗过程中的困境及需求

生理困境：经过一次大手术，数次化疗，尝试过西医、中医，但治疗效果甚微，药物的不良副作用给患者带来了身体上的压力，同时患者被病痛折磨，生命质量严重下降，最终使患者产生消极的心理反应，影响治疗效果。因此，需要给患者制订最合适的治疗方案，减轻患者身体上的痛苦。

心理困境：患者得知病情时已经处于肺癌晚期，出现否定、恐惧的心理状态，治疗过程中存在对生命意义的认知障碍，担心治疗费用与家庭负担。因而需要缓解患者的恐惧心情，正确认识面对自己的病情，乐观地面对生死，提高患者生命最后阶段的质量。

经济困境：患者作为家庭收入的主要来源，但收入每月仅 2000 多元，仅仅能维持家庭日常开销。癌症治疗周期长费用高，很多癌症药物没进医保，不能报销或者报销比例过低，给患者及其家庭带来了沉重的经济压力。因而需要整合社会资源，减轻患者家庭的经济压力。

社会支持困境：患者与妻子无子女，虽有 6 个兄弟，但他们不能整天陪同照顾，只有妻子承担照顾服务，照顾患者十分劳累，患者因此面临着照料困境。因而需要增加患者与家人的联系，增强来自家庭的支持。

3. 医务社工的介入目标

（1）了解患者的病情病理，协助家属与医生进行沟通，制订最合适的治疗方案，减轻患者身体上的痛苦，提高生命质量。

（2）引导患者积极面对自己的病情，正确看待生死，减轻对生死的恐惧感，积极配合治疗，达到最好的治疗效果。

（3）陪伴患者走完生命最后阶段，记录患者未完成的心愿，提高患者生命质量，维护患者尊严。

（4）为患者家属提供悲伤辅导，减轻因患者离世给家属带来的悲伤感，帮助家属恢复正常生活。

4. 医务社会工作介入过程

阶段一：从互联网收集资料了解肺癌的相关知识，并向医生了解患者的病情，保证自己对病情有较为全面的了解和认识。在此基础上通过澄清让患者及其家属理解医务社会工作，与患者建立良好的沟通关系，并让患者了解社会工作者的工作。

由于案主对社会工作者有所曲解，通过澄清向案主及其家属解释了什么是社会工作，社会工作者与护工的区别，医务社会工作者所能提供的帮助等，并通过手机上网，让案主及其家属理解社会工作者具体是项怎么样的工作，与案主患者及其家属建立良好的沟通关系。

阶段二：了解患者家庭社会关系网络，模拟构建案主现有的社会支持网络。通过与案主妻子的交谈，了解其以前的经历。以前案主与妻子在家附近开了一家杂货店，刚开始生意还不错，生活还算富裕，挣到钱买了套房子。后来大型超市开业，杂货店生意每况愈下，丈夫不得不另找了一份工作，直到查出肺癌晚期，案主一直在当地一所高校当保安。案主夫妻感情深厚，恩爱有加，虽无子女，但两人有一个侄女，并将她视如己出，侄女隔三岔五回来看望夫妻俩，尤其是住院以来，基本一下班就来医院探望。案主家里有6个兄弟，自己排行老四，兄弟关系不错。

访谈当天，案主侄女和二哥也在医院。通过与他们的谈话发现，侄女表示，从小姑姑和姑父对其照料有加，像女儿一样，周末侄女都会来医院照料，平时下班即便不过来也会电话询问情况。二哥比较随和，他表示兄弟七个关系一直以来都不错，老四得了这个病，兄弟们会竭尽所能给予帮助，都会轮流来看望案主。

阶段三：本阶段主要运用同理心、积极关注、真诚的沟通技巧，了解案主身体、心理、经济状况等基本情况、面临的困境与需求。后期因为案主身体状况恶化，因疼痛不能开口说话，所以访谈了案主的妻子。

与案主妻子谈论后，社工对于案主面临的困境有了大致的了解。并向医生询问了案主的化疗方案，医生表示，每个患者的体质不同，医生很难控制化疗的最终效果，案主已经处于肺癌晚期，并伴随癌细胞转移，化疗的意义不是很大了。案主治疗过程中面临着身体状况恶化，遭受化疗折磨的生理困境；积蓄所剩无几，经济压力巨大的经济困境；案主情绪不稳定，出现对生死意义的认知障碍的心理困境。

阶段四：这一阶段主要是帮助案主解决所面临的生理、心理和经济困境。社工与医生沟通制订合适的化疗方案，尽可能减少案主身体上的痛苦；寻求民政部门的补助，减轻案主经济负担；减少案主的负面情绪，帮助案主对生死有正确的认识。

案主现有的职工医疗保险报销比例综合在 85% 上下，但案主治疗过程中所用到的药物多为进口药或者新药，进不了医保，医保仅仅只能报销住院费等小额医疗费。笔者帮助案主填写了大病医保申请书，并查询了大病医保申请流程。去医院医务处咨询了特殊病种申请流程。后期帮助案主向民政局申请到 5000 元的大病补助和工会报销额度，虽然金额不大，但案主知道后还是很高兴。

在寻求政府部门补助后，笔者找到了主治医生，了解患者化疗情况，医生表示，案主已经到了肺癌晚期，癌细胞也出现转移，化疗也只能够最大程度延长患者的生命。笔者叫来案主妻子和医生商量下一步治疗方案，医生建议转院去中医院，用中药进行保守治疗，减轻案主的痛苦，提高生命质量，希望案主安详地走完人生最后一段路。

案主经过几次化疗后，身心承受了巨大痛苦，心情失落。笔者与案主侄女、二哥沟通建议，在看望案主的时候多与案主讲讲话，转移他的注意力，减轻案主的痛苦，并一直安慰他能治好，给予案主信心，缓解案主恐惧忧虑的心情。

阶段五：倾听案主的未实现的愿望，对案主进行临终关怀，使其正确看待生死。陪伴案主走完人生最后一段路。同时对案主家属进行临终关怀，缓解家属因案主离世而产生的伤心，手足无措感。

随着病情的逐渐恶化，案主出现了左半边身体无知觉、僵硬的状况，医生根据脑部 CT 判断癌细胞可能转移进了脑部，所剩时间不多了。此时案主已经不能开口说话，但能听懂他人话语的意思。当笔者问案主还有什么愿望时，案主手指妻子，可见案主最大的担心是妻子。笔者通过叙事回顾法，帮助案主回顾以往经历，肯定案主人生的意义，并安慰案主，妻子会好好生活下去，让案主不要担心。

转院至中医院的第七天，医生表示已经没有必要再治疗下去了，估计案主生命即将进入倒计时，安慰案主的妻子，回家休养。

阶段六：通过悲伤辅导，缓解家属因案主离世而带来的悲伤感，帮助家属恢复正常生活。

案主从中医院出院回家的第二天晚上去世了,社工通过悲伤辅导,缓解家属的悲伤感,重建家属对生活、对未来的信心,协助家属恢复正常生活。

5.社工介入感受

社工作为一名社会工作专业的学生,在学校学习社会工作的理论知识,将理论与实际结合,也遇到很多困难,包括如何与案主及其家属沟通,安抚家属与患者的情绪;如何链接社会资源解决案主面临的困境以及对案主的妻子进行悲伤辅导等。能帮助案主缓解对肺癌的恐惧,正确看待生死,陪伴案主走完最后一段路,完成案主心愿,对家属进行悲伤辅导,帮助家属恢复正常生活,对于初次服务来说有很多经验值得总结学习。使笔者更好地认识到社会工作专业"助人自助"的基本原则,能用所学专业知识帮助他们是自己的荣幸。

(三)介入过程中存在的问题分析

在与癌症患者及其家属访谈过程中,笔者运用所学的社会工作知识,帮助案主解决现实困境,同时咨询社工机构老师,总结了案例分析中社工介入存在的问题,并提出相关建议。

1.开展服务中面临的障碍

在笔者介入癌症患者的过程中,遇到了许多问题,这些问题阻碍了医务社会工作介入癌症患者治疗。

(1)社会认知度低。

我国癌症患者人数逐年增加,癌症患者对医务社会工作存在巨大的潜在需求,但现阶段,我国开设医务社工部的医院寥寥无几,这对医务社工介入癌症患者带来了阻碍。

社会工作在我国发展还属于初级阶段,大众不了解社会工作者从事工作的具体内容、工作方法、工作原则等。

案主:社会工作?是护工吗?我不需要护工,我们没有钱。

社工:哦,罗叔叔,我不是护工,是社工,社会工作者。

案主:社会工作者又是什么,你来干什么?

笔者在介入案例时,案主及其家属将社工与护工画上等号,对社工有些误解,这直接导致了医务社会工作介入困境。由于患者及家属不了解,医务社会工作者在开展服务前首先做的往往是向患者解释"我"是谁、"我"是干什么等问题,这有可能影响医务社工开展服务的积极性,导致医务社工的介入效果不明显。

(2)专业技能要求与社会资源链接能力要求较高。

在介入案例过程中发现介入癌症患者治疗对医务社工提出了较高的要求,需要社工对患者及其家属进行专业的认知行为治疗、悲伤辅导、临终关怀等服务,要求社工有扎实的专业理论知识、心理学知识、社会工作专业技能等能力,如果社工掌握不好这些能力,也影响医务社会工作介入癌症患者治疗。

社工:阿姨,您有申请过大病补助和特殊补助吗?

阿姨:没有啊,我不知道要哪些材料,不知道怎么申请,再加上这边我实在走不开。

社工:阿姨,那我帮您写一下大病补助,再去医院医务处问问特殊病种需要的申请材料。

同时,医务社工需要整合社会资源,联系相关部门帮助案主,减轻案主及其家庭的压力,如果医务社工缺少链接社会资源的途径就不能帮主案主解决所面临的困境。

(3)医务社会工作专业人才的匮乏。

在我国,社会工作专业的推广还处于初级阶段,全国只有少数医院设立了医务社工部,多数医院基本没有社工的身影,现阶段大多数从事社工事业的人不是社会工作专业出身,或者没有接受过正统的社会工作教育和培训。虽然现在有高校开设了社会工作专业,每年的毕业生也有很多,但现实是绝大多数毕业生都从事了其他方面的工作,对口专业招人岗位少,工资水平不高,造成了社会工作专业大学生严峻的就业压力。专业人才的稀缺,导致了社会工作不能大范围开展服务的困境。

2.伦理问题

(1)代理患者行使知情同意权。

由于受到传统思想的影响,家属往往出于亲情,在癌症治疗过程中由患者亲属代理患者行使知情同意权的现象广泛存在。一方面,患者家属向患者隐瞒真实病情,认为善意的谎言能保证患者的生命质量和治疗效果;

社工:阿姨,当时得知检查结果时,您有没有告诉叔叔?

阿姨:当然没有,瞒着他,只跟他说肺部有结节,做个微创手术就会好了。

另一方面,在癌症治疗过程中,家属出于亲情不肯放弃治疗,患者被迫遭受疾病的痛苦,不能自主选择继续治疗还是放弃治疗。在访谈案主家属时,家属表示在医生告知癌细胞转移就说明患者没必要继续化疗,建议保守治疗,但家属还是不肯放弃一丝希望,选择更换化疗方案,从某种程度上导致患者遭受了更多的痛苦,降低了患者生命质量。家属代理患者行使知情同意权成为医务社会工作介入癌症患者治疗的一个伦理困境。

(2)临终关怀问题。

在中国传统文化中,存在着逃避死亡,拒绝谈论生死的问题,医务社会工作在介入晚期癌症患者治疗过程中,往往难以开展临终关怀。在介入案例案主过程中,笔者很少向案主及家属提起死亡,担心谈及死亡家属心理会崩溃,影响案主的情绪。死亡是人生中一件非常重要的事,但是很多人选择了忽略或者逃避,导致医务社工很难开展临终关怀服务。

(四)对策建议

面对医务社会工作介入癌症患者治疗的服务开展问题与伦理问题,应该从社会工作专业自身与政府政策两个方面分析,才能解决这些现实困境。从专业自身角度分析,医务社会工作应该加强宣传增加社会认可度,提高医务社会工作队伍建设,增强专业能力。从政府政策层面分析,需要出台相关政策,引导社会更好地认识社会工作、医务社会工作专业,推动医务社会工作的发展。

1.社会工作专业自身层面

医务社会工作乃至社会工作在我国的开展还处于初级阶段,社会公众缺乏认知。加强对社会工作的宣传,使公众了解社会工作专业的内容、理念和方式方法,提高公众的认知度与认可度。只有当人们对社会工作专业有一定了解,在面临困境时才会想到社会工作者,那么开展社会工作服务才有效果。

加强社会工作者队伍的建设。一方面,医务社会工作介入癌症患者治疗,要求社工具有心理咨询、整合社会资源、了解癌症知识等方面的能力,就需要加强现有社工队伍建设,包括提高社工的专业技能,学习社会工作专业理论,提高服务质量;另一方面,为社工专业学生营造好的就业实习环境,吸引更多的大学生加入到社工队伍,提高队伍的专业能力与知识水平。

2.政府政策层面

社会工作服务开展问题,归根结底还是政策制度方面的原因,政府应该制定有效的政策,鼓励社会工作发展,培养社会工作专业人才,推动社会工作的机构化发展。

政府应该出台有利政策,完善社会工作发展的制度,提高社会对社会工作的认知度与认可度,培养社会工作专业人才,同时营造良好的就业实习环境,吸引人才选择社会工作专业,壮大社会工作者的队伍,促进社会工作的发展。

在全国范围内推进医疗机构设立医务社工部门,扩大医务社工的覆盖面,同时完善相关制度体系,加快医务社工职业化发展,促进更多患者认识和接受医务社会工作,提高对医务社会工作服务的需要。

参考文献

[1] 国家癌症中心.2018 年中国癌症报告.[EB/OL].[2018-02-18].http://www.sohu.com/a/226139022_100120288.

[2] 国家癌症中心.2017年中国癌症报告[EB/OL].[2017-02-10].http://www.360doc.com/content/17/0605/23/16534268_660339055.shtml.

[3] 唐文.医务社会工作:医学人文关怀的使者[J].医学与哲学,2006,5(27):41-43.

[4] 刘继同.医务社会工作导论[M].北京:高等教育出版社,2008.

[5] 刘继同.美国医院社会工作的历史发展过程与历史经验[J].中国医院管理,2007,27(11):36-38.

[6] 芦鸿雁.日本医务社会工作的特征及其对我国的启示[J].医学与社会,2009,22(8):55-56.

[7] 洛克.政府论[M].北京:商务印书馆,1983:34-35.

[8] Kitchen Alice. Social work at the heart of the medical team[J]. Social Work in Health Care,2005,40(4):1-18.

[9] Miller J J. Role of a Medical Social Worker in Improving Quality of Life for Patients with Adavanced Cancer with a Structured Multidisciplinary Inter-vention[J]. Journal of Psychosocialoncology,2007,24(4):105-119.

[10] 杨桂林.加强医务社会工作人才队伍建设的探讨[J].中国卫生人才,2008(5):61.

[11] 李兵水,童玉林,吴桅.我国医务社会工作的现状与未来发展的思考J].福建医科大学学报(哲学社会科学版),2012,13(1):1-5.

[12] 郭雅娟,高丽娜.医务社会工作初探[J].社科纵横:新理论,2009(1):56-57.

[13] 李平,郭永松,吴水珍,张良吉,何晓凯.医务社会工作的功能定位及其在医患冲突中的作用[J].卫生经济研究,2009(1):34-35.

[14] 甄红菊.我国医务社会工作现状及对策[J].医学与社会,2013,26(1):58-60.

[15] 郭永松,吴水珍,张良吉,等.我国医务社会工作现状研究[J].医学与社会,2009,22(2):1-3.

[16] 刘岚.我国医务社会工作制度框架及政策研究[D].武汉:华中科技大学,2011.

[17] 马凤芝.北京市医务社会工作人才队伍研究历史现状与发展[J].南京医科大学学报(社会科学版),2015(4):251-255.

[18] 黄玉妹,黄政新,谭庆存.广西医务社会工作人才调查[J].卫生软科学,2008,22(4):252-254.

[19] 黄任飞.医务社会工作的实务探索——以深圳日月社会工作服务社实务操作为例[D].桂林:广西师范大学,2012.

[20] 马曌玄.医务社会工作嵌入性发展初期的路径分析[D].长春:吉林大学,2014.

[21] 刘新辉,刘剑峰,李月凯.癌症患者家属对肿瘤防治知识认知程度调查分

析[J].实用医药杂志,2017,34(1):60-61.

[22] 何铁强.中国癌症社会工作发展的可能路径[J].中国医院,2008(12):9-10.

[23] 刘芳,宫阳阳,张东航.基于优势视角分析取向下的癌症患者医务社会工作介入[J].青少年研究与实践,2015,30(4):67-71.

[24] 温锦旺.姑息照护中医务社会工作支持小组对癌症患者的干预作用[J].南京医科大学学报(社会科学版),2014(6):441-444.

[25] 何苗,张静.癌症患者心理弹性影响因素及干预措施的研究进展[J].中国护理管理,2015,15(7):880-883.

[26] Dennis Saleebey.优势视角:社会工作实践的新模式[M].李亚文,杜立婕,译.上海:华东理工大学出版社,2016.

[27] Elisabeth Kübler-Ross.论死亡和濒临死亡[M].邱谨,译.广州:广东经济出版社,2005.

[28] 何雪松.社会工作理论[M].上海:上海人民出版社,2007:59-72.

[29] 范明林,社会工作理论与实务[M].上海:上海大学出版社,2007.

[30] 宁波市疾病预防控制中心.2016 宁波癌症报告[EB/OL].[2016-04-23].http://www.nbcbc.org.cn.

[31] 国家统计局.2016 年统计年鉴[EB/OL].http://data.stats.gov.cn/easyquery.htm? cn=C01.

[32] 陈万青,李贺,孙可欣.2014 年中国恶性肿瘤发病和死亡分析[J].中华肿瘤杂志,2018,40(1):5-13.

(指导教师:赵琼)

附录1 访谈个案资料

编号	性别	年龄(岁)	职业	癌症种类	住院期限	治疗花费	照顾者
1	女	56	退休	直肠癌	3个月	7万元	女儿
2	男	58	保安	肺癌	3个月	10万元	妻子
3	女	62	个体户	胰腺癌	1个月	9万元	丈夫女儿和兄弟姐妹
4	男	41	木工	肺癌	3个月	3万元	妻子
5	女	57	家庭主妇	乳腺癌	2个月	15万元	丈夫的女儿
6	男	63	退休职工	肺癌	1个月	8万元	妻子和儿子儿媳

续 表

编号	性别	年龄（岁）	职业	癌症种类	住院期限	治疗花费	照顾者
7	女	58	退休职工	胰腺癌	2个月	7万元	丈夫和女儿
8	女	25	无工作	白血病	3个月	20万元	母亲

附录2 案例个案2介入过程访谈提纲

1.患者的年龄、文化水平和患病前从事的工作。

2.患者的身体状态，以及从确诊到出院整个过程中身体状态是怎么变化的。

3.患者住院时间有多长，看病期间总共花费金额，患者家庭经济状况如何。

4.患者是否参加了医疗保险，以及参保种类，报销比例是多少，是否向民政部门申请过援助。

5.患者在整个治疗过程中的心理情绪变化是怎么样的。

6.在看病期间主要是谁来照顾患者，如何照顾的。

7.对医务人员的服务满意程度，是否了解医生给患者制订的治疗方案，是否及时与医生进行沟通。

8.患者社会关系网络是怎么样的，家人朋友或其他人在治疗过程中是否提供过帮助。

9.询问家属整个治疗过程中有哪些压力，遇到过哪些困境，这些压力和困境是否得到缓解或解决。

大学生对同性恋的态度及其干预

郑 铮 13级社会工作

摘 要:本研究采用问卷调查法,使用外显态度测量和刻板解释偏差(SEB)测量相结合的方法来呈现大学生对同性恋的外显态度和内隐态度,并通过系统设计的同性恋课程对大学生的同性恋态度进行干预。结果发现,大学生对同性恋的外显态度较为积极,而对同性恋的内隐态度较为消极;大学生对同性恋的态度出现SEB效应,即对于同性恋的积极行为更容易进行外归因,对于同性恋的消极行为更容易进行内归因,而对于异性恋的态度则相反;经过系统课程的干预后,大学生对同性恋的外显态度和内隐态度都朝向积极的方向改变,并达到显著性水平。根据研究结果,我们认为在目前大学生对于同性恋的态度是分离的,并且通过教育改变同性恋态度干预是可行的。

关键词:大学生;同性恋;外显态度;内隐态度;干预

一、引 言

(一)研究背景

随着多元社会的兴起,同性恋作为其中一种亚文化逐渐进入大众视野。事实上,虽然同性恋并不属于心理疾病,但是却与心理疾病紧密联系在一起。大量研究表明,同性恋者相对于异性恋者有更高的心理疾病流行比率。他们具有更高的负性情绪、孤独感、抑郁感和无安全感;更容易抽烟、酗酒和自杀等。Ilan H. Meyer 提出少数群体压力模型,同性恋群体带有更高的心理疾病流行比率是因为社会偏见、歧视和污名化等因素,这些因素导致了一个充满压力和敌意的环境。同性恋群体的心理健康与生活状况离不开他们的社会环境,尤其是异性恋主体社会对于同性恋的态度。如何准确地测定人们对待同性恋群体的刻板印象并积极实施干预就显得尤为重要。

（二）文献综述

1. 态度研究

（1）态度的界定。

态度一直是心理学中的重要内容，但至今没有形成统一的定义，综合来看，态度是一种评价，其结构由认知、情绪和行为倾向组成。很早以前，人们一直认为态度是一维的，对待某一客体的态度是喜欢或者不喜欢的连续体，然而在1995年，Greenwald和Banaji等提出内隐社会认知的概念，认为人们对社会对象的认知、情绪和行为倾向受到过去的经验和已有态度的影响，这些影响以一种无意识的痕迹影响个体。由于内隐态度的提出，研究者们逐渐认识到无意识成分在态度中的作用，这种态度影响了人们对于外界的认知评价，人们却无法知觉到它。2000年Wilson在内隐社会认知的基础上提出了内隐态度的概念，认为人们能够同时对一个客体具有两种态度：一种是内隐的态度，另一种是外显的态度。这就导致了学者们在研究过程中不仅仅关注外显层面，也开始注意到内隐层面。

（2）态度的测量。

在早期的心理学研究中，人们研究心理的主要方法是内省法，人们假设人是能够清楚地感知到自己的心理活动，对于态度的测量也是主要依靠自我报告法等了解对于某个事物的态度以及在各个因素上的差异，人们呈现给被试一系列与态度对象相关的问题，通过其回答来评判其态度，但是人们很快就发现态度测量的结果并不能够接受很多社会行为，测量到的态度和可观察行为之间呈现弱相关，人们开始反思对于态度的研究。

在已有的研究中，人们测量内隐态度的方法主要是依靠当前流行的内隐联想测验（Implicit Association Test，IAT），这是基于反应时考察一个对象相对于另一个对象而言在某一属性上的联结强度，人们可以依据联结强度来进一步判定某个对象相对于另一个对象而言更为积极或者消极。然而，不少研究者对IAT的测量过程及其测量结果提出质疑。崔丽娟在对近年来关于IAT的研究总结发现，无论是IAT的结构效度、认知机制等，还是结果是否能够代表人的想法以及态度等都持怀疑态度。因此对于态度测量的方法选择尤为重要。有研究者开始关注刻板解释偏差（Stereotype Explantion Bias，SEB）在内隐态度测量应用中，即个体在与其刻板印象不一致的情境中表现出的解释偏差。由于从归因层面上切入内隐态度的主题，SEB指标所具备的特色在于巧妙地结合了人的归因与人的态度，利用个体从归因上所表现出来的解释性偏差来反映人的内隐刻板印象。Hastie最早提出解释偏差的概念，认为人们在面对与自己已有认知不相同的情况下会做出更多的解释行为来进行认知协调。俞海运系统地介绍了刻板解释偏差的测量方法以及测量过程,随后有不少研究开始关注刻板解释偏差测量。杨治良在对内隐地域刻板印象的研究中,将 IAT 与刻板解释偏差(SEB)进行比较,并认为,在内隐地域刻板印象的研究中,SEB 相对于 IAT 更符合真实情景,所获得的结果也更具有说服力。这进一步提示本研究将 SEB 应用于同性恋态度研究的优势。

2.同性恋态度研究

随着各地关于同性恋运动及同性恋婚姻合法化报道逐渐被人们知晓,关于同性恋的报道也不再只出现在社会猎奇或者艾滋病相关内容中。人们相信社会对于同性恋的态度越来越趋于缓和,大量的态度调查结果都证明了这一点。然而,双重态度模型认为人们能够同时对待同一客体存在两种态度,外显态度和内隐态度,这两者可能表现为相互矛盾,即人们对于同性恋的外显态度较为积极,而内隐态度较为消极,而传统的态度测量仅仅涉及前者。人们通过自我报告法获得的外显态度只代表着较容易获取或受社会称赞效应影响的结果,因此有必要通过外显态度和内隐态度相结合的研究来呈现人们关于同性恋态度的真实状况。

(1)外显态度的相关研究。

研究者们对外显态度的测量主要使用问卷法,以此来探究人们总体对于同性恋的态度以及在不同层面上的差异,较多涉及性别、年龄、教育水平以及接触经验等因素,在国外的研究中还会考虑到文化、宗教信仰等因素。Cotton-Huston 认为,大学生对于同性恋的认可普遍偏低,性别因素能够较大地预测大学生对于同性恋的态度。国内的一系列研究表明,大部分人都认为同性恋现象应该得到社会认可,仅有少数人对同性恋表示排斥,或者认为同性恋属于病态。相对于女同性恋来说,人们对男同性恋的态度更为严厉。王权红等的研究结果表明,大学生对同性恋行为了解程度较少。

在对于同性恋态度的影响因素上,Ohlander 在研究中发现受过教育的学生较少对同性恋持反对态度,Adamczyk 研究发现不同宗教信仰被试在对于同性恋态度上存在较大差异,Sakalli 发现,对于同性恋认知程度较低的、对待外界事物较为保守的学生对于同性恋的态度相对较为消极,与同性恋的接触经验也能够显著影响人们对于同性恋的态度。研究发现,相对于城市学生,农村学生对待同性恋的态度更为严厉。陶梦馨等发现在性别变量上,女性相对于男性对待同性恋的态度更积极。张冠等发现有同性恋接触经验或者有好朋友是同性恋者的被试对于同性恋的态度更加宽容,刘璟璇等发现自身的性倾向也会影响对同性恋的态度。

（2）内隐态度的相关研究。

学者很少对内隐态度单独进行测量，大部分是与外显态度结合研究，发现社会对于同性恋的内隐态度往往较为中立或消极，并且，在外显态度中所表现出来的影响因素往往在内隐态度上无法得到体现。在内隐态度研究中，Breen等使用 SC-IAT 测量内隐态度发现，人们对于男同性恋的内隐态度是较为中立的，对于女同性恋的内隐态度较为积极。刘婉娜等人发现，在关于同性恋内隐态度倾向上，结果一致表明，大多数学生对于同性恋持有相对消极的内隐态度。有研究认为，大学生对于同性恋消极的内隐态度可能是由于认知不足，而不存在学科和性别之间的差异的原因。也有学者认为，性别、民族、宗教信仰，是否接触过同性恋，专业和年级的人口学变量上不同，对于同性恋的内隐态度并无显著差异。

（3）外显态度和内隐态度结合的研究。

学者们大多结合外显态度问卷、IAT 或者 IAT 的变式来测量对同性恋的外显态度和内隐态度的关系，结果表现为同性恋的外显态度普遍较为积极，内隐态度仍较为消极，两者表现为相互分离和矛盾的状态。Steffens 在研究中发现性别倾向和周围环境的不同，人们对于同性恋的内隐态度也不一致。牛森在双重态度模型的基础上，对近十年来中国对同性恋态度研究的总结分析中发现，近几年的大学生对同性恋的外显态度较为宽容，但内隐态度一般较为消极，内隐态度和外显态度分离。刘予玲同样使用外显的测量方法和 IAT 方法来分别测量大学生对于同性恋的外显态度和内隐态度，结果发现，在外显态度上，女大学生相对于男大学生来说更为宽容，但是在内隐态度上不同性别不存在差异。

3. 关于同性恋态度改变的研究

已有许多学者在关于干预个体对同性恋的态度上做出了探索，试图减少个体对同性恋的偏见并比较不同干预方法的有效性。Ben 在研究中发现，对于三年级的社会工作专业大学生在课程上进行干预能够显著改变大学生对于同性恋的态度。Oldham 发现，对被试提供关于男同性恋的生物学信息能够使原本态度较为消极的被试变得更为宽容，而对原本态度较为积极的被试变得更消极，Stevenson 发现对被试进行教育能够有效改变大学生对于同性恋的态度，降低人们对于同性恋的恐惧和偏见。国内的研究中，吕少博通过运用引导大学生对同性恋进行不同归因的方式来试图改变大学生对于同性恋的态度，结果发现对同性恋进行遗传归因相对于对同性恋进行环境归因更会带来对同性恋态度的积极改变。刘予玲的研究发现，使用评价性条件反射技术能有效改变被试的外显态度，但是对内隐态度没有影响。贺小茜采用想象接触的方式来考察干预对于同性恋态度的有效性,结果发现,想象接触能够显著减少大学生对于同性恋消极的外显态度,然而对于消极的内隐态度上并没有达到显著性。

(三)提出问题

在目前已有的研究中,大多数的研究仍集中于对同性恋外显态度的调查,按照双重态度模型,外显态度仅仅是态度的一部分,代表的是较为容易获取并且满足易变性的特点,容易受到社会称赞效应的影响,即人们可能为了得到社会认可而有意或无意地拒绝报告自己的真实态度。因此,我们在测量态度时除了需要测量人们对于同性恋的外显态度,更需要测量较为稳定、难以获取的内隐态度。但是在仅有的关于同性恋的内隐态度测量方法上,几乎所有研究都在使用IAT,虽然这一方法有自身的优势,但是仍存在不少不足,例如它仅仅是作为一种相对测量或者测量结果的情境性较低等等,刻板解释偏差(SEB)作为一种独具魅力的方法在测量人们对同性恋的态度上值得关注。但是截至2017年1月,笔者以SEB或刻板解释偏差为关键词在中国知网上搜索时发现,目前的研究主要是关于地域、性别或学科等,没有涉及同性恋主题的内容,众所周知,同性恋话题一直与艾滋病、不良性行为等问题相关,伴随着较多负面信息,与之而来的是各种消极的态度与偏见。因此,结合刻板解释偏差的方法来准确测量人们对于同性恋的真实态度具有一定的理论价值。

由于对于同性恋消极的负面态度,同性恋遭受着歧视、攻击等不公正的社会待遇,在日常生活、事业和家庭中面临着种种危机,从而严重威胁着同性恋的心理健康。大学生代表了具有较高素质的青年群体,对大学生关于同性恋的真实态度的调查以及干预,有利于了解社会对同性恋人群的认同和接受状况及发展方向。笔者总结以往对同性恋态度的影响因素发现,目前人们对于同性恋的认知不足,可能是造成人们对于同性恋偏见的主要因素之一,各个群体普遍缺乏对同性恋的正确认知;另一方面,教育能够显著影响人们关于同性恋的态度。由于同性恋知识的普及的不足,人们缺少良好的渠道去全面正确地了解同性恋这一群体,人们获取关于同性恋的信息,形成对同性恋认知的途径主要依靠新闻媒体。传统新闻媒体是服务于异性恋为主体的社会审美,在新闻报道中往往会丑化或者更多倾向于同性恋的负面形象,人们从媒体中获得的信息是片面的或是带有歧视性的,改变大学生对于同性恋的偏见离不开提升大学生对于同性恋的认知。郑维廉的研究发现,对同性恋偏见的核心因素是对同性恋的认知不足,而从认知入手是改变偏见最主要的方面。因此,我们希望通过在课堂上开设关于同性恋的课程来影响大学生对于同性恋的认知,进而改变大学生对于同性恋的偏见。

(四)研究假设

(1)大学生对于同性恋的外显态度较为积极,内隐态度较为消极,两者表现为相互分离的状态,相对于女同性恋而言,大学生对男同性恋的态度更为消极。

(2)人们对待同性恋的内隐态度存在 SEB 效应,即人们对于同性恋倾向于出现归因偏差,而对于异性恋此偏差将不会出现,且此偏差不受性别影响。

(3)在外显态度上,是否有与同性恋的接触经验、是否有好朋友是同性恋是否能够显著影响人们对于同性恋的外显态度。

(4)通过系统地干预能够显著地改变大学生对于同性恋的外显态度和内隐态度。

二、研究一:学生对于同性恋的态度

(一)研究方法

1.研究对象

选择浙江财经大学和浙江理工大学的在校大学生为研究对象,以教学班为单位,在课堂上发放问卷,当堂回收。外显态度问卷共发放 154 份,回收有效问卷 146 份,其中,被试中男生 54 人,女生 92 人;内隐态度问卷共发放 130 份,回收有效问卷 108 份,其中,被试中男生 42 人,女生 66 人。具体被试构成可见表2.1,其中两个教学班作为研究二的实验组和对照组。

表 2.1 被试人数构成

	总人数(人)	男性(人)	女性(人)
外显态度	146	54	92
内隐态度	108	42	66

2.研究工具

(1)同性恋外显态度量表。

本研究采用的同性恋外显态度量表是庾泳等人设计的量表,该量表分为男同性恋、女同性恋两个性别层面,共 20 个题目,在因子分析中能够提取出 3 个公因子,包括社会交往、情感反应以及道德评判。在信度水平上,问卷的重测信度为 0.959,内部一致性信度 Cronbach's α 系数为 0.90,分半信度为 0.91;在结构效度上,按特征根大于 1 来提取 3 个公因子,问卷累积方差贡献率为54%,问卷采取五级评分。

（2）同性恋内隐态度量表。

本研究对于测量大学生的同性恋内隐态度主要采用刻板解释偏差的方法，该测量方法主要运用归因作为切入点，来测量人们对于某些群体是否存在刻板印象或消极的内隐态度，研究者通过计算在不同的情景下，人们对于不同主题所做出的归因数量与归因性质来计算 SEB 值，并对 SEB 值进行分析来检验是否存在 SEB 效应，即人们对于同性恋（消极内隐态度对象）的积极行为可能会做出更多归因数量或外归因，因为这与他们消极的内隐态度不符合，他们需要做出更多的解释或者外归因来进行认知协调；但人们对于同性恋的消极行为，他们可能会做出更少的归因数量或内归因，因为这与他们消极的内隐态度相符合，他们会更多地认为这是同性恋本身的原因造成的，会产生"他们就是如此"的感受。该方法的特点在于它利用被试对不同社会群体的行为结果进行归因，来分析他们在态度上是否存在刻板印象，或者他们由于对社会群体的刻板印象是否对其信息加工过程中发生了影响。由于对归因性质进行操作相较于对归因数量进行判定更能真实反映人们的态度，被试在操作过程中也相对较为简便，因此，笔者主要通过判定被试对于不同结果进行归因解释的性质来评判被试是否存在 SEB 效应。

在实验过程中，被试需要回答一系列的问题来测量是否存在 SEB 效应。问卷一共包括 25 个题目，所有问题仅向被试提供前半句（主要是事件的结果），而被试需要根据自己的推测来对前半句发生的结果回答原因。相关事件借鉴以往的研究，由研究者代入同性恋主题自编生成。在这 25 个问题中，有 16 个问题是与我们所要研究的主题相关的，而其他 9 个句子则与我们的主题无关，称为中性句子。在这 16 个问题中，行为主体是同性恋和异性恋的问题各占 8 个，其中，4 个为涉及积极行为的事件，4 个为消极行为事件。为了检查是否存在不同性别效应，男同性恋和女同性恋的事件各占一半。详细的问题分类可见图 2.1。

另外在问卷设计中，为了平衡被试在回答问题时所存在的练习效应和疲劳效应，问卷被设计为正序和倒序两种版本，并随机发放。

3. 施测顺序

问卷测试是以团体施测的形式在课堂前进行，由主试说明指导语，被试按照指导语的要求完成整个测验，尽量规定被试在 20 分钟内完成整个测验，问卷完成后当场回收。不少学者认为在测试顺序选择中，如果事先使用外显态度测量可能会对随后的内隐态度测量产生影响。因此，我们在研究中，对外显态度测量与内隐态度测量是分别进行，让大学生首先完成内隐态度量表，再完成外显态度量表，两次测验间隔一周时间，通过密码进行匹配。

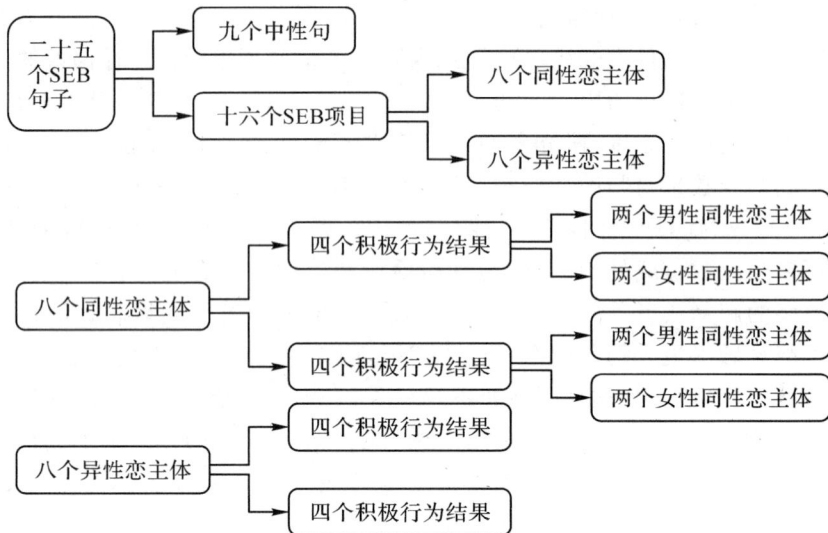

图 2.1　内隐态度问卷构成

4.数据处理

研究由浙江财经大学社会工作专业学生协助完成,在施测前,对他们进行培训,让他们了解本研究的目的以及施测过程中应该注意的问题。

外显态度量表:由社会工作专业学生对收集进来的数据进行录入,所有数据使用 SPSS17.0 统计软件进行描述性统计、t 检验和方差分析。

内隐态度量表:我们在对被试回答结果进行内、外归因分类时,邀请了两名修读过《心理测量》的学生,以及对内、外归因进行讲解,其间没有吐露出我们所要研究的内容,为了排除实验者倾向的影响。两名评定者需要对每份问卷进行独立判断:(1)被试填写的内容是重复了前半句的意思或者是难以做出内、外归因,记分为无效回答;(2)如果评定者认为被试的回答是属于有效回答的话,需要进一步判断被试的回答是属于内归因还是外归因,并做出相应的记分。两位评定者的编码有高相关($r=0.86,p<0.01$),这样确保了被试提供归因价值,可以进一步计算 SEB 效应。

在实验中,我们参考了以往使用 SEB 理论来进行内、外归因性质研究中的处理方法,并结合问卷设计的内容,分别计算出每位被试对不同行为主体(同性恋或异性恋)在不同行为条件下(积极行为或消极行为)所做出的归因性质的频次,从而得到 12 个分数:(1)主语为男同性恋,所做的行为为积极行为或消极行为的情境下,所得到的外、内归因数量;(2)主语为女同性恋,所做的行为为积极行为或消极行为的情境下,所得到的外、内归因数量;(3)主语为异性恋,所做的行为为积极行为或消极行为的情景下,所得到的外、内归因数量。依据以往的研究,我们在计算是否存在SEB效应时,是通过分别将不同主体在消极结果情境下的内、外归因数量减去积极结果情境下的内、外归因数量。

(二)研究结果

1. 大学生对同性恋的外显态度

(1)大学生对同性恋外显态度总分。

所有被试大学生在外显态度上的得分分布情况见表2.2。

表2.2 同性恋外显态度总分

	M	SD
总分	68.35	20.92
男同性恋态度	32.90	11.16
女同性恋态度	35.45	10.77

将被试所得总分与60分(以3分作为临界值)做单样本t检验,大学生对于同性恋的态度在总分、男同性恋态度、女同性恋态度三个变量上均显著高于临界值(t值分别为4.71,3.06和5.97,p<0.001),因此我们认为大学生对同性恋的外显态度较为积极。

(2)大学生对同性恋外显态度的性别差异。

对被试所得分数进行重复测量方差分析,以2(性别:男性、女性)×2(态度对象:男同性恋态度、女同性恋态度)进行分析,我们能够发现,男女态度的主效应显著,F=43.834,p<0.01;男女态度与被试性别之间的交互作用显著,F=30.708,p<0.001。

性别的主效应表明,女性表现出比男性更为积极的态度。为了进一步检验交互作用,我们分别在男生样本和女生样本中采用配对样本t检验来分析大学生关于男同性恋和女同性恋的态度差异。结果表明(见表2.3),男性被试对男同性恋的评分显著低于女同性恋,女性被试在对待男同性恋和女同性恋的态度上没有表现出显著性差异。

表2.3 性别对大学生对同性恋外显态度差异比较

性别		M	SD	t
男	男同性恋态度	29.65	10.36	−5.60***
	女同性恋态度	36.20	8.55	

性别		M	SD	t
女	男同性恋态度	34.51	11.24	1.18
	女同性恋态度	35.09	11.74	

注：* 代表 p＜0.05，** 代表 p＜0.01，*** 代表 p＜0.001，下同。

（3）与同性恋的接触经验对大学生对同性恋态度的影响。

不同的同性恋接触经验在同性恋外显态度量表得分见表 2.4，是否接触过同性恋在同性恋外显态度上有显著差异，曾经与同性恋有接触经验的被试相对于没有接触经验的被试对于同性恋的态度更为宽容和接受。

表 2.4　与同性恋的接触经验对大学生对同性恋的影响比较

是否接触过同性恋		M	SD	t
总分	是	74.35	18.57	−4.05**
	否	60.55	21.21	
男同性恋总分	是	35.76	9.82	−3.59**
	否	29.16	10.68	
女同性恋总分	是	38.59	9.86	−4.10**
	否	31.39	11.56	

注：* 代表 p＜0.05，** 代表 p＜0.01，*** 代表 p＜0.001。

（4）是否有好朋友是同性恋对大学生同性恋态度的影响。

对不同亲密接触同性恋经验进行独立样本 T 检验发现（见表 2.5），是否有好朋友是同性恋这一变量在同性恋外显态度上有显著差异，有好朋友是同性恋的被试相对于没有好朋友是同性恋的被试对于同性恋的态度更为宽容和接受。

表 2.5　是否有好朋友是同性恋对大学生同性恋态度的影响比较

	是否有好朋友是同性恋	M	SD	t
同性恋态度总分	是	78.03	20.10	3.21***
	否	65.22	20.30	
男同性恋态度	是	37.59	10.17	2.89***
	否	31.38	11.09	
女同性恋态度	是	40.44	10.61	3.21***
	否	33.84	10.36	

注：* 代表 p＜0.05，** 代表 p＜0.01，*** 代表 p＜0.001。

2.大学生对同性恋的内隐态度

(1)内、外归因条件下的 SEB 分数。

在本研究中主要包括四种:①同性恋消极行为情境下所做的内归因数量减去同性恋积极行为情境下所做出的内归因数量,简称(FM-FF)内;②同性恋消极行为情境下所做的外归因数量减去同性恋积极行为情境下所做的外归因数量,简称(FM-FF)外;③异性恋消极行为情境下所做的内归因数量减去异性恋积极行为情境下所做出的内归因数量,简称(MF-MM)内;④异性恋消极行为情境下所做出的外归因数量减去异性恋积极行为情境下的外归因数量,简称(MF-MM)外,并且所得的结果进行单样本 t 检验,与 0 做比较,观察是否存在差异,见表 2.6。

表 2.6　SEB 分数

	M	SD	t
(FM-FF)内	0.8194	1.60	4.359**
(FM-FF)外	−0.9167	1.50	−5.157**
(MF-MM)内	−1.5417	1.24	−10.516**
(MF-MM)外	1.5139	1.23	10.416**

从表中可知,被试对于同性恋主体所做出消极行为的情境下的内归因比在与同性恋主体所做出的积极行为的情境下的内归因数量要显著得多;而对同性恋的外归因恰恰相反。即被试对于同性恋主体所做出的消极行为更多归因于个人的内部因素,而对于与同性恋做出的积极行为更多地归因于外部因素。

相对而言,被试对于异性恋主体所做出积极行为的情境下的内归因比在异性恋主体所做出的消极行为的情境下的内归因要显著得多;而对于异性恋的外归因也相反,即被试对于异性恋主体所做出的消极行为更多地归因于个人的外部因素,对异性恋主体做出的积极行为更多地归因于个人的内部因素。

(2)SEB 分数的性别分析。

在此部分中,将针对男性同性恋主体在消极情境下所做出的内归因数量减去同性恋主体在积极情境下所做出的内归因数量,简称男(FM-FF)内;类似的还有男(FM-FF)外、女(FM-FF)内、女(FM-FF)外。

我们进一步对所得结果进行单样本 t 检验,所得结果见表 2.7。

表 2.7　不同性别 SEB 分数

	M	SD	t
男（FM-FF）内	0.5278	0.99	4.512***
男（FM-FF）外	−0.4861	1.03	−3.987***
女（FM-FF）内	0.2917	0.93	2.443*
女（FM-FF）外	−0.4306	1.01	−3.921**

从表中可知，无论是男性同性恋主体还是女性同性恋主体，被试对于他们所做出的消极行为的情境下的内归因比在与同性恋主体所做出的积极行为的情境下的内归因数量要显著得多。而对于同性恋的外归因恰恰相反，即被试无论是对于男性同性恋还是女性同性恋，都更多地将同性恋主体所做出的消极行为归因于个人的内部因素，而对于同性恋做出的积极行为更多地归因于外部因素。

对被试的所得内归因差异分数使用 2（性别：男、女）×2（态度对象：男同性恋、女同性恋）重复测量方差分析，我们发现，态度对象的主效应显著，F＝3.42，p＜0.05，态度对象与性别的交互作用不显著，F＝0.13，p＞0.05，态度对象的主效应表明，对男同性恋的（FM-FF）内得分显著高于女同性恋的（FM-FF）得分。同样地，对被试的外归因差异分数使用 2（性别：男、女）×2（态度对象：男同性恋、女同性恋）重复测量方差分析，结果为态度对象的主效应不显著，F＝2.14，p＞0.05；态度对象与性别的交互作用不显著，F＝0.01，p＞0.05。

（三）讨论

1. 大学生对于同性恋外显态度分析

本研究结果表明，大学生对于同性恋外显态度是较为接纳的，无论是对于男同性恋还是女同性恋，甚至有不少被试表现出对同性恋明显地接受，而对于同性恋持明显拒绝态度的被试很少，这与近年来关于同性恋的研究结果基本相似。唐日新认为，传统文化、认识因素、群体影响和接触程度等在影响人们对于同性恋的态度上占主要作用。随着多元文化不断冲击着传统文化，尊重他人和理解他人逐渐被大众所认可。人们逐渐开始接受同性恋，认同同性恋的性取向，人们更容易认可人人平等等类似的观念。而随着近些年来同性恋运动以及学者对于同性恋群体的研究越来越多，人们开始建立起对于同性恋的正确认知，了解到同性恋的形成原因以及他们与异性恋的区别等，大众媒体也开始站在客观中立的角度向公众展示同性恋的形象，促进了公众全面地了解同性恋，接受同性恋；另一方面，在研究中也发现，以往与同性恋的接触经验能够显著地改善人们对于同性恋的外显态度,这与许多研究的结果是相同的。

2.大学生对于同性恋内隐态度分析

本研究所得结果与以往研究基本一致,人们对于同性恋的内隐态度更为消极。由于我们所采用的是 SEB 测量方法来测量人们对于同性恋的态度,来探讨对于不同情景下大学生所做出的归因性质。我们可以认为,大学生更容易对于同性恋的积极行为产生外归因,对同性恋的消极行为更容易产生内归因;而对异性恋的态度恰恰相反,人们对异性恋的积极行为更容易产生内归因,对异性恋的消极行为更容易产生外归因,并且这种偏见不论是对于男同性恋还是女同性恋都是存在的。Crocker 等人的研究表明,内部归因更容易发生在与刻板印象一致的情境中,而外部归因更容易发生在与刻板印象不一致的情境中,这样才能够达到维护自身刻板印象,保持自我的稳定性的目的。我们可以从上面得知,人们对于同性恋发生消极行为更符合传统的认知习惯,人们也认为“同性恋就是更容易做出一些糟糕的行为,同性恋就是如此”等,在归因时更多认为是内部因素,而在同性恋发生积极行为时,被试更倾向于去寻找一些外在的原因。而在异性恋主体发生消极行为时,被试较少地联想到“异性恋就是如此,这是异性恋自身的原因”,他们可能更容易出于保护自我价值,联想到外部环境或者他人影响的因素。这说明,人们对于同性恋和异性恋产生的认知习惯有所不同。这与社会认同理论的观点基本一致,个体希望得到和维持积极的社会认同,对自身所属团体的评价需要参照其他相关团体通过社会比较来进行。人们通过比较同性恋,对自己所属的异性恋赋予更高的评价,来获得积极的社会认同;另一方面,有学者认为内隐态度形成过程较为缓慢,要通过大量学习和经验积累。个体在成长过程中,会不断受到传统文化和媒体的渲染,从上一代中关于同性恋禁忌中刚刚走出来;而媒体在报道过程中,又一度地对同性恋进行污名化,人们对于同性恋的态度仍然较为负面。

3.同性恋外显态度和内隐态度的关系

在前面的研究中,我们发现大学生对于同性恋的外显态度与内隐态度是不一致的,两者是发生分离的。这与以往的研究结果相一致。这与前面所假设的双重态度模型基本一致,即人们对同一态度客体能同时具有两种不同的评价:一种是自动化的、内隐的态度,另一种是外显的态度。Wilson 和 Lindsey 进一步提出,当出现双重态度时,内隐态度是自动被激活的,而外显态度是需要相对较多的心理资源从记忆中检索,当人们主动地对外显态度进行检索时,并且能够超越内隐态度时,人们才会报告外显态度;当人们没有能力和动机去外显态度时,他们仅会报告内隐态度。在研究中,两种态度不同的原因可能是分别激活了这两种不同的态度。另一种观点是,人们在回答外显态度的问题时,可能会受到社会赞许的影响,使自己表现得更为宽容,而这种宽容是一种有条件的"旁观者的宽容",人们可能仅仅是有意无意地对同性恋表现得更为接纳来迎合社会主流价值观。

三、研究二：学生对同性恋态度的干预

(一)研究方法

1.研究对象

研究对象来源于两个教学班,实验组对象为浙江财经大学"婚恋与法律"第8、9节课程的所有学生,共44人,其中男性17人,女性27人,外显态度前后测配对人数为30人,内隐态度前后测配对人数为31人;对照组对象为浙江理工大学随机一个班级所有学生,共45人,其中男性18人,女性27人,外显态度前后测有效配对人数为34人,内隐态度有效配对人数为29人。

2.研究设计

本研究采用2(前、后测)＊2(实验组、对照组)＊2(外显态度、内隐态度)的混合设计,其中前、后测和外显态度、内隐态度作为被试内变量,实验组、对照组作为被试间变量。在课程开始时第三周,向实验组和对照组实施前测,在同性恋课程讲述之后,向实验组和对照组实施后测;对于实验组,我们在课程上采用性观念重塑培训的方式来讲述课程,对于对照组,我们在课堂上讲述与同性恋无关的内容,实验组和对照组的区别在于是否通过我们的新观念重塑的课程来获得新的性知识、改变对同性恋的性态度。

3.干预方案

以浙江财经大学公选课程"婚恋与法律"为载体,在课程中主要通过参照国内已有的《性科学》中关于同性恋知识的内容,以及适当地参考国外性态度重建程序(SAR)的内容,来组成课程中关于同性恋主题的内容。课程的形式包括心理学教师对同性恋知识进行讲解、幻灯片演示、小组讨论、科普视频以及通过发放近期关于同性恋事件的新闻事件来让学生进行同性恋知识收集和讨论等。具体课程内容可见表3.1。

表 3.1 课程主要内容

第一次课程	第二次课程
1. 建立起同性恋意识:关注身边的同性恋事件 2. 同性恋的起源、发展、基本特征 3. 对同性恋的态度:自己与同性恋的关系,讨论对于同性恋的接受程度 4. 同性恋的成因:先天习得还是后天生成 5. 同性恋的特征以及去罪化 6. 讨论:同性恋是否应该被歧视? 7. 对近期同性恋歧视案件进行讨论 8. 观看同性恋视频、电影:TED 9. 中国的同性恋文化与发展 10. 从理论上对同性恋现象进行解释:现象学、酷儿理论、社会认同理论 11. 讨论:同性婚姻是否应该合法化?	1. 课前提前一周发放近期同性恋新闻材料:近期华科反同事件 2. 提前布置讨论题目:a. 同性恋是否相对于异性恋更糟糕;b. 我们能否通过干预来改变同性恋性取向;c. 作为异性恋,我们该如何对待同性恋。请班级同学上台组织报告讨论的内容 3. 播放视频、图片资料 4. 联合国关于改变同性恋歧视的呼吁 5. 同性恋婚姻合法化的理由 6. 世界各国同性恋婚姻现状 7. 世界各国同性恋运动 8. 播放影视资料 9. 讨论对于同性恋的感受 10. 讲述尊重、接纳等

干预方案具体设计思路为:

(1)认知调整干预。态度的构成主要由认知成分组成,人们在面对复杂的世界时,会将认知"完形"成一个内在完成的系统,这样人们在加工外界信息的时候能够较为轻松地处理。而正是因为这个"完形"的认知系统,人们因此可能会存在一定的认知偏向,会选择性地接受满足自己的认知倾向信息,同时拒绝不满足自己的认知倾向信息。因此,一般可以提供正面完全的信息来否定原有的认知,因为信息不足往往会导致错误的推论结果。认知协调理论认为,人们在发现自己的认知与周围信息不符合时,就会产生压力、紧张或压迫感等反应,人们为了缓解内在的压力,会改变原有的态度。

(2)态度"劝说"。在整个信息传播的过程中,沟通者与接收者之间的信息加工过程也尤为重要。我们之所以选在课程上进行认知态度改变,是因为在态度改变过程中,传播者的权威性、吸引力和目的动机等占据较大的作用。一方面,在课堂授课过程中,教师作为知识的掌握者,并且作为"免费"的知识提供者,本身的权威与动机更容易让人相信知识的真实性;另一方面,信息的接收者本身态度的参照点也起着重要的作用。

(3)从众和平行教育原则。人们本身对同性恋缺乏了解的情况下,或者说人们对于同性恋没有态度时,对于同性恋的态度更多的是参考外部信息,人们会受到周围环境与规范压力的影响形成自己的态度。因此,我们可以通过改变整个参照群体的总体态度进而影响各个成员的态度,团体规范的压力和舆论的压力能够较为有效地影响成员的思想态度,从众现象能够在人们形成自己的行为参考对象时参考周围成员。这与苏联教育家马卡连柯提出的"平行教育影响"原则相似，他认为在教育时，不应该独立对个体进行教育，而是将个人融入群体之中，通过集体教育，进而影响集体中各个成员。随着团体常模的改变，所有成员会自发做出相应的调整。同样有大量研究发现，信息被呈现的次数越多，人们对信息的接受程度就越高。但是又存在"过度曝光效应"，因此信息呈现的次数不能够过多，我们在课程设计时，选择在两次课程上重复讲述关于同性恋方面的内容。

（4）自我说服。我们设计了大量讨论的内容，因为人们在进行讨论时，需要收集大量相关信息，并且去代入两方论点或者是按照我们预设的观点来组织回答问题，人们更多的是自己说服自己来达成题目预设的观点，这与态度改变中的自我说服类似。人们构建出一个题目要求的角色，代入这个角色形象，并且让自己也相信这个角色所具有的性格、观念和情绪等。这种说服效果是很有效的，当人们主动进行扮演同性恋活动时，人们更多的是主动对抗自己的各个偏见，全神贯注地投入进这个角色之中，并进而说服其他人。Watts 曾经在实验中，让积极组被试讨论某一项公共政策的建议，并做出积极的"说服性的论证"文章。结果发现，进行过讨论并做出积极政策建议的被试相对于阅读组来说表现出对于公共政策更积极的态度，并且积极态度能够长时间保持下来。这也证明了积极投入的信息更能够带来持久难忘的态度改变。

（5）价值观教育。价值观是人对事物进行思考，并存在一定的价值取向作用，能够极大地影响个人对于周围事物的态度，大量研究显示，社会工作专业学生相对于其他专业学生而言，对同性恋的态度更为积极，究其原因，是因为尊重、接纳、同理心和积极关注等是社会工作专业的基本价值观，也是将个体与个体联系起来的桥梁。在课堂上讲述基本价值观，帮助被试理解和内化这些内容，能够帮助被试真正理解作为"人"的尊严与独特性，打破个体对于团体和个人的隔阂，从根本上消除偏见的根源，树立人类命运共同体意识。

在选择信息的内容方面，为了客观全面地展现同性恋的各个方面，我们主要参考国内已有的关于同性恋教育课程以及结合近期新闻热点和国内外同性恋活动范例等，内容的关键点包括传递"同性恋不是病""同性恋歧视现状""同性恋是先天的"等启动态度改变的核心要素，并且在教学方法中结合"设计教育法""学生全过程参与教学法""深度讨论法"等方法和技巧进行阐述，帮助学生进行理解。

（二）研究结果

1.大学生外显态度前后测差异

通过不同时间点两组被试在外显态度的得分可知，接受过实验处理的被试总分显著高于未接受过实验处理的被试。对分数进行 2（组别：实验组，控制组)×2(时间点:前测,后测)的重复测量方差分析,结果显示(见表3.2),前后测的主效应显著,F=6.71,p<0.01;前后测与班级的交互作用显著,F=20.16,p<0.01。

表3.2 外显态度前后测方差分析

方差来源	SS	df	MS	F
前后测	150.17	1.00	150.18	6.71***
前后测×班级	451.46	1.00	451.46	20.16*

对大学生外显态度进一步进行配对样本t检验,检测两个小组前后测的结果差异,结果见表3.3,实验组后测的外显态度显著高于前测,对照组前后测差异不显著。

表3.3 外显态度前后测配对t检验(M±SD)

	实验组			对照组		
	前测	后测	t	前测	后测	t
总分	72.04±17.78	78.67±13.78	−4.37***	71.15±7.92	69.42±8.79	1.641

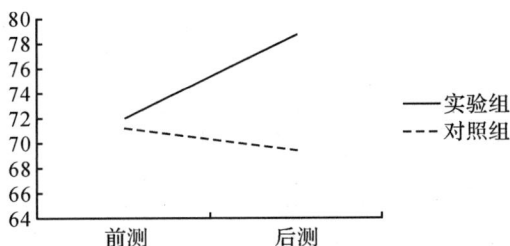

图3.1 外显态度前后测得分比较

2.大学生内隐态度前后测差异

对于不同时间点,两组被试在内隐态度上的结果可得,接受过时间处理的被试对于同性恋的态度更为积极,我们对不同情境下内归因数量差异分数2(组别:实验组,对照组)×2(时间点:前后测)×3(态度对象:异性恋,男同性恋,女同性恋)进行重复测量方差分析,结果显示,态度对象的主效应显著,F=160.4,p<0.01;态度对象与班级的交互作用显著,F=9.86,p<0.01;前后测与班级的交互作用不显著,F=0.01,p>0.05,态度对象和前后测的交互作用不显著,F=2.76,p>0.05;态度对象与前后测与班级的交互作用显著,F=10.88,p<0.01,见表3.4。

对不同情境下外归因数量差异分数2(组别:实验组,对照组)×2(时间点:

前后测）×3（态度对象：异性恋，男同性恋，女同性恋）进行重复测量方差分析，结果显示，态度对象的主效应显著，F＝257.2，p＜0.001，态度对象与班级的交互作用显著，F＝7.46，p＜0.01；前后测与班级的交互作用不显著，F＝0.1，p＞0.05，态度对象和前后测的交互作用不显著，F＝2，p＞0.05；态度对象与前后测与班级的交互作用显著，F＝9.06，p＜0.01，见表3.5。

表3.4　内归因差异前后测方差分析

方差来源	SS	df	MS	F
态度对象	350.94	1.8	191.93	160.4***
态度对象×班级	21.57	1.8	11.8	9.86**
前后测×班级	0.92	1.0	0.92	0.34
态度对象×前后测	4.32	1.9	2.28	2.76
态度对象×前后测×班级	11.45	1.76	6.48	6.5***

表3.5　外归因差异前后测方差分析

方差来源	SS	df	MS	F
态度对象	357.3	1.7	208.9	157.2***
态度对象×班级	16.95	1.7	9.9	7.46**
前后测×班级	0.1	1.0	0.1	0.1
态度对象×前后测	3.05	1.96	1.56	2.0
态度对象×前后测×班级	13.8	1.87	7.4	9.06***

进一步对实验组被试前后内隐态度得分进行配对样本 t 检验，结果显示（见表3.6），经过课程干预，实验组对男同性恋在消极行为下内归因倾向减少，外归因增加，而对积极行为相反，存在显著差异，p＜0.05；对于女同性恋的消极行为下内归因减少，外归因增加，而对积极行为相反，存在显著差异，p＜0.01；对于对照组被试对于同性恋的归因倾向则没有显著差异。

表3.6　内隐态度前后测配对样本 t 检验

	实验组			对照组		
	前测	后测	t	前测	后测	t
MF-MM 内	−1.81±1.06	−1.25±1.37	−1.93	−2.07±1.25	−2.51±0.98	1.66
MF-MM 外	1.84±0.98	1.31±1.51	1.83	2±1.39	2.48±1.09	−1.59
男 FM-FF 内	0.46±0.98	0±0.92	2.40*	0.28±1	0.48±1.06	−0.88

	实验组			对照组		
	前测	后测	t	前测	后测	t
男 FM-FF 外	−0.43±0.98	−0.03±0.78	−2.14*	−0.31±0.90	−0.34±1.04	0.16
女 FM-FF 内	0.28±0.96	−0.67±0.82	4.56**	0.17±0.89	0.26±0.86	0
女 FM-FF 外	−0.31±0.93	0.5±0.8	−4.21**	−0.28±0.92	−0.24±0.95	−0.17

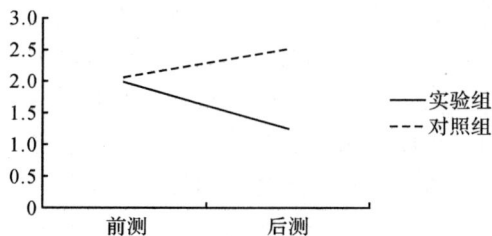

图 3.2　异性恋内归因分数前后测比较

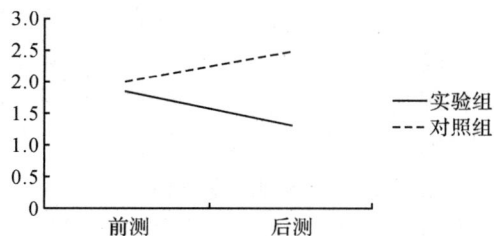

图 3.3　异性恋外归因分数前后测比较

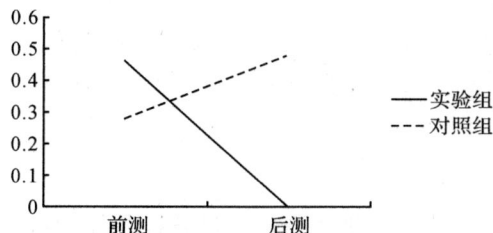

图 3.4　男同性恋内归因分数前后测比较

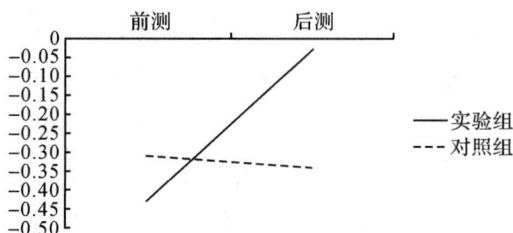

图 3.5　男同性恋外归因分数前后测比较

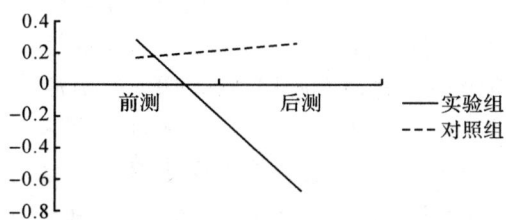

图 3.6　女同性恋内归因分数前后测比较

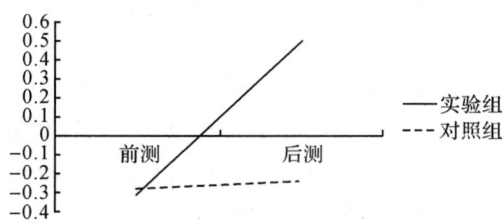

图 3.7　女同性恋外归因分数前后测比较

(三)讨论

1.同性恋外显态度前后测差异分析

本研究主要针对大学生对于同性恋的认知,并结合国内已有的性科学中同性恋部分内容以及国外性态度重建技术来干预大学生对同性恋的态度。已有研究表明,公众对同性恋的认知明显不足,而这种认知不足是构成对同性恋偏见的主要因素，改变对于同性恋的偏见必须要从认知入手。而我们在课堂上使用了一系列的教育手段试图来改变大学生对于同性恋的态度，结果表明，在对同性恋的外显态度的总分上实验组显著高于对照组，这个差异在对于男同性恋和女同性恋的外显态度上都是成立的，这与我们在课程上的教育有关。有学者在学校中开设性科学概论课程，通过这门课程来影响大学生对于性的态度，结果证明，通过开设相关课程能够影响大学生对于性的外显态度。我们也同样发现，大学生在课堂上不断地接触同性恋话题，并从较为公正、客观的视角来看待同性恋，甚至展开对于同性恋角色的共情。他们曾经获得同性恋消息的途径往往较为负面，带有片面性。偶尔接触到一两个关于同性恋的正面消息只会作为特例对待来维护自己的刻板印象。而在同性恋话题课堂结束后，他们能够充分了解关于同性恋的成因以及一些生活方式，也能够积极地对于同性恋话题进行讨论甚至能够对他们感同身受，这可能是实验组参与了此课程的效果。在课程中，我们组织了关于同性恋知识的讲解；组织同学对于同性恋话题进行讨论，鼓励他们积极地了解关于近期同性恋歧视和反歧视的事件并进行辩驳；播放同性恋者的心声；等等。大学生们逐渐能够理解同性恋与别人仅仅是性取向的不同，他们同样享受整个社会共有的权利，享受社会公平正义。在另一方面，我们同样也可得知，大学生对于同性恋的外显态度相对较为容易变化，我们能够通过干预来改变大学生对于同性恋的外显态度。

2.同性恋内隐态度前后测差异比较

在研究中发现，大学生对于同性恋的内隐态度前后测存在显著性差异，对照组的内隐态度前后测得分没有显著性差异。结果表明，经过对同性恋认知的干预，大学生不再出现对于同性恋的归因偏差，即不论是对于同性恋还是异性恋，都倾向于对积极行为进行内归因，对消极事件进行外归因，而不是对于同性恋的积极行为进行外归因，对同性恋的消极行为进行内归因，这证明了在前测中出现的 SEB 效应已经消失，干预取得了一定的效果。我们发现，通过对大学生对同性恋认知的干预，以及一系列教学内容，不仅能够改变大学生对于同性恋的外显态度，还能够改变内隐态度，这与 Wilson 和 Lindsey 认为的，内隐态度相对于外显态度来说较难改变，而平常的态度改变技术通常仅能改变外显态度部分结论不相符合。内隐态度的形成是依靠大量认知层面的学习和情感上的体验，本研究通过一系列的课程和交互式讨论等方法来综合改变大学生对于同性恋的态度，这也与目前已有对于内隐态度的研究是一致的。我们发现对于同性恋的态度并不是不可以改变的，我们仍可以通过教育等方式来影响内隐态度。人们通过反复地强化新的内隐态度，对它进行思考、讨论以及体验等，这种新的态度也是能够逐渐习惯化并且替换掉原有的内隐态度。只是相对来说，内隐态度的改变可能需要更多的时间和训练。目前主流对于同性恋内隐态度的研究集中于使用 IAT(内隐联想测验)上,内隐联想测验仅能够获得"相对"的结果,即人们对于同性恋的态度相对于异性恋来说更为消极,而无法直接获得人们对于同性恋的态度。因此,即使人们通过干预对于同性恋的态度已经有所改变但仍无法被测量出来。另一方面,有学者提出了 IAT 的环境联系模型,认为人们在使用 IAT 时所报告的是社会或文化的态度,而不是个人的态度。人们更倾向于在回答 IAT 时使用联系更为紧密、更为被社会认可的积极、消极的词汇而不是使用个人自身态度所代表的积极或消极的词汇。而在使用 SEB 测量时,由于使用的问题更富于生活情景,人们更容易带入个人态度,体现出自己的兴趣爱好。在干预手段上,与传统干预同性恋态度研究不同,本研究更多的是直接针对大学生对于同性恋的认知和体验上,这正是当前社会对于同性恋最缺乏的。首先,本研究所采用的干预方法本身具有足够的系统性,即我们在课堂上完整地呈现同性恋的方方面面,例如同性恋的成因、特征、歧视现状以及目前的同性恋运动等等,并且通过一系列的辩论来讨论同性恋是否应该受到歧视及其原因;其次,本研究在干预中所采用的教学模式为体验—参与式教学模式,被试们不仅仅从认知上了解同性恋,更能够从一些真实情境中体验到同性恋,使其从情感上接受同性恋者,并且通过设计一系列的活动与讨论,鼓励被试能够主动地为同性恋者发声、与他人进行辩驳等等,促进被试更多地表现出对同性恋者的亲近行为等等,综合来改变大学生对同性恋的态度;最后,课程并不只是涉及同性恋的内容,本研究在干预中跳出同性恋的框架,直接影响大学生固有的价值观,通过讲解尊重、接纳、同理心和真诚等基本价值观,使被试肯定每个个体的尊严与价值,破除狭隘的对于某个群体的偏见,从根源上撼动被试对于同性恋的歧视。

四、研究不足与展望

(1)刻板解释偏差测量问卷在编制过程中信效度有限,未经过专业评定,在测量过程中仅仅具有评分者一致性信度,而此种测量方式的信效度一直未受到重视,因此用此方法得到的结论值得怀疑。

(2)研究所选取的被试全是课程的学生,本研究所采用的测量方法以及干预方案都是在课堂上呈现的,被试自身受到要求特征等额外变量值得怀疑,即被试可能会猜测实验者或教师的用意以及有意或无意地向实验所期待的方向发展,而不是干预本身所带来的改变,此效应通过设置对照组有所减少,但仍难以避免。

(3)由于实验组的被试是公选课的学生,可能会有一些被试中途逃课或者不愿意配合的被试，因此造成实验组中能够配对的学生较少，进而实验本身的代表性以及干预所带来的效果相应有所降低。

(4)研究二发现通过课程能够显著改变大学生对于同性恋的态度，并使其向积极方向引导，由于我们是在干预的课程后两周进行后测的，所以仅能证明在较短时间得到的改变，至于这种改变能否持续更长的时间，需要进一步的探讨。

五、结　论

研究一针对以往对于同性恋态度的研究不足，使用外显态度量表和刻板解释偏差结合的方法来测量大学生对于同性恋的外显和内隐态度，并结合不同态度的结果来探讨外显态度和内隐态度的关系。研究二建立在研究一的基础上，主要试图通过"婚恋与法律"课程来干预大学生对于同性恋的消极态度，并测量干预的效果，最终得出以下结论：

(1)使用刻板解释偏差进行内隐态度测量时发现，人们更倾向于对同性恋的消极行为进行内归因，对同性恋的积极行为进行外归因；对异性恋相反，人们更容易对异性恋的积极行为进行内归因，对异性恋的消极行为进行外归因。

(2)大学生对于同性恋的外显态度在性别、与同性恋的接触经验、在小说、电影上面看到过同性恋上存在差异。

(3)大学生对于同性恋的外显态度表现较为积极，对于同性恋的内隐态度表现较为消极，态度发生分离。

(4)大学生对于同性恋的内隐态度不受性别变量影响。

(5)通过开设针对大学生对于同性恋认知和体验的课程能够显著干预大学生对于同性恋的外显态度和内隐态度，使其朝向积极的方向进行改变。

参考文献

[1] 李慧静.同性恋者的心理健康状况及其影响因素[J].社会心理科学,2010,25(4)：464-469.

[2] MEYER I. DEAN L. Stigma and sexual orientation：Understanding prejudice against lesbians, gay men, and bisexuals [J]. issue January,1998；160-186.

[3] GREENWALD. BANAJI M R. Implicit Social Cognition：Attitudes, self-Esteem, and Stereotypes [J]. Psychological Review, 1995, 102(1)：4-27.

[4] WILSON T. D. LINDSEY S. CHOOLER T Y. A model of dual attitudes [J]. Psychological Review, 2000, 107(1)：101-126.

[5] 崔丽娟,秦茵.内隐联想测验(IAT)研究回顾与展望[J].心理科学,2004,

27(1):161-164.

[6] 俞海运,梁宁建.刻板解释偏差[J].心理科学,2005,28(1):42-44.

[7] 杨治良,邹庆宇.内隐地域刻板印象的 IAT 和 SEB 比较研究[J].心理科学,2007,30(6):1314-1320.

[8] 相晓萍,陈丽霞,等.南京仙林大学城大学生对同性恋的认知及态度[J].中国学校卫生,2013,34(5):588-589.

[9] AL COTTON-HUSTON. Anti-homosexual attitudes in college students: predictors and classroom interventions [J]. Journal of Homosexuality, 2000, 38(3):117.

[10] 盖彦君,王权红.当代大学生对同性恋的态度研究[J].保健医学研究与实践,2013,10(1):60-62.

[11] 陶梦馨.淮北市某高校大学生对同性恋的认知与态度的调查[J].南京晓庄学院学报,2008,29(6):504-505.

[12] J OHLANDER, J BATALOVA , J TREAS. Explaining educational influences on attitudes toward homosexual relations[J]. Social Science Research, 2005,34(4):781-799.

[13] A ADAMCZYK,C PITT. Shaping attitudes about homosexuality: The role of religion and cultural context[J]. Social Science Research, 2009, 38(2):338-351.

[14] N SAKALLI. The relationship between sexism and attitudes toward homosexuality in a sample of Turkish college students[J]. Journal of Homosexuality, 2002,42(3):53-64.

[15] N SAKALLI. Effects of social contact with homosexuals on heterosexual Turkish university students' attitudes towards homosexuality[J]. Journal of Homosexuality, 2002,42(1):53.

[16] 瞿艳,杨瑶,周文刚.云南省高校大学生对同性恋的认知与态度调查研究[J].现代预防医学. 2015,42(1):107-110.

[17] 陶梦馨.淮北市某高校大学生对同性恋的认知与态度的调查[J].南京晓庄学院学报,2014(4).

[18] 张冠.某医科大学学生对男男同性恋态度及其相关因素分析[J].中国学校卫生,2016,37(2):197-200.

[19] AB Breen, A Karpinski. Implicit and explicit attitudes toward gay males and lesbians among heterosexual males and females [J]. The Journal of Social Psychology, 2013, 153(3):351-374.

[20] 刘婉娜,马立军.大学生对同性恋内隐及外显态度的比较研究[J].中国健康心理学杂志,2010,18(12):1494-1496.

[21] 刘予玲.异性恋大学生对同性恋的外显态度和内隐态度及其干预[D].郑州:郑州大学,2010.

[22] 贺小茜.异性恋大学生对同性恋的态度:想象接触的作用[D].南昌:江西师范大学,2015.

[23] R. Bance. J Seise. Implicit attitudes towards homosexuality: reliability, validity, and controllability of the IAT [J]. Zeitschrift Für Experimentelle Psychology Organ Der Deutschen Gesellschaft Für Psychologie,2001,48(2):145.

[24] Liu,Ma,Comparison Study of College Students' Implicit Attitude and Explicit Attitude to Homosexuality[J]. China Journal of Health Psychology, 2010.

[25] Mc Steffens,Implicit and explicit attitudes towards lesbians and gay men [J]. Journal of Homosexuality, 2005,49(2):39-66.

[26] 佐斌.基于 IAT 和 SEB 的内隐性别刻板印象研究[J].心理发展与教育,2006,22(4):57-63.

[27] 田雨馨,塔若琪,陈祥展.大学生关于同性恋群体态度的实证研究[J].学理论,2015(12):54-55.

[28] At Ben. An experiential attitude change: social work students and homosexuality[J]. Journal of Homosexuality,1998,36(36):59-71.

[29] Jd Oldham,T Kasser. Attitude change in response to information that male homosexuality has a biological basis[J]. Journal of Sex & Marital Therapy,1999,(2):121.

[30] MICHEAL R. STEVENSON. Promoting tolerance for homosexuality: An evaluation of intervention strategies[J]. The Journal of Sex Research, 1988,25(4):500-511.

[31] 吕少博,阎晓君.师范大学生对同性恋的态度及态度改变研究[D].石家庄:河北师范大学,2009.

[32] 陈少君,戴新民,李顺来.武汉地区公众同性恋态度调研试析[J].中国性科学,2008(8):11-15.

[33] 彭玲,张继红,王小惠.某高校大学生对同性恋的认知和态度调查[J].保健医学研究与实践,2009(2):58-60.

[34] 于建平,马迎华,李民.北京市某城区 619 名中学生同性恋认知态度调查[J].首都公共卫生,2013(3):110-113.

[35] 郑维廉,袁义,钟虹绚.大学生对同性恋的外显与内隐态度新探[J].青年与社会:2013(4):25-27.

[36] 庾泳,肖水源,向莹.同性恋态度量表的构建及其信度、效度检验[J].中国临床心理学杂志,2010(24):174-176.

[37] Boson. Swann, Stalking the perfect measure of implicit self-esteem: to blind men and the elephant revisited? [J]. Journal of Personnality and Social Psychology,2000(4),631—643.

[38] W. Liu. Comparison Study of College Students' Implicit Attitude and Explicit Attitude to Homosexuality[J]. China Journal of Health Psychology,2010.

[39] 马芳,梁宁建.内隐数学—性别刻板印象的 SEB 研究[J].心理科学,2006(5):116-118.

[40] 朱鑫亚.大学生内隐职业性别刻板印象研究[J].社会心理科学,2010(1):47-52.

[41] 唐日新,王思安,张璟.近 15 年国内同性恋态度的实证研究[J].湖州师范学院学报,2015(12).60-65.

[42] 谭继镛,严斐灵,邱云河.福建省厦门市某高校大学生对同性恋认同态度调查[J].中国健康教育,2012,28(7):524-528.

[43] 田唤,马绍斌.广州某高校大学生对同性恋的认知与态度[J].中国学校卫生,2011,32(1):24-26.

[44] CROKER, B Major, social stigma and self-esteem: the self-protective properties of stigma[J]. Psychological review,1989, 96(4).

[45] 闫丁.社会认同理论及研究现状[J].心理技术与应用,2016,9(4):549-560.

[46] 曾率,贺岭峰,高旭辰.归因引导对社会态度改变的影响[J].心理研究,2010(2):40-46.

[47] 王承璐.态度改变的认知说服途径分析[J].上海师范大学学报,1987(3):99-104.

[48] PRICILLA CAMILLERI. Social Work Students' Attitudes toward Homosexuality and Their Knowledge and Attitudes toward Homosexual Parenting as an Alternative Family Unit[J]. Social Work Education, 2006, 25(3):288-304.

[49] 熊燕."性科学概论"课程对大学生内隐—外显性态度的影响研究[D].南昌:江西师范大学,2014.

[50] 张林,张向葵.态度研究的新进展——双重态度模型[J].心理科学进展,2003,11(2):171-176.

[51] HEREK GM. gender gaps in public opinion about lesbians and gay man

[J]. Public Opinion Quarterly，2002，66：40-66.

[52] SEKAQUAPTEWA D. ESPINAZA P. THOMSAN M. Stereotypic explanatory bias：Implicit stereotyping as apredictor of discrimination[J]. Journal of Experimental Social Psychology[J]. 2003(39)：75-82.

（指导教师：王婷）

附录1　同性恋态度调查问卷

> 亲爱的同学：
>
> 　　感谢您参加我们的调查。我们是想了解您关于同性恋的态度，请认真阅读并按照要求对每一题都做出认真的回答。本次调查是匿名的，在答案的选择上不存在对错之分，我们需要的只是您的观点，因此请根据您真实的感受作答。我们保证不会公开任何您的个人资料。非常感谢您的协助！
>
> 　　　　　　　　　　　　　　　　浙江财经大学"婚恋与法律"课程组

一、基本信息

要求：请根据您的情况填写个人基本信息，有选项的问题请您在符合您的情况选项前的□上打"√"；没有选项的请按照您的实际情况在"_____"直接填写。

1. 您的密码：_____

2. 性别：□男　□女

3. 年龄：_____岁

4. 年级：□大一　□大二　□大三　□大四

5. 家庭所在地：□城市　□城镇　□农村

6. 家庭结构：□单亲　□双亲　□孤儿　□其他

7. 接触过_____个同性恋者

8. 曾经看过耽美小说（男同性恋小说）：□完全符合　□大部分符合　□部分符合部分不符合　□大部分不符合　□完全不符合

9. 曾经看过百合小说（女同性恋小说）：□完全符合　□大部分符合　□部分符合部分不符合　□大部分不符合　□完全不符合

10. 曾经看过同性恋电影：□经常　□偶尔　□很少　□几乎不

11. 认为自己成为同性恋的概率为_____（百分比）

12. 是否有非常要好的朋友是同性恋：□是　□否

二、同性恋态度量表

要求：以下每个问题的答案有五个选项，请您选择最符合自己的观点和看法的选项，在相应选项的数字上打"√"。

题　目	完全符合		大部分完全		部分符合
	符合	不符合	符合	不符合	部分不符合
1.女同性恋者令人厌恶。	5	4	3	2	1
2.我觉得女同性恋行为并不令人反感。	5	4	3	2	1
3.如果一个亲密的朋友是女同性恋者,我会感到难过。	5	4	3	2	1
4.在我看来,女同性恋者是可以接受的。	5	4	3	2	1
5.女同性恋者是一种罪过。	5	4	3	2	1
6.女同性恋者是一种低劣的性行为。	5	4	3	2	1
7.女同性恋者对许多基本的社会制度是一种威胁。	5	4	3	2	1
8.社会对女同性恋者的认同正败坏了社会道德。	5	4	3	2	1
9.我尽量不和女同性恋者接触。	5	4	3	2	1
10.我和女同性恋伙伴相处愉快。	5	4	3	2	1
11.我觉得男同性恋者令人反感。	5	4	3	2	1
12.如果我的儿子是同性恋者,我能够接受。	5	4	3	2	1
13.如果我的老师是男同性恋者,我不会有什么特别的感觉。	5	4	3	2	1
14.如果看到两名男子在公共场合手牵着手,我会觉得反感。	5	4	3	2	1
15.男同性恋者是不道德的。	5	4	3	2	1
16.男性与男性之间发生性行为绝对是错误的。	5	4	3	2	1
17.在我看来,男性同性婚姻是荒谬的。	5	4	3	2	1
18.男同性恋只是一种不同的生活方式,不应该受到谴责。	5	4	3	2	1
19.不应该允许男同性恋者从事教师职业。	5	4	3	2	1
20.应该将男同性恋者与社会隔离开来(比如,隔离住所,限制就业)	5	4	3	2	1

非常感谢您的配合！

附录2

亲爱的同学，您好：

我们是浙江财经大学社会工作系的学生，请您利用一些宝贵的时间完成一份问卷。这份问卷提供了一些情境，旨在了解人们在不同情境下的行为。每个句子都是一个情境，前半句是一个事件的结果，后半句需要您去填写事件的原因。您在填写的过程中，可以填写任何您想填的理由，只要保证语句通顺即可。问卷结果会严格保密，仅仅作为研究使用，您无须有任何顾虑。谢谢您的合作！

你的密码：＿＿＿＿＿＿

1.王刚在夜天堂酒吧认识了李明并与之过夜，过了几天他们吵架了，是因为＿＿＿＿＿＿

＿＿＿＿＿＿

2.李强平时一直默不作声，但前几天在情人节时向王丽求婚并成功了，是因为＿＿＿＿＿＿

＿＿＿＿＿＿

3.黄强和吴旭从小到大经常在一起打游戏，但是他们却约好明天一起出去打球，是因为＿＿＿＿＿＿

＿＿＿＿＿＿

4.周立在过年期间打牌没赢也没输，是因为＿＿＿＿＿＿

＿＿＿＿＿＿

5.李德忠对胡文娟非常好，经常帮她煮菜做饭，平常一向高冷的胡文娟也觉得很开心，是因为＿＿＿＿＿＿

＿＿＿＿＿＿

6.罗素梅跟严莉抱怨说，"你以前都是骗我的，说了情人节要陪我都不陪我"，是因为＿＿＿＿＿＿

＿＿＿＿＿＿

7.王磊在晚上经常躲在被子里面偷偷看同性的黄色录像带，是因为＿＿＿＿＿＿

＿＿＿＿＿＿

8.吴争经常喜欢跟别人开玩笑，但是昨天和朋友在吃饭的时候却一句话都没有说，是因为＿＿＿＿＿＿

＿＿＿＿＿＿

9.唐菁在生完孩子以后发现自己的老公对自己没有以前那样好，是因为＿＿

10. 张一凯从高中开始就暗恋王亮,最后在大学的时候表白并且成功了,是因为 _____

_____

11. 李敏晚上 7 点半就会睡觉,是因为 _____

_____

12. 张秀英和王勇经常两个人在家里一起看韩剧,经常在一起讨论剧情,是因为 _____

_____

13. 魏俊峰最近突然和赵琴离婚了,是因为 _____

_____

14. 杨红丽很喜欢和家人一起看历史纪录片,是因为 _____

_____

15. 张涛在女朋友的怂恿下跳了槽,但是对新工作并不满意,是因为 _____

_____

16. 李丽以往都是一个人吃饭,但是昨天在餐厅里与他人一起吃饭,是因为

_____

_____

17. 祝家杰在出柜后事业蒸蒸日上,取得了不错的成就,是因为 _____

_____

18. 张军很喜欢周末和刘丽娜一起去 KTV 唱歌,是因为 _____

_____

19. 李婷婷十分担心和马玲两个人没有未来,甚至晚上偶尔会睡不着觉,是因为 _____

_____

20. 周阳想要在自己家里养一只宠物,是因为 _____

_____

21. 唐华和一群朋友喝得大醉,回到家后和老婆大吵一架,是因为 _____

_____

22. 赵晓倩和周娜长期生活在一起,有一次相互帮对方化妆,模仿小叮当和虎克船长,是因为 _____

_____

23. 王刚向来很少玩游戏,但是昨天花钱买了正版游戏,是因为 _____

_____

24.何惠琴第二次约会就送了徐芳很多小礼物,并且说这次跟她在一起玩得很开心,是因为 _____

_____

25.蒋彦平常在家里都不做家务,但是昨天帮他女朋友削了两个苹果,是因为 _____

_____

下 篇

专业实习报告

社会工作介入失独家庭服务的策略与方法

——以海宁市蒲公英失独家庭社会工作服务项目为例

吴铭湛　14级社会工作

摘　要:通过本次社会工作专业海宁市实践参与关爱失独家庭服务项目,旨在了解失独家庭的现状和诉求,帮助这一特殊群体重拾生活的信心和希望。对象是蒲公英机构失独家庭关爱项目服务的近100户失独家庭。服务的结果:经过一个月的实践,能够结合所学的专业知识为失独者提供力所能及的帮助。结论:失独家庭作为政策遗留问题产生的弱势群体需要社工做得更多。

关键词:失独家庭;心灵困境;社会工作

一、引　言

社会实践是大学生课外教育的一个重要方面,也是大学生自我能力培养的一个重要方式,因此对于我们在校大学生来说,能在暑假有充足的时间进行实践活动,给了我们一个认识社会、了解社会,提高自我能力的重要机会。作为现在大二即将上大三的学生,社会实践也不能停留在大一时期的那种毫无目的的迷茫状态,社会实践应结合我们的实际情况,能真正从中得到收益,而不是为了实践而实践,为了完成任务而实践。我觉得我们在进行社会实践之前应该有一个明确的目标,为自己制订一个切实可行的计划,应注重实践的过程,从过程中锻炼自己、提高能力,而不是纸上谈兵。

对大学生而言,实习可以使每一个学生有更多的机会尝试不同的工作,扮演不同的社会角色,逐步完成职业角色的转化,发现自己真实的潜力和长处,以奠定良好的事业基础,也为自我成长丰富了阅历,促进整个社会人才资源的优化配置。作为一名学生,笔者想学习的目的不在于通过结业考试,而是为了获取知识,获取工作技能,换句话说,在学校学习是为了能够适应社会的需要,通过学习能够保证完成将来的工作，为社会做出贡献。然而迈出象牙塔步入社会是有很大落差的，能够以进入机构实习来作为缓冲，对笔者而言是一件幸事，通过实习工作了解到工作的实际需要，使得学习的目的性更明确，得到的效果也相应地更好。

因此，为了更好地了解社会，锻炼自己，感受本专业社会就业的现状，体验一下工作的乐趣，这个假期笔者在学校的安排下前往海宁市蒲公英社会工作事务所进行实习，虽然仅有一个月的时间，但这段宝贵的时间让笔者体会到了社会工作就业的压力，自己专业能力的欠缺及社工机构发展的艰辛，同时让笔者感到一种在学校无法体会到的工作成就感。

二、实习单位基本情况

（一）机构简介

海宁市蒲公英社会工作事务所经海宁市民政局注册登记，是具有独立法人资格的民办非企业机构，主要开展老年人介护服务、社区服务、心理咨询辅导、社会公益活动、社工培训、课题研究、计生特殊家庭关爱帮扶工作等社工专业服务。秉承"情系蒲公英，社会一家亲"的服务宗旨，蒲公英机构社工运用专业的社会工作理念、方法帮助和解决服务对象的精神需求、生活照料等一系列问题，密切关注他们的精神文化、生活需求，提供专业化、个性化、多样化的专业服务。

机构目前有专职工作人员16名以及志愿者多名，每一位成员都各有所长：机构负责人徐琴老师是海宁市社会工作师，作为有近三年工作经验的她，除了带领仍在孵化阶段的蒲公英社会工作事务所承接新项目之外，还同时管理着红太阳社工服务中心，共同提供社会工作相关服务。蒲公英社会工作事务所的每一位社工都有着明确的项目分工，能够更好地发挥每个人的能力：阅历丰富的徐燕东老师曾在派出所工作过，负责和矫正有关的项目；钱益民老师和吕萍老师对医护方面较了解，因此负责社区养老方面的工作；而失独家庭的项目则需要柳灿老师这样的年轻社工来注入活力。麻雀虽小，五脏俱全，蒲公英社会工作事务所做到了精简而又不失专业性。

（一）正在进行的项目

1. 主要项目

"暖心行动"——关爱失独家庭服务项目。

此项目旨在为海宁市失独家庭提供专业的关爱服务，以"专业社工＋计生专干＋志愿者＋(生活帮扶)服务人员"的1＋6服务主体团队形式,帮助引导失独家庭处理好哀伤和分离情绪,重新调整自己的生活重心,重拾生活希望,引导他们走出自我封闭、走出家门,融入社会,重建社会关系网络。

作为由海宁市政府购买、受民政局委托、由蒲公英社会工作事务所独立承接的项目,从2016年初开展以来,计划对海宁市300多户失独家庭中情况比较特殊的失独家庭开展关爱性服务,其中包括开展对100户失独家庭的走访、8个个案辅导、2个小组工作和若干个社区活动等。项目开展前期,蒲公英社会工作事务所大力招募志愿者,并且为志愿者提供相关培训,依托各个街道社区的计生专干,为失独家庭提供暖心、专业的关爱服务。"暖心行动"——关爱失独家庭作为蒲公英社会工作事务所的主要项目,经过半年的开展,较其他项目粗具规模和成熟,因此是我本次社会实践见习的主要内容。

项目总目标:帮助失独家庭处理哀伤情绪和丧失之痛,积极面对现实,提升抗逆力,重拾生活的勇气,恢复正常生活和家庭功能。

项目具体目标:

(1)通过实际生活帮助与慰问活动逐渐介入失独家庭,以建立结对帮扶关系为目标,从帮助解决失独者平常细微的日常生活困难入手,通过实际帮助工作、日常慰问、节假日慰问等,由浅入深,循序渐进地自然顺畅地介入失独家庭,建立信任关系。

(2)通过调查了解失独者的生活需要,如网购需求、特定兴趣需求、家务需求等,帮助失独者满足这些需求,建立和失独者之间的信任和友谊,逐渐建立结对帮扶关系。有时参与或者主动联系社区、政府部门在特殊节假日、生日慰问失独家庭成员;或者给失独者寻找实实在在的生活支持,如公交乘车卡、体检卡等,建立信任关系和友谊,逐渐形成结对帮扶关系。

(3)通过心理安慰和疏导,引导失独家庭走出哀伤情绪,接受现实。链接多方社会资源,鼓励失独老人参与社区社会活动,促进失独家庭的社会融入。组织文艺会演、才艺比赛、郊游、养生讲座、公益采摘、技能学习、交流聊天、建立虚拟家园等活动,创造更多交流机会,帮助建立同辈群体和支持群体,同时鼓励他们走出家庭,融入社会和大自然,培养某种兴趣,开阔视野,达到增强生活信心和能力的目标。

2.其他项目

(1)"牵手夕阳红,共筑新家园"——马桥街道养老服务中心项目。

此项目主要是通过为居住在养老服务中心内的老人开展曲艺及棋牌、书画等文体活动丰富老年人文化生活,注重物质生活和精神生活相结合,同时也为老人们提供医疗护理方面的服务,密切关注老年人身心方面的需要。

（2）"情系三属，关爱永驻"——关爱三属家庭优抚项目。

蒲公英机构的社工通过开展个案、随访项目为包括烈士遗属、因公牺牲军人遗属、病故军人遗属在内的三属家庭提供专业化、个性化、精细化服务，提高重点三属对象的生活质量。

（3）"乘风归来紫荆香"——海宁市禁毒工作项目。

此项目主要是通过第三方专业性的社工陪伴，依靠社区、社工、社会组织在内的"三社联动"，整合家庭、社区、公安以及卫生、民政等力量和资源，使吸毒人员在社区里实现戒毒，并有针对性地开展各类项目，让社区戒毒人员能够顺利地重新回归社会。

三、服务对象基本情况

失独家庭是我国计生政策推行中产生的遗留问题。"失独家庭"，指的是由于疾病或意外灾祸使父母失去独生子女、又无法再生育的家庭，而这也就意味着他们再也无法拥有自己的子女了。全国老龄办发布的《中国老龄事业发展报告（2015）》显示，我国空巢老人人口规模继续上升，去年已经突破了1亿人大关。在空巢家庭中，无子女老年人和失独老年人开始增多，由于被执行计划生育政策的一代陆续开始进入老年期，加上子女风险事件的发生等因素，至2015年底，中国至少有100万个失独家庭。第六次全国人口普查数据和卫生部发布的《2010中国卫生统计年鉴》也显示，中国现有独生子女2.18亿，15—30岁年龄段的死亡率至少为40/10万人，每年独生子女死亡人数至少有7.6万人，由此带来的是每年增加7.6万个失独家庭。2007年8月，中国正式出台的计划生育家庭特别扶助制度，也叫独生子女伤残死亡家庭扶助制度，其中含有相关帮扶规定，但不够完善，应针对失独父母设立专门的养老保险制度，由国家承担这一特殊群体的养老和医疗问题，由地方政府出资送他们进入养老院和敬老院。按照现有的政策法律，如果这个家庭只有一个孩子，失去了孩子，父母老了之后，就应该比照现有的"三无"老人。"三无"老人的概念就是没有劳动能力、没有生活来源，特别是没有法定义务赡养人的老人。十八届五中全会公布全国放开二孩政策能有效减少未来"失独"家庭的数量，尽管这剂良药对于已经"失独"的家庭来说有点晚了，但国家、社会对那些已经"失独"的家庭多些关怀仍应继续，因为他们经历的痛苦是不可逆转的。

作为一个特殊的弱势群体，失独家庭面临的不仅是养老、生活照料、社会融入等诸多困境，更多的是心理上的痛苦，并随着人数的日益增多，造成了一系列社会问题。据海宁市民政局统计，海宁市2015年有340户左右的失独家庭，他们面临着经济压力大，无人赡养，心理孤寂，缺乏沟通，社会支持网络缺乏等问题,这些问题对整个家庭的健康发展和社会的和谐发展产生负面影响。因此,蒲公英社会工作事务所通过开展社会工作专业服务,关爱失独家庭,为他们提供心理慰藉,帮助他们走出困境,调整自己的生活重心,重拾生活希望;促进家庭功能的恢复,逐步融入社区和社会,让他们在失去孩子之后能够更好地走出阴影,安度晚年。这不仅是这一群体的迫切需要,也有利于和谐社会的创造。

(一)海宁市失独家庭现状

1.健康状况

失独群体在相当长的时间内体验到的基本上都是消极情感,对过去有遗憾、有怀念、有自责、有悔恨,对现实有悲伤、有痛苦、有阴郁、有焦虑、有逃避、有自残自杀,对未来有恐惧、有失望、有绝望。符号互动论认为,当自我概念或身份能够在新的情境中得到肯定时,人们将体验到积极的情感;反之,自我概念或身份不能得到证明时,将会体验到消极的情感。同时,因独生子女的离去而引发的身体病变、经济贫困、夫妻关系紧张、未来的空巢生活压力等更让失独父母不堪承受。蒲公英社工在调查中发现,失独父母更害怕生病,怕"无人陪护",怕"手术无人签字",可以说几乎所有的失独者都认为"不怕死,就怕老、就怕病"。对亲情缺失的悲痛、对现实生活的无助和焦虑及对老无所依的恐惧等复杂的心理情绪使失独父母长时期走不出失去子女的阴影,严重影响着他们的身心健康。绝大部分的失独者患有不同的心理疾病,出现自闭、恐惧、噩梦、愤怒、内疚、焦虑、失眠、失忆等症状。总的来说,在海宁市的失独家庭中,身心的健康是困扰他们的最大难题。

2.经济状况

海宁市作为沿海发达城市,失独家庭夫妻经济大多来源于工资收入且都有养老金维持日常的生活开支,也还有一小部分依靠政府的经济救济或亲朋好友的帮助或仅仅是依靠社会救助或低保等来维持基本生活。然而,政府经济救助的标准偏低,亲朋好友的帮助也不经常,所以这部分的失独家庭经济状况不容乐观。由于疾病的原因而造成失独的家庭,他们的经济状况尤为贫困,有的家庭在失独前,其经济条件还是比较好的,但子女高额的医疗费用使他们家庭的经济状况急转直下,从而走向贫困的境地;还有的家庭在失独前,其经济条件本身就不好,子女高额的医疗费用对他们来说更是雪上加霜,失去孩子后,他们的经济生活更加贫困。再加上失独后,相当一部分失独者无心工作,从而失去经济来源,另外,大部分失独父母都患有心理和生理疾病,有的还非常严重,这样每月就要产生一项不小的医药费开支,使得他们的生活更是步履维艰,而他们则是蒲公英提供服务的重点对象。

3.社会支持

失独者、失独老人、失独家庭这些词语在最近几年才跃入公众的视线。目前人们对失独者还是没有什么概念，并不了解他们的需求和痛苦，更别说去关心帮助他们，一些失独家庭选择了"放弃"，自动疏离于社会，使得很多人都无法走近他们，进而了解他们。甚至一部分人戴着有色眼镜看他们，非但没有去关心帮助那些失去孩子的父母，还歧视他们、远离他们，这必会在他们的痛苦上雪上加霜。

（二）海宁政府现有的政策支持

在2001年颁布的《中华人民共和国人口与计划生育法》中，涉及失独群体社会保障的条款为该法的第四章第二十七条："独生子女发生意外伤残、死亡，其父母不再生育和收养子女的，地方政府应当给予必要的帮助。"此条内容说得太宽泛，没有形成具体量化标准，缺乏强制力，也具有很大的伸缩性，使得地方政府不够重视。而现行的国家计生特别扶助政策，必须在女方年满49周岁的时候，失独家庭每月每人才能领到一两百元的补贴，这点钱无疑是杯水车薪，解决不了问题。国家虽然出台了相关政策，却并没有细化到具体的层面，地方政府也没有相应的扶持标准，缺乏执行力。

从2014年1月开始，海宁市计划生育特殊困难扶助对象的特别扶助金标准提高。目前"三无"老人、农村的"五保"老人都是海宁市政府来供养的，采取分散与集中的方式来解决他们的生活问题。其中，独生子女死亡的夫妻扶助标准由每人每月150元提高至每人每月800元，即失独夫妻每月可接受扶助共1600元。尽管这些"弥补"对失独者而言远远不够，但至少可以让他们感到"国家还没有忘记我们"。而相比最基本的经济补助，失独老人最大的痛苦还是要面临没人照料的困境和精神上的孤独。他们所经历的心理创伤、经济压力及医疗养老问题超过一般家庭丧亲后承受的痛苦，对生活丧失信心和希望，仅仅依靠政策是不够的。

四、实习目标

本次暑期社会实践目的是结合大学两年来所学的专业知识，在社工机构的项目实践中加以运用，通过了解社工机构的实际运作过程、工作形式和参与具体项目活动，增强自身解决问题的能力，从而体现自己的专业价值。

（1）首先是能够对社工机构运作和承接政府项目有个整体的了解，对比学校的教学内容，做到有所收获。

（2）然后通过参与不同的项目和活动，学习机构老师们的实操以积累社工经验，发掘自身的专业价值，能够为项目服务方式和内容提供有用的建议和帮助。

（3）最重要的是充分利用这次实习机会，跟随机构老师循序渐进地了解失独者的内心和生活需要，在走访和个案中能够分析案主所面临的问题、原因以及解决的途径和方法；参与小组和社区活动时，积极参与关爱失独家庭项目，能够将社工的人文关怀充分展示出来，引导他们互相倾诉、关怀，与机构老师和其他志愿者一起帮助失独者走出阴影，充实生活，顺利完成活动的同时提供自己力所能及的服务和帮助。

五、服务方式

（一）走访

针对海宁所有失独家庭情况，从承接项目至今，蒲公英社会工作事务所对失独家庭入户走访91户，其中海洲街道25户，硖石街道23户，斜桥镇19户，周王庙6户，盐官1户，马桥镇4户，海昌13户。而在7月份将继续走访至少9户失独家庭，并对之前走访过的失独家庭进行回访，整理所有失独家庭相关信息资料，将他们的信息进行分类存档。

（二）个案工作

2016年初至今已开展5个个案，其中已结案4个，结案的个案分别是张思佳、陈建芬、赵娟凤、许善镁，本次实践正在进行个案辅导的是徐开，下半年将继续在失独家庭中开展至少3个个案。从7月份起对上半年未结案的个案继续个案辅导，同时对已经结案的案主进行回访，继续在失独家庭群体中开展至少3个个案工作。

（三）小组工作

正在进行两个小组工作：一个是本次实践主要参与的，针对硖石街道社会支持系统较差的失独家庭开展的"康乃馨"支持小组，小组成员9人，之前已开展4次节小组活动；另一个是针对周王庙有第三代的失独家庭开展的"幸福之光"成长小组，小组成员15人，已开展3次节小组工作。继续进行两个小组工作的开展，一个是周王庙的成长小组，一个是硖石街道的情感支持小组，直至小组成员发生改变，达到预期目标并结案。

（四）社区活动

蒲公英社会工作事务所依托我国传统节日，为失独家庭开展每月一次的主题社区活动。从1月份至今已开展5次社区活动，分别是"大家一起过小年"活动、"欢乐闹元宵"活动、"饺香相伴"活动、"爱心农场"系列活动以及一次健康知识讲座。共服务 300 余人次。其中，"爱心农场"公益采摘活动是项目的重点内容，7 月份计划开展两次农场采摘活动，通过志愿者和失独家庭夫妻合作的方式，由他们自己动手，体会丰收的快乐，所获得的作物都为他们所有，从而在充实他们日常生活和内心的同时，间接地提供物资上的帮助。

六、服务内容

本次实践涉及了失独家庭项目的所有服务方式，但在具体的进行程度和参与度上有所不同：在机构老师的带领下，我们走访了 9 户失独家庭，而每一户的情况也各不相同；个案工作主要是对已结案的案主进行回访，评估之前的服务效果并了解新的诉求；同时在月底参与了"康乃馨"情感支持小组的团辅，帮助增进 7 位失独老人的社会互动；而在社区活动中，则在其他志愿者的带领下与失独夫妻一起体验农场采摘的乐趣。

（一）走访

7 月 13 日走访独居老人：独居的大伯的父亲是军人，去世之后母亲改嫁，留下他自己独自生活，一直没有结婚，生活上也过得十分简单。我们给大伯带去了美观实用的洗脚盆，柳灿老师给大伯量了血压，琴姐拉着大伯的手聊起了家常，并贴心地了解他平时生活的需要，房间虽小，却充满了温馨。离开时细心的徐琴老师还注意到了大伯房屋门前小路行走极为不方便，为大伯的安全着想，考虑将其修缮一下。的确，独居政府会有很多无暇顾及的地方，而这些便需要社工们有一双善于发现的眼睛，仅仅是按部就班很难发挥社工的价值。

7 月 15 日走访身体疾病类失独老人：我们走访的是一位 103 岁的老人，和他姐姐一起生活。我们刚到时老爷爷正靠在椅子上睡觉，等到他醒了之后，柳灿老师负责烧水，徐琴老师则细心地为老爷爷洗手和洗脚。简单的举动让这位百岁老人脸上露出了幸福的微笑，为我们讲起了他戴着的那顶帽子的故事，虽然笔者听不懂海宁话，但可以感觉到话语中充满了开心与自豪。看着徐琴老师为老爷爷洗脚，不由得让笔者感慨：当我们的父母老了的时候，也能像现在这样为他们认认真真地洗一次脚吗？社工所做的一切，需要的是发自内心的责任感，如果我们只是停留于表面，也就和其他的非专业人员毫无差别。

（二）个案工作回访

在今年上半年，蒲公英社会工作事务所完成的个案有 4 个，而 7 月份的实习中需要完成的则是对他们的回访，了解他们接受个案辅导后的效果和改变。

个案张思佳:张思佳家庭是有第三代的失独家庭,在蒲公英机构老师的第一次走访中发现,祖孙亲子教育上存在着比较大的代际隔阂,而且案主在性格上内向、自卑,不善与人交流。通过本次回访能够发现,在社工多次的个案辅导下,减少了案主祖孙间的隔阂,案主也逐渐变得开朗起来,身边也多了几个小朋友。

个案陈建芬:陈建芬是一位独居老人,社会支持网络差,社会参与度低,常常一个人在家郁郁寡欢,蒲公英社工在了解案主的情况之后,先与社区取得联系,希望社区在社区活动的时候主动上门邀请案主去参加,然后根据案主自己想参加义工活动的意愿,与海宁义工取得联系,并陪同案主参与义工"弯腰一秒"的志愿活动,其次邀请案主参与一个老人支持小组,与小组成员一起参与小组活动。回访中我们了解到本次个案促进了案主社会再融入,提升了自我效能感,在参加社会活动的同时结识了一群好朋友,丰富了案主的社会支持网络。

个案赵娟凤:案主赵娟凤是一位再婚的失独老人,患有轻度抑郁症、焦虑症,且越发严重,朋友渐渐地远离她,让她备感痛苦。社工对其进行心理疏导,减轻心理压力;我们为其联系海宁四院心理医生,并经常关注其病情变化;引导案主培养更多的业余爱好,转移注意力。回访时我们能够感受到案主精神状态良好,交流也明显增加许多,并拿出最近正在进行的十字绣给我们看,个案心理疏导的效果很明显。

个案许善镁:许善镁是一位高龄的失独老人,受脚疾影响,日常行动变得艰难,她想要去医院通过手术来治疗脚疾,可是身边缺少亲人陪伴,面对手术心理压力大。蒲公英社工通过陪就医的方式对案主进行关照,同时不断地为案主进行心理疏导、鼓励,减少其心理压力,今年6月份案主已经完全康复出院。本次回访来到家中时老人正在看电视,她告诉我们很感谢蒲公英社工们的帮助,并希望年轻人能多为国家出份力。

(三)小组工作

"希望之光"成长小组:

蒲公英社工们通过前期对周王庙的入户走访,从周王庙镇中选取5户有第三代且祖孙之间存在较大代际隔阂的失独家庭作为小组成员,共15名小组成员。截至目前,小组共开展了3次小组活动,通过小组活动的进一步开展,让小组成员在活动中共同参与、游戏、学习等,减少祖孙之间的隔阂,增进祖孙之间的感情交流。

"康乃馨"支持小组：

通过蒲公英社工前期走访发现和硖石街道计生专干的介绍,在硖石街道辖区内选取 7 位社会支持网络缺乏、社会互动较少的失独老人作为小组成员。本次实践我在机构老师的带领下参与了第四次的小组活动,组员在小组活动中相互沟通交流、相互配合,社工引导小组成员融入社会,培养小组成员的社会互动能力。机构的老师们负责将老人们从家中接到海宁市总工会的小组活动室中,因为是第四次小组活动了,老人们彼此之间也颇为熟悉,见面之后便开始相互聊天,气氛十分融洽。整个小组活动的流程也比较简单,每个环节都有充足的时间留给失独老人们相互分享和交流,重在增加他们社会互动的内容。

表 6.1　小组活动表

活动名称	活动内容	时间(min)
一、开始	1.放轻松的音乐; 2.回忆上次的小组;	5
二、套圈夺宝	1.每人只能玩一次; 2.每人每次发 5 个套圈,套中目标将获得一份奖品; 3.每一位成员进行分享。	30
三、表达	1.老师引导组员,说出自己心中的伤痛; 2.主持人引导,安抚大家的情绪; 3.引导组员相互支持、鼓励,让组员知道,身边还有许多人在关心着他们;	15
四、结束	1.组员相互间分享最近的感想,商讨怎么度过空余时间; 2.总结此次小组,介绍下一次小组的内容。	10

(四)社区活动

1."大家一起过小年"社区活动

组织 30 多位失独老人聚在一起共度小年,大家一起分享大蛋糕、许愿,欢度传统佳节。

2."欢乐闹元宵"活动

失独老人在钱益民老师的带领下亲自动手炸春卷、炸响铃、做八宝菜、看电影,在寒冷的冬天为老人们带去温暖。

3."健康知识讲座"活动

蒲公英社工们为失独老人测血压、血糖,为老人们讲解健康常识。为海昌、硖石、海洲街道内的失独家庭发放冷饮券,支持失独老人创业。

4."爱心农场"系列活动

在海昌街道利峰村为失独家庭筹建一个农场,让老人们在空余时能够体验到农场劳作、采摘的乐趣,丰富老人们的日常生活。

7月22日早上7点半,我们和失独家庭一起前往位于利峰村的爱心农场。爱心农场在半年前还是一块荒地,在民政局的组织下,蒲公英社工帮助失独家庭的夫妻们一起将其开辟成农场,而现在正好也到了丰收的时候。

农场里有茄子、刀豆、四季豆、南瓜、甜瓜、青椒……大家都等不及忙活起来,笔者也帮忙去摘茄子。热火朝天地忙活了一小时,每个人都采了满满两袋,每对夫妻脸上都洋溢着满足的笑容。社工们把每个家庭送回家之后,本次的活动也就结束了,爱心农场采摘,虽然活动内容很简单,但是给每个失独家庭都送去了浓浓的关爱,收获的不仅是蔬菜,还有好心情。的确,给失独家庭送去他们需要的帮助,有时一点点,就刚刚好。

七、实习反思

蒲公英社会工作事务所的"暖心行动"——关爱失独家庭服务项目虽然已经开展半年,但是这条道路走得并不是一帆风顺,项目开展前期,现实就给了当头一棒,面对失独家庭这一特殊群体,由于前期对他们的需求、情况掌握不够,在入户走访、个案工作、社区活动等工作开展方面都遇到了很大的麻烦,各项工作开展起来远比想象中的困难,经过半年的努力,逐渐摸清服务对象的相关情况和实际需求,慢慢地克服了工作上的一些困难,工作也已经开始步入正轨,与服务对象建立起良好的专业关系,活动井然有序,小组按部就班,个案循序渐进。

一个月的实习时间说长不长,说短不短。在此之前,失独家庭对笔者而言还是一个很陌生的词汇,没有经验和准备的笔者能够学到的东西也有限,将其作为实习过程的开始,需要笔者更加的放开,并尝试进行沟通和交流。跟随老师们走访个案、小组和参与活动,虽然笔者能够提供的帮助十分有限,但是从老师的身上笔者能学到是作为一名社工对每一位失独者无微不至的人文关怀。其实,工作的内容是其次,能够从机构老师身上学到为人处世和待人接物的经验才是这次最大的收获。

很幸运能够在蒲公英这样一个自由、温暖的机构实习,风雨之后总会见彩虹,希望在未来的社工之路上,不管是蒲公英机构还是整个海宁的社工,一起努力,把海宁社会工作建设得更好。愿所有在社工路途中行走的社工都能执着自己的理想,勇往直前。笔者希望能够怀着和蒲公英的成员们一样的热心,去帮助需要帮助的人。这个世界需要更多的社工。

(指导教师:王婷)

浅谈对于海宁社工机构的理解与体验

——以和乐家庭社工事务所为例

沈思佳　14级社会工作

摘　要：本文主要分析的是在海宁的实习过程中所得到的感悟与心得，以及海宁和乐家庭社工事务所覆盖的项目。例如单亲妈妈关爱服务、婚姻家庭调试服务和低保家庭社工介入服务项目。另外，来自中国香港和美国的两位社会工作方面的专家也给予了他们这多年的研究和讲述了如今中国香港和美国的社会工作发展方向与进程。在海宁的这一个月，让笔者在社会工作这门学科上有了新的认识，社会工作不仅仅是一门涉及理论的学科，同时也是要将理论与实践相结合的学科。

关键词：小组活动；亲身参与；和乐家庭社工事务所

一、引　言

本文主要谈论对于海宁社工机构接触后的感受，在这之前，笔者作为大学生对社工机构的熟识程度大致都停留在书本之上，哪怕进入社工机构也仅仅是表面，只能够看到社工机构表现出来的一面，类似于机构的宣传、活动等等，但此次前往海宁进入真正的社工机构实习体验的时候，作为机构的一分子能够参与每个活动的安排和制作，这对于成天只会"纸上谈兵"的学生来说无疑是一个很好的接触真正社工服务的途径。作为法学院一员，此次的暑期社会实践选在了海宁的社会机构，起初对于海宁的概念大部分都停留在对皮革城的印象当中，而社会机构在海宁也是以惊人的速度在成长。作为前往海宁社会机构实习的一员，这次也在实习的过程学到了书本上学不到的社会经验，当我们在学校里时，普遍都重视那些固定的书本知识，然而这些都无法完全适用于社会当中，由此前往真正的社会机构实习就显得尤为重要。对于海宁社会机构的体验感想便成了本篇论文的主题。

二、和乐家庭社工事务所简况

海宁市和乐家庭社工事务所成立于 2012 年 12 月,为海宁市妇联主管的民办非企业机构,机构依托专业的社会工作者为广大家庭及妇女儿童提供项目化、专业化、社会化的综合服务,是一家非营利机构。此外,事务所还充分调动了丰富的志愿者资源,鼓励志愿者积极参与到志愿活动中。和乐家庭社工事务所的志愿者队伍里有许多优秀的律师、心理医生、家庭教育老师和社区社工,他们多次参与了事务所举办的志愿者培训活动,在培训过程中,学习社会工作相关知识,了解社会工作理念与宗旨,与专职社工们面对面交流,共同进步和发展。社工及志愿者之间达成了共识,建立了社工与志愿者联动的机制,形成了值班服务机制,每月 10 日、20 日、30 日为热线服务日(尝试阶段),取长补短,协助社工更好地服务,到目前为止,服务咨询已达 50 人次。

海宁市和乐家庭社工事务所秉承"为政府分忧,为行业服务,为民众解困"的服务宗旨,传播、普及和践行"以人为本,助人自助"的服务理念,围绕当前妇女发展、儿童成长和家庭生活中出现的问题和需求,以社会工作方法协助妇女、儿童、家庭挖掘自身的社会资源、发挥个体潜能,帮助个体成长,恢复家庭功能,提升家庭生活品质,以家庭的和乐促进社会的和谐。

三、和乐家庭社工事务所的工作覆盖

海宁和乐家庭社工事务所主要工作分为三部分:1)单亲妈妈关爱服务;2)婚姻家庭调适服务;3)低保家庭支持服务。

①单亲妈妈关爱服务:主要对象为单亲妈妈(包括丧偶、离异和未婚妈妈)及家人。其主要目的在于帮助单亲妈妈家庭挖掘自身及社会资源,发挥个体潜能,更好地解决面临的困难与问题,重新认识自我、肯定自我,树立信心与积极的生活态度,从而提升家庭生活品质。恢复家庭功能,促进和谐。

②婚姻家庭调适服务:对象为存在婚姻危机的家庭。主要目的为:以"维系夫妻感情、维护美满婚姻、维修家庭关系、维持家庭和谐"为服务理念,补救或促进婚姻家庭关系的功能和巩固婚姻家庭关系,倡导和谐美满的婚姻家庭关系,以家庭的和谐促进社会的和谐。

③低保家庭支持服务:这是 2015 年度和乐家庭社工事务所新增的服务项目,主要对象为低保家庭。目的在于协助低保家庭解决遇到的问题,增加家庭功能正常发挥的正面因素,构建新的人际关系,增进社会参与,提升生活信心。

四、亲身参与机构活动项目

本次在海宁社工机构笔者主要参与并主持的有三个活动，一是7·17"缘来如此"露天假面派对，二是"大手牵小手"亲子沙龙服务，三是"指尖上的艺术"DIY手工坊。

（一）7·17"缘来如此"露天假面派对，算是第一个在和乐事务所参与的活动，在这里也感受到了在一个完美的活动背后得要付出多少劳动。在活动开始的那个下午，整个社工机构的人便提前驱车前往了活动的地点，为晚上活动的正常举行，一下午都在积极地准备，虽然此次的活动在参与者看来是完美的，但是作为幕后的工作者来说还是发现了很多缺点，例如活动安排时间的缺憾，参与者没有全身心地配合，以及活动游戏的老套，等等，都是以后举办活动的前车之鉴。

"缘来你也在这里"青年沙龙系列活动是本机构"和乐维亲"婚姻家庭关系调适服务项目在2016年度新推出的一个子项目，也是社工在婚姻家庭预防服务领域新的尝试和探索，针对存在于当下单身未婚青年群体中的"扩大人际交往面""提高自身社交能力"等需求开展相关服务。

与目前社会上其他的一些婚恋类活动不同的是，青年沙龙的活动更为人性化、更多地从参与者的角度出发。考虑到青年们对于"相亲"相关的话题存在着一定的抵触心理，社工在设计活动方案时弱化了"相亲""配对"等标签，践行"以人为本，助人自助"的理念，突出了青年沙龙"交流互动平台"的作用。

绚烂、美丽的假面为活动增添了一丝神秘与浪漫，也为腼腆的男女青年们营造了一种相对具有安全感的氛围，减少了直接交流时的尴尬。大家卸下平时繁重的工作压力，戴上面具来放松自己。

（二）"大手牵小手"亲子沙龙服务，亲子沙龙服务应该算是在这次的社会实践中唯一一个由我跟另一位实践同学一起策划的活动项目了。

而这项活动的主要目的在于，如今的独生子女成了全家的掌上明珠，一家子围着一个人转的现象越来越普遍。这样使得现在的孩子养成了以自我为中心的不良习惯，稍不顺心，就大发脾气，和父母顶嘴。试问一个连对自己的父母都不懂得关心和尊重的人，何来关心他人，关心集体，关心社会呢？基于此，我们决定举办这个活动，希望借此架起孩子与家长间的心桥，互相了解，互相尊重。

在第一期的活动中，7组家庭纷纷积极地参与其中，共同完成了击鼓传花、大风吹、乌龟与乌鸦、亲子问答、神奇的水杯以及心有灵犀的活动。在这过程中，发现家长跟孩子平时的互动过程真的很少，类似于在亲子问答环节中，许多家长对于孩子的习惯爱好以及口味都不是很熟悉,而孩子对于家长的习性也几乎一无所知,这点在年纪偏小的孩子们身上尤为显著。当一些大孩子能够自信地介绍自己时,那些小孩子只能够不自信或者害羞地躲在父母的怀里。这种现象的出现也只能说明在举行这个活动时,没有仔细考虑或是了解过孩子们的年纪大小,同时这也是这项活动的失误之一。当然,对于第一次活动来说是成功的。这项活动达到了应有的预期目标,就是通过游戏的方式,让孩子领悟到生活中的一些哲理并且加强了孩子与家长之间的了解与情感。

在第二期活动中,最让人印象深刻应该是第一期回顾视频,我们将孩子们的课后作业以及上课游戏活动的照片都收集起来,做成了视频。第二期活动中,最吸引孩子们的应该就是捏泥塑的活动,每个孩子都能一心一意地投入捏泥塑的活动中,连带着家长为了珍惜跟孩子在一起的时间,也都陪着孩子做出他们想要完成的泥塑,这时候便是家长与孩子相互接触、联结情感最有利的一刻。在镜头中看到都是孩子们跟家长笑容幸福的脸庞,这大概就是作为社工最欣慰的一刻。

在这两期活动中,几乎都是由我跟另一位同学共同参与主持的,对于我来说这也算是另一种新鲜的体验吧。在学校只会静静地坐在教室里听着老师传授书本跟社会知识,当自己走上人群中心时又是另外一种的体验,第一次难免会紧张害怕,但是度过了这一阶段的话,就会发现其实一切都是可以克服的,没有什么是不可能的。反而在人群当中时,会觉得莫名地自信,感觉自己能够主持好这个沙龙活动。要知道自信在社会生活中是多么重要的一环,而在这个沙龙活动的过程确实着重锻炼了这一点。

然而最遗憾的是在第三期的活动中,因为社会实践的日期,最后一期的亲子沙龙活动笔者并没有能够参与到,但是在制作的视频和 PPT 中都包含着笔者对这个沙龙活动的情感,希望这个沙龙能够越办越好,将那些不好的地方多加改进,在下次举办的时候能够更加顺利。

(三)"指尖上的艺术"DIY 手工坊,这个小组工作的活动笔者仅仅作为观察者以及记录者。7 月 15 日上午,海宁市和乐家庭社工事务所开始了"指尖上的艺术"DIY 手工坊第一节小组活动。考虑到很多低保家庭是因残、因病导致的,生理上的缺陷使他们在生活、工作等诸多方面遭遇困难,甚至是歧视。因此他们会对自己的评价偏低,在行为上自我封闭,不愿主动与人交流;在情绪上缺乏自信心,自我放弃的意识多。开展此小组活动的目的在于挖掘组员潜能,增加组员自信,促进组员增能,获得成就感。

第一节的主题是认识你我他,此节主要目标是组员了解小组内容,组员间相互认识以及制订小组规范。首先社工向组员们介绍自己,以及小组的名称、内容、目标，让组员们对小组有一定的认识。其次通过"击鼓传花"的游戏形式，使组员间相互认识，拿到"花"的组员进行自我介绍，每个组员都拿到了一次"花"。随后，社工向组员们澄清小组规范，并就内容逐条进行说明解释，征得组员同意。然后让组员们在纸上描绘出自己的手掌并剪下来，签上自己的名字，粘贴在小组规范上，以此表示组员将遵守小组规范。最后，社工对此节活动进行总结，了解组员的感受，鼓励组员积极参与下节活动。

在这节课中，笔者不仅能够发现这项活动中我们做得好的一面，也能看到这其中的不足。好的一面是作为社工机构能够关注到那些低保家庭，为他们争取福利，为他们提供一些他们力所能及的工作或者娱乐活动，这也许会让他们感受到快乐。但是不足就在于，当开办这个活动时，正处于整个夏天最炎热的8月，由此许多人便会因为天气的缘故而拒绝来参加活动，如此这个活动的意义也将削弱许多。

五、对机构的印象和感想

初入海宁和乐家庭社工事务所时，心里不免会有一些紧张和不安，这毕竟是一个陌生的地方跟工作岗位，生活作息与饮食规律都与在家和学校时不一样，这就是检验我们接受能力的强与弱的时刻。笔者还能够记得前往机构的第一天，由于对机构路线的不熟悉，还是迟到了，但是在进入的时候，机构的阿姨和姐姐都表示了理解，还主动帮助提供了最快的路线，笔者第一次真正地看到了社工"助人自助"的人格品质。

当正式有了自己的办公桌和椅子时，笔者深刻地感觉到自己要开始正式工作了。熟悉了一圈海宁的党群服务中心，发现其中有好几家社会工作的机构，而我则成了这其中的一员，即是和乐家庭社工事务所的一员。在正式实践的一天，便开始了一周一次的例会，而这次例会的主要内容就是相互介绍和上周内容的总结。而在对上周内容总结中，发现社工的工作并不像书本中所描述的那样，而是他们需要走遍每一个社区一家一家地调查各户人家的需求、电脑制作表格还有书写各个家庭矛盾以及总结。

在海宁的第二个星期，印象最深刻的应该就是周五机构所开展的关爱低保家庭小组工作。这个小组工作，应该算是笔者在海宁第一个真正亲身参与的活动，虽然这个活动只是单纯的剪纸，但是从中可以获得许多不一样的体会。在那些低保家庭中，许多都是一些智力或者身体有残缺的阿姨，当她们能够完成一些力所能及的事情时，需要给予她们足够的鼓励，激励她们不断地去重复那些正确的事情，对于她们来说这是一种认可而不仅仅是普通的鼓励。

在海宁的第三个星期，事务所举办了一个青年沙龙活动，沙龙活动在周四晚6点梅园社区活动中心举行。这个沙龙活动应该算是笔者第一次以主持人的身份来参与,在这个沙龙开展之前,做了许多的准备工作,类似于道具和PPT的准备工作,主持的过程中其实心中还是有一点紧张的,因为这毕竟是第一次在这么多人的情况下主持一个沙龙活动,但是在机构的阿姨和姐姐的帮助鼓励下,这次沙龙还是很圆满地举行了,这算是一种特别的经历吧。

在海宁的第四个星期,同时也是在海宁的最后一个星期,参与和乐家庭社工事务所的活动也是最后一次,在这里能感受到真正的社工氛围,机构中的每个人都把来这实践的学生当作是机构的一员,而不是单纯来这里实习的实践生而已,这也是令人很感动的一点。在第四周中,亲子沙龙第二期也顺利举行,也制作了视频跟PPT,在制作的过程中都能感受到这一次次活动中大家都是真心诚意地参与其中的,每个人都能表现出自己最真实的一面,这也是令人高兴和欣慰的,觉得自己的努力是有回报的。

这四个星期,笔者始终都能感受到机构里阿姨跟姐姐的关爱,不论是当我们对于社工技能不理解时,又或者在做错一些事情时,她们都会给予足够的关心与解释,这让我们的实践不仅是顺利又愉快地完成,又感受到了海宁社会工作服务的不断进步以及浓厚的社工情。而这次的实践过程中对于自身而言一方面是将专业课程中书本上所习得的知识运用到具体的操作过程中,从而提升自己的专业能力,增强与服务对象沟通交流的能力;另一方面,是要对社会中的问题和现象进行了解和探究,增加自我分析和解决实际问题的能力,将理论知识迁移到实际生活中,并在此基础上进行创新和发展。

六、境外社会学专家的理论表达

在来到海宁的第一天时,便参与了一位来自中国香港社会工作专家的讲座,这位专家给笔者留下最深刻的印象不仅仅是他浓厚的香港口音,同时也包括了他对于社会工作的一些认识和理念。

此次讲座的主题主要是专家讲述自身在社会学道路上所经历的一些困难,以及讲述如何能够加强陌生人之间的情感交流。

在聆听专家发言时,笔者能够发现从事社会工作,不是专家一开始的选择,而是在经过多年历练且深思熟虑后的选择,这与我们高考过后的专业选择有着异曲同工之妙。也许当我们进入社会工作这个专业时,怀抱着疑惑、担忧以及随意的心情,但当学习了两年社会学、心理学知识之后,发现这门专业其实是一门注重人际交往、解决实际问题的专业。

当然,加强人与人之间的交往以及情感交流是社会工作很重要的训练内容,这时候专家教给了我们一个小游戏来缓解这种气氛。由两个陌生人(一定要是互相不认识的人)通过比画 1—5 之间的数字,此时双方做出相应的动作,如双方都比画 1,则需共同完成 1 所代表的动作,若两人比画的数字不同则需要完成数字较大的人的动作。而这些动作大多为握手、拍肩等能够加强双方交往、减少双方尴尬的动作。但对于一些过于害羞或者是有人际交流障碍的人来说,哪怕是有一点点与他人的肢体接触都不能够接受,这也算是这个游戏的缺憾之一。

其次香港专家也给我们传授了一些香港近几年来社会工作发展的情况。香港社会工作的教育是在 20 世纪 50 年代初开始的,首先是在香港大学文学院内的经济系设立。由一年制的文凭及证书演变到有 6 所大专院校提供不同程度的社会工作训练课程,这个演变过程与香港的社会福利发展有着极密切的关系。早期香港社会工作的课程设计及选用教材,几乎全部源自英美和加拿大,少有香港本地的材料。在 20 世纪 70 年代以后,从事社会工作的教育者开始整理香港本地的案例,作为训练学生的教材;也有依据香港的社会政策文件详细分析,以引证或修改西方福利理论。到 20 世纪 90 代初,香港社会政策及社会工作实务书籍的出版蔚为鼎盛,这些书籍的出版,也引导香港社会工作走向本土化的道路。1949 年的"香港社会工作人员协会"、1951 年的"香港社会服务联会"、1980 年的"香港社会工作者总工会"、1991 年的"香港社会福利专业人员注册局"及 1997 年的"社会工作者注册局"等社会工作专业团体组织,以及有 3000 多家向政府注册的民间社会福利机构,这些民间社会福利组织在香港社会工作发展的历程里,可说是自发性地扮演了关键性及推动性的角色。

另外一位来自美国的社会工作专家则讲述的是关于"teenage 社会工作"的主题讲座。首先是关于问题少年的分享,讲述了他们渴望自由、独立但却又缺乏经验的尴尬时期。

先来讨论一下为什么会产生问题少年的主要原因,主要分为两大部分:家庭原因和社会原因。

家庭原因主要包括以下几点:父母既是孩子的榜样也是他们的第一任老师,父母的言行能够直接影响着孩子将来成长的进程。但有的家庭做父母的对自己的言行不注意,造成负面影响,带坏了孩子。父母的素质水平不足以指导教育孩子。在现实生活中,父母对于教育也是影响孩子非常重要的一环,孩子在青春期时往往都会很迷茫,这时候家长的教育都会给予他们最好的建议。然而现实中的很多父母由于自身的素质水平都难以教育子女,父母的思想与子女难以沟通。父母普遍都忙于工作,同时对于新事物的接受较慢、较少。而青少年正处于学习阶段,接受新事物快,思想新潮,对于老一辈人的思想都无法接受和理解。因此,两代人之间的沟通存在许多困难,父母对子女的教育也就存在许多障碍。父母没有尽到监护人的职责。许多家长忙于生计，或双双外出而未能尽到管理教育孩子之职责，有的父母干脆委托孩子的爷爷或奶奶看管，而老人则一味溺爱，孩子的生活缺乏严格的管理。由此看来，父母的失职是造成孩子发展不正常的重要原因。

社会原因：(1)社会的急功近利等错误的价值取向，影响了对青少年培养的投入。由于社会的不断发展，青少年的价值观发生了较大的改变，这种未成形的社会人格则是社会和家长所共同造成的。而消费文化也是影响青少年价值观的一大要素。计算机及网络的普及，给青少年从虚拟走向极端创造了可能。铺天盖地的广告促进了商品的销售，同时也一定程度地左右了人们的生活。为了商业利润，商家竭尽手段，吸引人们消费。对某种物品的消费，在商业行为中被不适度地夸张了，引起一些人注重享受而逃避劳动。

身份认同作为青少年时期突出的社会心理—文化现象，主要源于青少年期独有的矛盾，也就是青少年所具有的生理心理机能的成熟与社会机能的匮乏不成熟之间的矛盾。青少年在此期间一直在追求独特自我，但又缺乏经验的平衡。而这一矛盾也表明了这是青少年在成长过程中逐渐走向成熟的过程。

实际上，身份认同可以简单地归结为一种在社会结构中谋求地位的需要，在此过程中，会伴随着一系列与之相关的权利、利益、文化、生活方式等方面的价值诉求。同时，青少年周围的人或者群体对他也有着一定的影响力，故在青少年的成长过程中，朋友这个群体是尤其重要的一环。

七、对社会工作的崭新认识

在大一、大二的两年学习中，我学的专业课里有社会学概论、社会工作概论，这对社会工作却只是一个大概的认识。而在这一个月的海宁实践当中，我学到的是扎实的专业技能，这是做一名合格社工的基础，而且将来毕业之后步入了工作岗位还是要不断学习，作为一名专业学习社会工作专业的学生，不仅在理论上要多一些探索，同时也得补足在专业技能方面的实践。

社工这个职业虽然不是唯一的能够给其他人解决问题并带来快乐的职业，但社工却是这个复杂社会的润滑剂，调和小的社会矛盾，预防出现社会问题，以及解决社会成员的困难，服务于人民和促进社会进步。社会工作本质的深层内涵："助人自助。"满足受助人的需要——怎样识别受助人的需要。助人过程是服务对象与社会工作者互动的过程——使服务对象提升自我能力。当在服务别人的同时也在提升自我，才能更好地去满足受助者的需要。

从早期的慈善救助活动到运用心理学、社会学理论，并逐步建立社会工作专业的理论模式，实现专业助人的职业。国外的社会工作由于其本身经济发展早,对这个行业的研究也就比较早。虽然我国的社会工作起步晚,但是能够看到社工这个行业在不停地进步,可见日后还拥有很大的发展空间。"路漫漫其修远兮,吾将上下而求索。"这句诗词最能够直白地形容社工工作发展的进程,虽然这个行业在现在无法与国外的进程比拟,但它发展的脚步却是最快的。

社工这个行业发展慢的一个主要原因是:从事这个职业的人极少,就像在进入大学就读这个专业一段时间之后,许多同学都纷纷选择转专业,虽然他人的想法也许不能够改变,但是只要能够坚持自己最初的本心,便是一种成功了。

然而目前社会现实是对于社会工作的发展是空有气而无力,所以社会工作这个项目很需要政府的大力支持。和谐社会和科学发展的有力实施反映了建设富强民主文明和谐的社会主义现代化国家的内在要求,体现了全党全国各族人民的共同愿望。社会工作需要在专业教育、社工队伍、专业服务机构等方面加强自身建设,当自身变得成熟、壮大了,才有能力去实现价值,承担更多责任。

作为在校大学生,需要通过自己的探讨,对社会工作的未来的现状和前景有个系统化的认识,这有助于我们的专业学习和实践。只有不断地深化对专业的认识,同时多参加实践活动,提高自我实践能力。吸取他人经验,去其糟粕,取其精华,相互学习,共同发展。

参考文献

[1] 王永慈,徐震,李明政. 社会工作伦理[M]. 台北:五南图书出版有限公司,2002.

[2] 李晓凤. 心理咨询与社会工作[M]. 武汉:武汉大学出版社,2005.

[3] 周沛. 社区社会工作[M]. 北京:社会科学文献出版社,2002.

[4] 黄威廉,黄成康. 香港社会工作的挑战[M]. 香港:集贤社,1985.

[5] 程荣斌,关于青少年犯罪的几个问题[M]. 北京:中国人民大学出版社,1982.

[6] 翟进. 个案社会工作[M]. 北京:社会科学文献出版社,2001.

[7] 周永新. 社会工作学新论[M]. 北京:商务印书馆,1994.

[8] 曾华源. 社会工作实习教学——原理及实务[M]. 台北:台湾师大书苑有限公司,1987.

[9] 廖荣利. 精神病理社会工作[M]. 台北:五南图书出版有限公司,1993.

[10] 张丽剑."社会工作"在中国的认识发展历程[J]. 社会工作,2006(07).

[11] 王玉. 试论当代大学生社会实践的作用和意义[J]. 青年文学家,2010.

[12] 赵小花.浅谈大学生社会实践的意义和作用[J].中国科教创新导刊,2011.

[13] 蒋国庆,韩伟伟. 为失独家庭构建生活新期许——长沙市雨花区圭塘街道失独家庭社会工作服务项目[J]. 中国社会工作,2015,10(1).

［14］海宁市实施"蒲公英"失独家庭关爱服务社工项目［EB/OL］.［2016-01-07］http://news. haining. gov. cn/bmdt/201403/t20140307_319570. html.

［15］周伟,米红. 中国失独家庭规模估计及扶助标准探讨［J］. 中国人口科学,2013(6).

［16］中华人民共和国人口与计划生育法［EB/OL］.［2015-12-27］. http://www. npc. gov. cn/npc/c10134/201512/bodcfd3d1a394faf6638e20a4cf16-5682. shtml.

［17］蔡方华. "失独家庭"应得到社会双重关怀［J］. 中国社会报,2012.5.21(003).

［18］金燕燕. 失独家庭特征及特扶金需求预测——以浙江省×地为例［M］. 杭州:浙江大学出版社,2014.

［19］钱铭怡. 变态心理学［M］. 北京:北京大学出版社,2006.

［20］姚金丹. 社会工作增能视角下失独家庭的分析［J］. 社会工作,2012(10).

［21］方曙光. 社会支持理论视域下失独老人的社会生活重建［J］. 国家行政学院学报,2013(26).

［22］杨晓升. 失独:中国家庭之痛［M］. 西安:太白文艺出版社,2014.

［23］浙江省计生委,浙江省计划生育家庭特别扶助制度［EB/OL］.［2016-03-29］. http://jxhn. zjzwfw. gov. cn/art/2016/3/29/art_1104546_2293. html.

（指导教师:陈建胜）

青少年社会工作中移情现象的产生及作用

——以海宁市春苗社会工作服务中心为例

龚冠莹　14级社工

摘　要：移情是精神分析的一个用语。来访者的移情是指在以催眠疗法和自由联想法为主体的精神分析过程中，来访者对分析者产生的一种强烈的情感。这是来访者将自己过去对生活中某些重要人物的情感太多投射到咨询者身上的过程。本文从春苗社会工作机构的一次夏令营活动入手，对活动中服务对象移情现象的产生及移情现象与亲社会行为出现的相关性进行了分析。

关键词：青少年社会工作；移情；反向移情；亲社会行为

一、引　言

移情是精神分析的一个用语。来访者的移情是指在以催眠疗法和自由联想法为主体的精神分析过程中，来访者对分析者产生的一种强烈的情感。这是来访者将自己过去对生活中某些重要人物的情感太多投射到咨询者身上的过程。实际上移情的产生不仅仅存在于精神分析领域，而是追溯到移情现象最初产生的机制，是由于人类对于最初给予自己关爱的人所产生的天然的依赖，我们可以发现移情的最初产生更多是来自于人的本能即大脑的功能，它会受到社会环境的影响，但并不被社会环境所控制。也就是说，只要是产生了人类之间的互动并且互动双方都具备完善的共情能力，移情现象就很容易出现。移情之所以会成为精神分析领域的专业用语，这与精神分析理论对于人的精神世界的感知有着密不可分的联系。社会工作作为针对人与社会而产生的工作，在工作过程中，工作人员需要与案主进行大量的沟通交流，其中移情现象的产生难以避免，特别是在做青少年社会工作的过程中，由于接受服务的青少年的心理状况通常较为波动，对情感刺激的反应较大，往往更容易产生移情。

本文的研究对象为参加春苗社会工作机构的夏令营成员,观察的时间为两周夏令营的时间,研究的主题在夏令营结束之后才进行确定,因为不仅仅作为观察者对研究对象进行了观察,笔者同时也参与了活动的策划与进行。在活动过后进行整理研究能够减少个人因素对研究造成的误差。

二、研究机构概述

(一)春苗社会工作机构简介

春苗社会工作服务中心(原春苗社会工作室)成立于 2012 年,2014 年底应机构发展需求,正式申请转为民办非企业单位,经主管单位海宁市民政局的批准,更名为"海宁市春苗社会工作服务中心"。现有社工及工作人员 6 名,其中专业社工 4 名,管理人员 2 名,自 2012 年开始通过政府购买社工服务的方式承接项目,逐渐将海宁市 500 余名社会困境儿童(包括一般家庭残疾儿童、持证困难家庭儿童、持证困难家庭残疾儿童)以及失去父母的散居孤儿等群体纳入了服务范畴,并根据实际需求,为其提供心理疏导、亲子关系调适、社会功能重塑等专业服务。截至 2016 年 6 月底,建立了服务对象成长档案 470 余份,共计服务 5952 人次,服务覆盖率已达到 98.7%。

春苗社会工作服务中心,是一家以服务困境儿童为核心,积极响应各类儿童、青少年需求,致力于为儿童、青少年提供多元化服务的非营利机构,始终秉持助人自助的服务理念,时刻关注儿童青少年需求,有效运用社会资源,提供适切、专业的社会服务,以推动和倡导儿童青少年福利、培养儿童青少年能力、促进儿童青少年参与及社会融合。

春苗社会工作机构成立以来,致力于帮助困境儿童、散居孤儿抗逆力的建立,为全市 500 余名困境儿童、散居孤儿及家庭提供了更多系统性的社会支持。"春苗夏令营"项目是抗逆力培训项目的延续,主要针对困境儿童及散居孤儿,在政府项目的支持下为困境儿童和散居孤儿提供免费的服务,帮助他们感受和同龄人一样的社会生活。

(二)研究意义

以春苗社会工作服务中心进行的"春苗夏令营"为例,主要是针对困境儿童和散居孤儿进行的服务,服务希望达到的目的不仅仅是让困境儿童和散居孤儿能够体会到和其他同龄孩子一样的童年,更加重要的是通过夏令营中的小组活动帮助他们建立起抗逆力。夏令营的活动不仅仅是形式上地满足孩子们的需求,其更加需要做到的是能够满足孩子们情感上的需求,因此情感上的交流是服务过程中很重要的一环,在上文中我们已经讨论过移情产生的原因,很大一部分是因为人和人之间的交流与接触,所以在夏令营活动中移情现象的产生有很大的概率,如何保障服务顺利进行而不受到移情现象的影响,以及探究移情现象的产生究竟会对服务过程带来怎样的影响,如果能够通过个案中的案例来进行系统的分析,对于之后的青少年社会工作服务也能够起到借鉴的作用。

虽然此次研究选择的对象比较特殊,是困境儿童和散居孤儿,但是按照移情的产生机制来说,环境的影响对于移情现象的产生并不是起到决定性作用,因此我们观察到的移情现象以及现象产生对于服务过程的影响不会受到特殊对象的影响,对于青少年这个群体来说,具有一定的参考性,也能够成为其他青少年社会工作的参考内容。我们所得出的结论具有普遍性。

(三)研究方法

我们的研究方法主要是观察法,是根据一定的研究目的、研究提纲或观察表,用自己的感官和辅助工具去直接观察被研究对象,从而获得资料的一种方法。科学的观察具有目的性和计划性、系统性和可重复性。参与到为青少年服务的社会工作当中,通过对青少年行为的观察,以及和青少年的交流得到我们的研究数据和结论。一直参与到服务中对于我们得出更加准确的研究结论有着重要的作用。在服务的过程中,每个周期我们都会写下活动总结,来记录我们的研究内容,以保证我们研究内容的客观性和准确性。

三、个案分析

我们选择的研究机构是春苗社会工作服务中心,服务对象是困境儿童和散居孤儿,开展的活动是暑期夏令营活动。服务对象为 12 个青少年,年龄跨度为 11 岁到 17 岁。在活动进行之前,我们参与到活动中的社工均未和参与活动的青少年进行过接触,也就是说,夏令营的开营活动是社工与参与活动青少年的第一次会面。通过观察第一天的破冰活动,我们观察到参与到此次夏令营中的孩子分为三个类型,第一种是 11 岁到 13 岁的男生,行为表现是比较活泼,注意力不太集中,不容易随着社工的活动节奏进行活动;第二种是 11 岁到 13 岁的女生,行为较男生而言表现出更多的自主想法,对于活动会提出一些自己的意见,对于男生女生一起参加的游戏表现出较大的排斥;第三种是 13 岁以上的青少年,表现是较为沉默,对于游戏的参与程度高,但不会主动地参与表现自己。三个类型表现不同,但都显示出了对陌生环境的不适应。

参加夏令营的青少年会统一居住在春苗社会工作机构所在的福利院中,每天由社工带领进行室内或者室外的活动,每两天会进行一次小组活动,小组为亲子互助平行小组,由笔者开展。因此笔者在此次的研究活动中既是观察者又是被观察者,观察的内容主要为,是否产生移情现象,移情现象产生的时间,产生的移情类型,移情现象产生的环境原因,以及移情现象产生对于整个服务活动所产生的影响,其中可能包括正向的影响和负向的影响。

四、移情现象分析

(一)是否产生移情现象

在为期两周的观察时间里,有一些孩子产生了比较类似于移情现象的行为,这样的行为主要出现在与社工交流比较多的青少年身上,且女生较男生更多。

(二)移情现象产生的时间

根据观察,移情现象产生在服务者与青少年接触的初期,也就是说,不需要做很多的铺垫,不需要做很多的事情,在简单的交流中,移情就会不知不觉产生。需要强调的是,移情产生的过程需要双方产生一定的交流,我们所界定的初期不是以两人的见面为起点,而是以两人第一次产生交流为起点,从产生第一次交流开始,移情现象就有可能发生,并随着时间的推移越来越加深。从案例中体现出来的是,第一个星期和我同组的社工在没有和服务对象进行交流之前,服务对象并没有对其产生移情的征兆,而在与服务对象进行过交流后的第二个星期,服务对象才开始出现移情的行为。

(三)产生移情现象的类型

1.正向移情

主要出现在女生当中,表现为对和自己亲近的社工产生一定的依赖情绪,在行为上比较依赖亲近的社工,与其他青少年相比,和社工的交流和互动更为密切。表现出更多对社工的好感。

2.负向移情

主要出现在个别男生身上,表现出对同性社工的不友好行为,行为上对同性社工出现反抗,言语不尊重等。明显显示出自己对对方的厌恶情绪。

3.反向移情

除了参加夏令营的青少年对于带领他们的社工会产生一定的移情,带领青少年进行活动的社工在一定程度上也会出现一些反向移情的行为,比如对跟自己亲近的成员和对自己表示出关心和喜爱的成员更加亲近。

（四）移情现象产生的环境原因

虽然在之前的论证中，我们一直在强调，社会环境只是移情现象产生的影响因素而不是移情现象产生的决定性因素，但不可否认的是，社会环境对于移情现象的产生会有较大的影响，因此分析移情现象产生的环境原因也是十分必要的。

我们所处的夏令营小组是一个完全封闭的小组，小组成员固定，带领青少年进行每天活动的社工成员也是固定的，在夏令营进行的过程中，社工会和青少年产生一定程度的交流，这样的交流为移情的产生创造了基础条件，同时，两周的相处时间为相互情感的加深创造了时间条件。参加到夏令营活动中的孩子都是困境儿童或是散居孤儿，在家庭中比较少会接收到来自家长的关怀，在校园中往往由于性格内向，从而缺乏与其他孩子的交流，因此这样的孩子较一般家庭的孩子更加渴望也更加需要来自外界的关爱，内心也更加容易受到外界情感的干扰，这就为移情现象的产生创造了情感条件。由于以上的种种环境因素，使得夏令营中的孩子更加容易出现一些移情的现象。

以上是出现移情现象的外部因素，产生移情现象的内部因素是人的本能，研究显示，只有少部分受到特殊训练的人会对他人的痛苦感到无动于衷，大部分的人都能够对处于痛苦中的人产生相应的同情情绪，在婴儿时期人们就能敏感地感受到别人的痛苦。有研究显示，人们在图片上所看到的悲惨情境能够带给人们真切的痛苦感受，而这是不需要进行后天训练的，是大部分人都会出现的正常反应。这种反应被称为"共情"，即对他人的情绪进行合理感知，并且做出合理的反应。移情现象的产生与人类的"共情"能力有着密不可分的联系，当人类能够将自己的感受与他人的感受进行类比并准确地接收到他人的情绪时，人类才有可能发生移情。一个冷血到无法感知情感的人，很显然是不会出现移情现象的。因此移情产生的内在原因就是，这个人拥有感知情感即与他人共情的能力。

（五）移情现象对服务活动的影响

首先我们需要明确的是，移情现象在整个夏令营的活动过程中是潜移默化的，因此移情现象对于整个夏令营所产生的影响也是潜移默化的，下面我将站在参与者的角度进行一些举例。

我们提到夏令营中存在的三个不同的青少年类型，其中11岁到13岁的女生开始进入青春期，她们有自己的想法，并且会毫不犹豫表达自己不同的想法，这在活动开展的初期给笔者带来了一些困扰，因为活动的过程中孩子们可能会打断笔者的话题,并且阐述她们自己的想法,这是不利于小组活动顺利进行的。与此同时,处于青春期的小女生们还有一个重要的特点,就是情感世界更加细腻,她们的共情能力实际上在青春期处于一个飞速成长的阶段,因此这个阶段的小女生也很容易出现共情现象,在后期的活动中,小女生们对参与活动的社工表现出了极大的善意和喜爱,在活动时会配合社工的工作,也会听取社工给自己的一些建议,在自己的意见和社工的意见产生了分歧的时候也会考虑社工的意见,甚至会主动关心参与到活动中的社工,这对于整个夏令营活动的开展其实是有一个好的促进作用的,产生了移情的服务者和被服务者双方,活动交流往往更加亲切和谐,而不是机械地进行活动和任务,因此也更加能够达成小组所制订的目标。与此产生对比的是,发育相对较晚还处于孩童阶段晚期的11岁到13岁的小男生们,不容易产生移情现象,因此在活动中比较容易专注于自己的事情,不太会听取社工的建议,活动时会带来一定的阻碍,以及小组中年龄比较大的孩子性格上也会比较独立,不容易产生移情现象,因此不太容易和社工进行情感上的交流,从行为上来讲没有什么问题,但对于推动整个小组活动来说没有起到很好的作用。从举例中我们不难发现,移情现象的产生能够促进一些亲社会行为的产生,在小组活动中,移情现象的产生对于小组的气氛和小组成员与社工的交流会产生正面的影响,帮助社工了解成员的内心世界,因此也更加能够达成小组的工作目标,社工在服务小组成员的时候也更加能够感受到愉悦的气氛。

正向移情会产生的是一种喜爱的情感,因此会促进交流和联系,但是还存在一种负向移情,这种移情主要出现在14岁到15岁之间的男生身上,表现为对同性工作人员的负面情绪明显,出现行为和语言上的暴力行为,与正向移情相反的是,负向移情的出现会造成服务对象与社工之间的敌对情绪,导致活动没有办法正常进行。负向移情出现的原因可能是因为其内在防御机制太过强烈,因此对于出现在生活中的比较强硬的存在产生了敌意,一旦出现意见上的分歧,很容易用极端的态度来表达自己内心的不满。负向移情相对于正向移情在活动中较少出现,此次参与到夏令营的青少年中,也仅仅有一个产生了负向移情的现象,虽然出现在活动中的负向移情的例子较少,但是会对整个活动造成一定的阻碍,因此应对活动中成员出现的负向移情也就显得尤为重要。

反向移情在夏令营活动中也有一定程度出现,反向移情表现在社工对于服务对象产生一些特殊的情感。在夏令营进行的过程中,男生居住的房间曾经因为看电视的分歧产生过一些矛盾,产生矛盾的对象中,一个是平时比较叛逆的男生,一个是平时很听话十分内向的男生,在矛盾发生后的第一时间,所有的人第一反应都是安慰那个内向听话的男生，事情的解决也是倾向于帮助内向听话的男生，几乎所有人都觉得是性格比较内向听话的小男生受到了欺负和侵犯。在当时笔者也是这么觉得的，但是过后却发现当时的解决方案有些不妥，对于内向听话的孩子我们明显存在情感上的偏私，究竟矛盾是怎么产生的这一问题竟然被忽略了。这是在活动过程中产生的一些问题。在夏令营活动结束过后，笔者和一起工作的社工进行过一些讨论，发现我们都对跟自己较近、对自己表现出关心的孩子有着较多的好感，在活动中对于这样的孩子给予的关注也会比其他孩子相对较多。从以上的举例我们可以得出的推论是，社会工作者在服务过程中产生的移情，可能会在一定程度上左右其对于案主的判断，在进行决策时容易受到情感因素的影响。因此在进行专业的社会工作时应尽量避免反向移情的产生，有利于更好地对所有服务对象进行服务，有利于工作者进行更加专业的判断。

五、活动结束后移情现象的跟进

在之前的文字中我们曾经论述过，由移情现象造成的亲社会行为会让产生了移情的青少年倾向于配合互动，那么这样的移情会持续多长的时间，是否会对青少年活动结束之后的生活造成影响也是我们需要关注的问题，在几个产生移情的青少年中，我们并未发现由于活动的结束对其造成情感上的过大的影响，因此我们可以判断，在活动过程中所产生的移情是一种临时性的，或者说是阶段性的移情，也就是说，当青少年脱离了夏令营的环境，对于社工的情感记忆还是会存在，但是并不会因为活动中的移情而影响到参与活动的青少年日后的生活，在一起生活时所产生的依赖情绪会随着活动的结束而逐渐淡化。因此对于活动中青少年所产生的正常的移情现象，社工可以采取接纳的形式，并且用合理的方式积极应对，这对于服务对象来说，能够给其带来积极的情绪体验，同时只要采取的措施得当，这样的移情现象会随着活动的结束而逐渐消失，并不会对青少年造成长期的影响。

对于一般的移情可以通过活动的正常结束而渐渐消失，但是不乏有一些特例，如和笔者接触较多的一个孩子，在活动中表现出来对笔者的极大依赖，甚至在活动结束后仍然通过网络的形式和笔者进行交流，这个孩子在性格上极度缺乏安全感，处理问题多以对抗的形式来进行，但是十分听笔者的话，夏令营活动结束已经一个半月，笔者还在逐渐对其对笔者的依赖情绪进行舒解。希望通过一些方法，能够帮助这个孩子建立起更好的人际交往方式。

六、结 论

移情现象在社会工作服务中很容易就会发生,与其对移情现象的产生视为洪水猛兽极力去避免它的发生,不如在活动过程中合理利用移情现象,对服务对象的情绪不采取回避的态度而是进行理性疏导。这样能够帮助服务对象更好地适应活动,保持更好的活动状态,也更加容易达到活动目的。移情现象的产生出现在交往初期,因此社工在工作初期建立与案主的关系时应该更加小心谨慎,以保证能与案主建立起良好的服务关系,在合理看待案主移情,接纳案主移情的同时,对案主的情感状态进行合理的评估,保证案主能够在结束服务之后更好地回归自己的生活。

与此同时,我们认为,在活动过程中的移情现象其实是一种十分正常的社会交往现象,孩子们的移情行为体现了其共情能力的发展,作为移情的对象,我们去正确地对待这段感情,能够避免孩子们本来就脆弱的情感受到伤害,同时与别人建立起情感互动的联系,能够帮助孩子们更好地认识到自己的价值,能够提高孩子们应对挫折时候的勇气,帮助孩子们建立面对挫折和困难的抗逆力。早在一个多世纪以前,"移情"这个术语就出现在精神病学当中,并受到极大关注。情商表现为在自信、自尊、移情、说服力、动机、自治这 6 个方面的能力水平,其中移情是一种经常被提到的能力。从科学角度出发,移情之所以重要,是因为它能够改善社会关系。很多研究人员认为,缺乏对别人的认同感是导致某些人行为不端的罪魁祸首。剑桥大学的精神病学教授西蒙·巴伦-科恩指出,缺乏这项能力导致某些人对待别人非常残忍。他指出,某些情况可能导致人丧失移情能力如个性,例如自恋情结、精神疾病、吸毒导致的意识恍惚,外界因素,例如受到他人癫狂状态的影响。上述所有情况导致的结果只有一个:使人把他人物化。换言之,就是把身边活生生的人当作冰冷的物体。情绪的感染可以带来利他主义。很久以前,人类就懂得同情他人可以让自己变得更加强大。爱默生曾说:"凡真心尝试助人者,没有不帮到自己的。"现代的研究也印证了这种"助人者自助"的观点。因此,支持移情有助于社会团结的研究人员尝试着对这个概念进行更加深入的解释。进化心理学家斯蒂芬·平克通过研究发现,现代人类的暴力程度达到了有史以来的最低水平。研究结果显示,在我们生存的时代,无论是战乱、杀戮还是社会压力,都比过去更少。例如,自从 1945年以来,世界强国之间再也没有爆发战争,这在人类历史上是非常罕见的。合法的奴隶制、酷刑和很多暴力行为都从地球上消失了。他还就这种积极进化的起因提出了一个假设。平克认为,随着移情概念的传播,人类的利他主义精神越来越强。他指出,情绪传染是移情这种与人类福祉关系最密切的能力的基础。因此合理的移情有利于建立起稳定的秩序。这一点在社会工作的工作过程中同样适用。

但是过度的移情也会给我们带来伤害。过于同情和自己有着类似经历的人通常会忘记自己的判断立场，在做出决策时可能会有失偏颇，因此，控制自己的情绪在我们的工作过程中就显得尤为重要。

参考文献

[1] 朱建刚,陈安娜,等.嵌入中的专业社会工作与街区权力关系[J].社会学研究,2013(1):43-64.

[2] 应贤慧,戴春林.中学生移情与攻击行为:攻击情绪与认知的中介作用[J].心理发展与教育,2008(2):73-78.

[3] Boris C. Bernhardt,Tania Singer. The Neural Basis of Empathy[J]. Annual Review of Neuroscience，2012.

[4] 刘俊升,周颖.移情的心理机制及其影响因素概述[J].心理科学,2008(2).

[5] 丁芳.儿童的观点采择、移情与亲社会行为的关系[J].山东教育学院学报,2001(1).

[6] 雷伯.心理学词典[M].李伯黍,等,译.上海:上海译文出版社,1996.

[7] 常宇秋,岑国桢.6—10岁儿童道德移情特点的研究[J].心理科学,2003(2).

[8] Eisenberg N,Strayer J,Eisenberg N,et al. Critical issues in the study of empathy[J]. Empathy and its development,1987.

[9] 郝焕香.移情对青少年道德教育的渗透分析[J].基础教育,2008(07).

[10] 王玮,刘春媛.从公正到关怀:道德教育中核心价值的转变[J].中国青年研究,2005(11).

[11] 王玮.从作为公平的正义到基于道德性的正义[J].学理论,2010(27).

[12] 陈永胜.弗洛伊德精神分析宗教心理观新探[J].科学与无神论,2010(2).

（指导教师：王春霞）

困境儿童的抗逆力培育

——以海宁市春苗社会工作服务中心为例

王 贝 14级社会工作

摘 要:抗逆力作为优势视角的理论内核,是当个人面对逆境时能够理性地做出建设性、正向的选择和处理方法。抗逆力是个人的一种资源和资产,能够引领个人在身处恶劣环境下懂得如何处理不利的条件,从而产生正面的结果。困境儿童由于外部支持因素的先天不足,需要通过专业社工的引导和帮助增强其内在支持因素,调动效能因素,强化社会关怀和支持,协助其构建合理信念,以达到抗逆力提升的目的。

关键词:抗逆力;困境儿童;社会支持

一、实习单位和服务对象基本情况

春苗社会工作服务中心(原春苗社会工作室)成立于2012年,隶属于海宁市儿童福利院,2014年底应机构发展需求,正式申请转为民办非企业单位,经主管单位海宁市民政局的批准,更名为"海宁市春苗社会工作服务中心"。现有社工及工作人员6名,其中专业社工4名,管理人员2名,自2012年开始通过政府购买社工服务的方式承接项目,逐渐将海宁市近500名社会困境儿童(包括一般家庭残疾儿童、持证困难家庭儿童、持证困难家庭残疾儿童)以及失去父母的散居孤儿等群体纳入了服务范畴,并根据实际需求,为其提供心理疏导、亲子关系调适、社会功能重塑等专业服务。截至2016年6月底,建立了服务对象成长档案470余份,共计服务5952人次,服务覆盖率已达到98.7%。

春苗社会工作服务中心,是一家以服务困境儿童为核心,积极响应各类儿童、青少年需求,致力于为儿童、青少年提供多元化服务的非营利机构,始终秉持助人自助的服务理念,时刻关注儿童青少年需求,有效运用社会资源,提供适切、专业的社会服务,以推动和倡导儿童青少年福利、培养儿童青少年能力、促进儿童青少年参与及社会融合。

春苗社会工作机构自成立以来,致力于帮助困境儿童及散居孤儿抗逆力的建立,为全市500余名困境儿童、散居孤儿及家庭提供了更多系统性的社会支持。"春苗夏令营"项目是抗逆力培训项目的延续,主要针对困境儿童及散居孤儿,在政府项目的支持下为困境儿童和散居孤儿提供免费的服务,帮助他们感受和同龄人一样的社会生活。

此次见习服务对象主要是受邀参加春苗组织的以"互助互爱,乐享一夏"为主题的助翼起航夏令营活动的一批困境儿童(包括海宁市一般家庭残疾儿童、持证困难家庭儿童、持证困难家庭残疾儿童以及失去父母的散居孤儿),服务对象为12个青少年,年龄跨度为11岁到17岁。

二、实习目标

自身目标:本次实习是14级学生第一次真正走进社工机构参与一线社工工作,通过所在机构专业社工的指导,把在学校所学的理论知识应用于实践,并在实践中加深对理论的理解,更好地理解助人自助的社工理念,更好地为以后从事社工或其他工作积累丰富的实务经验。

服务目标:在7月份实习过程中,笔者所在的春苗社会工作服务中心主要工作目标就是通过社区工作和小组工作的工作方法,通过夏令营活动满足服务对象在假期中学习与娱乐需求;让服务对象在志愿者活动中体验给予和传递爱的快乐,引导服务对象形成健康的人格与自我意识,全面提升自我素质;为服务对象提供更广泛的社会参与,学会承担责任,做出贡献;强化其社会支持,让服务对象在活动中体会到被人关爱的温暖,认识到集体活动的魅力,构建积极信念,从而实现抗逆力的提升。

三、服务方式和需求分析

此次夏令营活动服务方式以小组工作和社区工作方法为主,实习生在春苗负责社工指导下为服务对象开展一系列小组活动、主题活动,主要在福利院内开展,并有数次下社区的外出活动。此次服务主要考虑服务对象的以下三方面需求:

(1)能力提升需求,服务对象在校园接受文化知识教育的同时,综合素质仍有待提升,通过夏令营活动在实践中让青少年综合能力得到加强。

(2)自我发展需求,服务对象处在人格发展的关键时期,需要通过正确的引导形成健康的自我意识,夏令营活动既能通过规范化的日程让服务对象克服心理惰性,培养自立自主意识,还能通过多样化的集体活动让服务对象增强参与意识与团队意识,学会与人沟通,关爱他人。

3.教育引导需求,部分服务对象在家庭中因为缺少父母关爱,性格孤僻,在学校中也因性格问题难以与老师、同学进行良好互动,通过夏令营的素质拓展活动让其增强自信心和人际交往能力。

四、服务内容和效果评估

夏令营内容大致分为小组活动、社区活动和其他主题活动三个部分。

(一)小组活动

1.小组活动基本信息

表 4.1　基本信息

小组名称	心航线,心成长	小组类型	成长型小组
小组人数	15 人	活动次数	6 次
活动时间	2016.7	活动地点	春苗社会工作服务中心
申请工作点	春苗社会工作服务中心	负责社工	龚冠萤、刘化良、王贝

2.小组背景

朋辈群体是影响儿童成长最为重要的因素之一,也是影响抗逆力培育重要的外部支持因素,而朋辈人际关系又是儿童走出家庭后最初接触的社会交往网络,如何处理好和其他同龄人之间的矛盾是关乎每一个儿童成长的重要课程。社会功能的实现通过良好的朋辈关系来实现,以此帮助儿童更好地成长。而这些困境儿童由于种种原因,家庭的功能不能得以完全实现,导致了儿童出现人格不健全、心理功能障碍等问题,因此寻求其他社会支持显得尤为重要。我们旨在通过游戏、相互分享以及交流经验,引导服务对象增强自信心,提高人际沟通技巧,帮助困境儿童改善朋辈关系,并将这种技巧和经验带入自己的家庭中,解决部分家庭内部实际问题,提高他们的生活质量,这也对服务对象更好地处理好校园人际关系提供了指导。

3.小组理论基础

困境儿童早期缺乏与父母的良性互动,导致其在学校人际沟通、交往上的能力有所缺失,表现出不爱合群、不爱互动的自我防卫现象,家长由于工作忙或其他特殊原因而缺乏对孩子的关爱,使得问题无法被及时发现并纠正,最终导致其自闭内向的性格特质,不利于其健康成长。我们立足于社工的优势视角,关注困境儿童的优势能力,充分挖掘其内在抗逆力,重塑自信心。同时运用同理心,使其与其他营员进行换位思考,得到相互理解,转变和朋辈群体的相处模式。

4.小组目标

运用"平行互助小组"的形式,使服务对象重拾自信心,构筑健康人格,加强组员间的理解与沟通,增进组员关系融洽;使组员了解自身优势,强化其自信理念,构造自信人格结构;打造服务对象彼此间的沟通桥梁,使得服务对象之间建立良好人际互动关系;引导服务对象使用恰当的朋辈沟通技巧,合理表达诉求,增进相互理解,提升关系质量。

5.评估方法

(1)直观观察法:通过观察记录活动前后服务对象的表现,如言行举止。

(2)问卷法:通过问卷的形式,让服务对象进行自我评估。

(3)电话回访:活动后对服务对象的父母进行电话回访,了解其前后表现情况。

6.具体内容记录

夏令营开营第一天,孩子们陆续抵达福利院,在福利院工作人员的引导下去往宿舍整理床铺,熟悉环境。笔者和其他两位实习社工来到他们住的楼层,去到他们房间进行探访,让他们对接下来的夏令营有一个初步的了解,也告知他们明天要开展第一次小组活动。这次简单的探访过程我们观察到这些孩子初来乍到,大都有点怕生,除了一个孩子比较闹腾之外,其他孩子都偏内向,所以我们明确工作的第一步就是让大家熟络起来,解除孩子们来到陌生环境后的不适感和孤独感。

第二天我们三个实习社工就在机构负责人的指导下开展了第一期主题为"初次见面,多多关照"的小组活动,这次小组活动以"破冰"为主要目标,准备了两个破冰小游戏,但在主持社工讲解游戏规则的环节很多孩子并没有认真听,加之笔者和其他两位实习社工缺乏组织小组活动的经验,所以游戏开展得并不顺利,活动秩序趋于混乱。我们也发现了营员里的两个"刺头",一个是之前提到的多动症小孩,他在活动过程中一直很难坐住,东跑西跑,还会不断提问,打断主持社工的讲解,通过喧哗吸引关注;另一个小孩是一个四年级小男孩,父母都是聋哑人,导致他至今口齿不清,这个小孩防御机制很强,给我们一种痞里痞气的感觉,抗拒做游戏,对我们的态度也很有敌意,甚至会欺负旁边比他小的孩子,笔者多番劝阻都没什么效果。接下来的自我介绍环节,有一对内向的双胞胎兄弟在面对大家时十分紧张,声音几乎都咽下去了,社工上前进行了鼓励并发动其他孩子鼓掌来鼓励他们,最后他们才勇敢地说出了自己的名字。第一次小组活动成果和预期差距比较大,笔者等人认识到了小组工作实际操作起来的困难,就算是简单的游戏组织,要掌控局面也绝非易事。我们对第一期小组进行了总结反思,万事开头难,尽管局面有点乱,这次活动还是让我们和服务对象彼此熟悉了一些,鼓励羞涩的孩子勇敢迈出第一步,对于他们之后更好地进行人际沟通也颇具意义,这次活动也为接下来的工作积累了经验。

第二期小组活动主题为"给世界一个温暖的拥抱",这期活动离第一期过去了两天,组员间彼此更为熟悉,考虑到第一次游戏出现的服务对象规则不清导致的进展不顺利,因此我们准备了一个更为简单但是肢体接触更大的游戏——"爱的抱抱",想通过这次游戏让组员进一步打破人际交往的"坚冰",勇敢地与其他组员建立更密切的互助关系。笔者和其他两位社工吸取了第一次的失败经验,重点"照顾"了两个"刺头",用延迟补偿的方式让他们保持了一个相对安分的状态。活动开展过程较为顺利,但是两轮过后我们观察到,"爱的抱抱"仅限于他们小团体之间,如双胞胎兄弟间、同一寝室间、三个女生间,打乱过程他们基本都是在内部完成"抱抱",缺乏了我们预期的让不熟悉的人熟悉起来的目标,尤其是他们这个年龄的孩子,对异性始终保持一种抗拒,男生和女生缺乏正常互动,这也是我们关注到的一个问题。鼓励他们走出自己的小圈子,迈出和异性朋辈正常交往的第一步对他们迈入青春期和成年后建立健康的异性关系都有重要意义。

第三期和第四期小组活动主题分别为"侧耳倾听,他们的故事"和"我有一些小秘密",这两次小组活动以组员说和写为主,笔者和其他两位社工在旁进行引导,并担任倾听者的身份。我们组织服务对象围成一个大圈分享家庭生活中的点滴,写下自己开心的事和不开心的事,我们以知心大哥哥大姐姐的身份放大他们的快乐瞬间,引导他们正视不愉快的事情,然后用合理情绪疗法的相关技巧,让他们在不快乐面前依然保持相对积极的合理信念,最后组员们撕掉了写着不愉快事情的纸条,留下了开心的记忆。这两次小组活动我们尽可能地关注到了服务对象家庭生活里的困境,从同理心做起,在短期内无法改变现实本身的情况下,通过引导他们改变认知,建立积极乐观的态度为他们身心健康发展提供了帮助。

第五期小组活动主题为"我明白,我很重要",这期小组活动我们针对困境儿童自信心普遍缺乏的现象,让组员间进行"优点轰炸",刚开始孩子们都有点羞涩,在社工带头参与下活动开展得比较顺利,我们发现这个年龄的孩子最大的一个特质就是善良,印象尤其深刻的是一个孩子前一天还被另一个大一点的孩子欺负弄哭了,当天游戏里却真诚地说出了对方好几个优点。这次活动效果很好,不仅让组员们认识到了自己身上的闪光点,还增强了提升抗逆力的效能因素,对增进组员间的好感度也很有意义。

最后一期小组活动主题为"从心启航,筑梦未来",以回顾总结为主,几周相处下来,组员之间从开始的陌生到如今的建立起密切关系,服务对象和社工之间也产生了颇为深厚的感情,部分服务对象对笔者和其他两位社工产生了明显的移情现象,临近分别甚至向我们讨要了联系方式。为了避免服务对象过度移情对社工产生依赖,我们把重点带回他们的自身成长,让他们分享自己在夏令营的收获和感悟,并开启了他们在第一期活动中"写给自己的一封信"。

作为笔者等人第一次带的一系列小组活动,这六次主题各异的活动中存在着诸多经验不足带来的问题,但随着夏令营的进展和小组活动的深入,我们总结了很多只有在实务中才能得到的宝贵经验,并和服务对象建立了良性的关系,服务对象从刚来时的羞涩内向到六期小组活动后的收获满满,部分服务对象甚至有了不小的改变,这六期小组活动也算是基本达到了预期效果。

(二)社区活动

活动内容

这次社区活动主题是"向夏日里最美的人致敬",笔者等人组织服务对象在福利院食堂自己动手制作酸梅汤,因为小孩子都不知道自己平时喝的酸梅汤是怎么制作的,所以他们保持着对未知和新鲜事物的高度好奇,这个环节进行得很顺利,既让服务对象体会到了食物制作的不易,也培养了他们自己动手的能力。之后社工带领他们来到海宁市海洲街道的环卫站,夏日炎炎,但孩子们对这少有的一次外出活动保持着很高的积极性,全程步行,我们惊喜地发现在路上大一点的孩子会主动照顾小的,可见组员之间已经形成了很好的互助关系。此外,我们从这次活动里观察到了这群孩子身上的另一个闪光点,在给环卫工人送酸梅汤的过程中他们始终双手递送,态度真诚,即便平时很不听话的几个孩子在送酸梅汤给环卫工人时也会礼貌地问候"爷爷奶奶辛苦了"之类,这些细节让我们看到了服务对象本性的善良。出于安全考虑,这次夏令营很少有外出活动,这次珍贵的社区活动机会,我们让服务对象收获奉献爱心的快乐,让他们从给予的过程中得到精神的充实,这对他们的心理健康成长有着积极意义,是提升抗逆力过程中重要的效能因素。

(三)其他活动

为了保证夏令营活动的多样性,让服务对象度过一个更丰富多彩的假期,我们还组织了一系列主题活动。

1."我是糕点师"

这次活动在儿童福利院的烘焙教室开展,由笔者在内的五名社工组织服务对象参加。首先按年龄和性别对服务对象进行分组,尽量男女搭配,大孩子带小孩子。然后社工进行饼干制作的全程示范,最后组织服务对象分组进行,最先完成的得到奖励。这次活动由于我们充分考虑了组员间的关系,把不太熟悉、交往较少的孩子分到一个组里完成任务,经过这次活动,加强了他们的交往,在相同目标驱动下,他们学会很好地进行团队分工、团队协作,不仅在团队里找到自身价值,也能发现队友的优点,学会欣赏他人。

2.红十字会安全教育活动

为了增强服务对象的安全意识,提高服务对象在面对危险事件时的自我保护能力,福利院方面邀请了海宁红十字会进行了一次安全讲座。主讲老师给孩子们示范了一些基本的急救常识,孩子们也踊跃地进行动手学习,缠绷带、按压式心肺复苏等基本技能,孩子们做起来也有模有样。

3.影片欣赏

夏令营过程中社工前后给服务对象播放了三场电影,分别是动漫电影《千与千寻》、好莱坞经典电影《E.T》和法国电影《放牛班的春天》,观影活动是所有活动中唯一基本不需要管理秩序的,孩子们很自然地被电影所吸引,三部主题各异的电影分别向他们传达了友情、童真和师德,三种在他们这个年龄很重要的品质。

夏令营过程我们还组织了 DIY 制作、真人 CS、图书馆阅读等兼具娱乐和学习的主题活动,既满足了孩子们假期的娱乐需求,也让他们得到了素质的拓展,能力的提升。

五、实训反思

正如前面反复提到的,这是笔者第一次参与一线社工工作,作为为期一个月的暑期实习,收获良多。

“纸上得来终觉浅,绝知此事要躬行”,如果说两年的理论学习甚至都很难让笔者回答“什么是社会工作?”这个问题,短短一个月实践却足以让我认识到,我们离真正专业的社会工作者,还有很长的一段路要走。助人自助的核心理念,小组社区个案三大方法,学的时候觉得这么简单的东西,用得着花两年,三本厚厚的书?等所学不精的笔者拿着这些理论想大展身手时,才发现实践是检验真理的唯一标准。在春苗我的工作对象主要是儿童和青少年,在此之前,笔者是一个看到小孩子就头大的人,也就是说,不仅没有青少年工作的经验,就连“孩子缘”都没有,第一次小组活动就做得鸡飞蛋打,小孩子们吵闹的声音回荡在耳边,想着就头痛,幸好有机构前辈的帮助,有同为实习生同伴的鼓励,笔者努力做着一件自己不擅长的事,这样的感觉除了艰难,更多的是一步一个脚印的成就感。每天都有突破，每天都有收获，每一次工作的完成都是宝贵经验的积累，这就是作为一个菜鸟最可喜也最有感触的地方。六次小组活动做下来，收获不会小于那本厚厚的《小组工作》，我们一直探寻的"什么是社会工作？"也在实习的一天天工作里得到了回答。

实践经验缺乏是一方面，要做一个合格的社工，更重要的还是要把社工的理念内化。夏令营刚开始不久时，一个男生寝室就发生了一起矛盾，我们到房间时，小一点的孩子正在抹眼泪，而大一点的孩子则在一下一下重重地敲床，在听了小一点孩子的叙述后，我们一致认为是大孩子欺负了他，因为我们之前对他有所了解，他攻击性很强，十分叛逆，也有欺负小孩子的"前科"，于是我们的处理方法是都跑去安抚那个哭的孩子，机构的负责社工则把这个"犯事者"带到隔壁办公室进行教育。这个处理方法在当时是大家一致认可的，但是事后笔者和一起实习的同伴讨论时，发现我们在这件事上做得极为不专业，我们从一开始就给那个大孩子贴上了"爱欺负人""叛逆""攻击性强"的标签，同时我们的思维惯性让我们习惯性地去同情弱者，这里的弱者毫无疑问就是哭的人。矛盾发生时我们都不在场，我们却先入为主地把事情想成"应该"的样子，对于一个社工，这很不应该。在负责人和那个大孩子谈话过程中，他有说到那个小一点的孩子也有打他，这时候我们才意识到，大几岁小几岁，他们都是孩子，我们有什么理由不一视同仁？这件事单独提出来就是想说明，一个合格的专业社会工作者，理应把公平的理念真正融入工作中去，这一点做起来也并不容易。

其实作为第一次实习，在海宁的一个月，除了学到了不少社会工作的实务技能，更为重要的是学会了怎样与人沟通。这种学习受益终身，人是社会动物，从出生那一刻开始我们就学会了用眼神沟通来获取关爱，到之后通过沟通来学习和成长。笔者的工作内容是和小孩子沟通，从完全不会，到从观察机构资深社工和孩子沟通中学习，再到自己和孩子沟通中进步。而后还有和上级沟通，作为实习生，所有人都是你的前辈，你就是工作链条里最底层的一分子，因为你是来学习的，所以你要把自己的姿态放得足够低，牢记谦虚是美德。在工作中笔者曾因为工作安排的一次乌龙和自己所在机构的督导社工产生了一点小摩擦，虽然这个不愉快后来得到了化解，但是笔者一直在反思在这件事上自己的不足，这也为以后笔者在人际关系处理上提供了借鉴。

很幸运自己能在一个充满温暖童真的机构得到这次实习机会，春苗，"春风化雨育春苗"，福利院里的孩子是不幸的，他们生来就被抛弃，无法像我们一样在父母呵护中成长，他们又是相对幸运的，因为有这个温暖的福利院大家庭带给他们别样的爱护，这里的工作人员带着使命感和一片真心在为这些孩子创造尽可能良好的环境，而春苗作为福利院里的社工机构，更是在专业社工的带领下给孩子们提供了一个温馨的港湾，就像福利院的那段标语，"虽非亲骨肉，依然寸草心"。之前很烦小孩，相处起来发现，做小孩子的工作其实是不容易感觉到累的，他们的天真无邪感染着你，他们的朝气蓬勃影响着你，你也会在潜移默化中保持年轻态，活力满满。夏令营半个月下来，亲自带他们成立小组，玩游戏，下社区，外出旅游，从开始被他们的吵闹和任性烦得"累感无爱"，到慢慢和他们建立了颇为深厚的感情，作为个人经历而言，这很奇妙，分别时我很不舍，既不舍福利院和春苗，更不舍这群单纯可爱的孩子，某种意义来说，这也是一种反向移情吧。

海宁，有着依托杭州，毗邻上海的优越地理区位，在这里，笔者看到了社会工作发展的蒸蒸日上，在一线的一个月，笔者对中国目前的社会工作发展现状有了更多了解，在中国，社工曾是一片空白，在笔者的家乡，社工的发展才刚刚起步，而在海宁，笔者看到了中国社工发展的前沿，尽管和国外相比依旧只是萌芽，但笔者相信不远的将来，中国内地的社工事业也会走向健全，走向专业，走向一个光明的明天！

参考文献

[1] 沈之菲. 青少年抗逆力的解读和培养[J]. 心理辅导，2008(1).

[2] 熊远来，朱泮霏，张莉萍. 当前青少年抗逆力现状及其培养对策[J]. 社会调查，2012(5).

[3] 李玉娜. 专业社工介入困境儿童社会保护的案例研究——基于北京市丰台区困境儿童社会保护项目的调研[D]. 北京：中国青年政治学院，2015.

[4] 徐选国，陈琼. 社会工作成长小组模式建构——青少年社会工作实践的新领域[J]. 社工方法，2010(7).

[5] 高春凤. 优势视角介入"边缘青少年"社会工作实践模式的思考——以香港"协青社"为例[J]. 社科论坛，2009(4).

[6] 袁琳. 青少年社会工作实习经验分享[J]. 社会工作教育，2007(11).

（指导教师：卢成仁）

社会工作组织的工作模式及其技术方法

——以海宁市康乐社会工作事务所为例

马俊豪　14级社会工作

摘　要： 在7月一个月的时间里,笔者到海宁市康乐社会工作事务所进行专业实践,在那里学习一个社工在现实中应该怎么样去灵活运用在大学课堂里学到的社工技巧,以及针对海宁市老年社会工作模式的调查,发现海宁市老年社会工作模式比较先进,但是存在一定的缺陷。在养老机构这一块的监督与改进,海宁市走在全国的前列,"4H"的评比让所有的养老机构都具有自己的特色。但是在专业老年社工这一方面与社区的互动太少;活动的内容不能充分引起小组组员的注意,效果不佳;等等,主要是过度地模仿搬运西方社工知识,没有进行合适的改变适应。这些调查结果值得我们大学生对于社工在中国的工作模式以及技术方法的"本土化"进行更深层次的反思与讨论。

关键词： 工作模式;老年社会工作;小组工作;个案技巧

一、实习单位简况

笔者所在的实习单位是海宁市康乐社会工作事务所,是海宁市资格最老的社会工作事务所之一,它位于海宁市硖石街道卫生院内,是一家入驻在德尔庇护中心的社工机构,在岗工作人员一共是4个人,所以某种程度上是一家比较完善的社工机构。它是一家致力于为老年人、残疾人及其家庭和单位服务的民办非营利机构。自成立以来,机构秉持"康乐同行,助人自助"的理念为老年人、残疾人及其家庭提供专业社工服务,让他们晚年活出自我,活出精彩。所以,它是一家有专业价值观的工作团队的机构。不管是在运行的方式还是服务内容上,都非常接近我们书上讲的内容,我非常容易融入进去。机构主任曹建萍是海宁市资格较老的中级社工师,对于老年社会工作这一块是颇有建树的;剩下的三位工作人员都是大学社工专业毕业的本科生,年轻而且富有朝气,每一个人都负责一个项目,时间差不多已经过了一年;让笔者感到最为惊讶的是康乐有着属于自己的志愿者团队,而且是全部记录进档案成册,足足有 100 多人的记录,并且电话、家庭住址都非常详细,这样的一个颇具规模的志愿者队伍使得一些项目的团体辅导活动或者小组工作变得更加简单方便。

二、服务对象

自 2013 年 6 月成立以来,康乐共承接了"康乐伴我行——空巢老人关爱项目""白首相支——空巢独居老人支持项目""零距离的爱——肢体残疾家庭关爱支持项目""时间旅行者——智力障碍者支持项目""海宁养老机构 4H 创建活动评估与辅导项目"等 9 个社会服务项目,其中已完成 5 个,4 个正在进行中。随着这些项目的实施,帮助孤独老人摆脱了困境,提升了养老机构服务质量,让老年人晚年生活更加精彩、幸福。

"康乐伴我行——空巢老人关爱项目"和"白首相支——空巢独居老人支持项目"的项目对象都是在硖石街道周围社区的一些独居的空巢老人,但是前者主要是通过志愿者和机构社工单独的探访,提供个案的服务比较多;而后者全部是通过社工组织小组活动,志愿者带领这些服务对象,让这些老人感受到温馨和快乐。

"零距离的爱——肢体残疾家庭关爱支持项目"的对象主要是一些身体方面患有疾病导致残疾的人群,年龄大概都是在 30 岁到 50 岁之间,开展的方式也是以小组活动的形式,让他们可以相互认识并且相互扶持,让他们拥有乐观的生活态度,开启更加自信美好的生活。

"时间旅行者——智力障碍者支持项目"的服务对象就是机构入驻的海宁市德尔庇护中心的所有智力障碍者。他们在机构中是通过工作的方式来赚取工资,但是日复一日的流水线操作对于他们来说不利于心理健康,而且他们非常需要社工的帮助,所以这个项目就是以这类人群为服务对象,组织个案和小组活动,来跟进庇护中心的患者的心理健康状况,并且帮助他们恢复健康。

"海宁市养老机构 4H 创建活动评估与辅助项目"是康乐社会工作事务所承接的一个监测评估项目,对象是所有在海宁市注册过的养老服务机构,通过打分排名奖励机制督促每个养老院做到"医院一样的护理、宾馆一样的服务、家园一样的温馨、花园一样的环境"这四条,并且让它们都有自己独有的特色,例如盐官养老院的 24 小时紧急配药机制等,努力让海宁市的养老机构走在全国老年社会工作的前列,并且发挥出自己的特长。

三、实习目标

对于社工专业出身的大二学生来讲，学习了两年的社会工作知识，全是老师在课堂上灌输书本上的内容，思维仅仅停留在理论的基础上，我们对于实践的机会是少之又少，唯一的几次机会也只是去参观了几家社工机构，对于现实生活中社工的工作模式、工作流程我们可以说是根本一窍不通。所以，我们的见习目标对于自身来讲，就是通过一个月在海宁实习的时间，要随着项目社工深入项目里的活动，学习他们如何策划项目活动，组织项目活动等社工工作的流程；观察他们对于个案案主的询问技巧以及处理方式。

对于接受我们实践的社工机构来讲，我们作为专业社工出身的新一代大学生，拥有着最为先进的社工专业知识，我们能够在实践的过程对于一些活动项目提出一些自己的创新的构想，从而推动机构项目的发展；或者是告诉机构负责人我们学到的一些适用的国外的先进理念，提出我们对于项目不足和问题的看法，这样也可以完善项目活动。在这样的与机构交流的方式中，我们也可以培养自己的观察能力和自主能力。

所以，社工工作的实际经验和观察自主能力是我们在见习时的主要目标，也是我们现在最为需要提高的。

四、服务内容与方式

"康乐伴我行"是康乐社会工作事务所进行时间最长的老年人社工服务项目，致力于让无儿无女的独居老人活出幸福感。个案工作，是通过机构的记录志愿者每个星期去与自己社区或者街道里面的空巢独居老人的对话记录来分析老人的心理身体健康情况，针对有特别需求的老人，项目社工会上门与他们沟通，并且针对他们所表现出来的心理需求和物质需求，合理地运用康乐社会工作事务所的社会资源来满足其需求。比如海宁市硖石街道南宛社区的张大伯，他是一个独居的空巢老人，平时的兴趣就是绘画，尤其是画竹子，在海宁是小有名气的，而且上过海宁市的宣传图集，年纪为68岁，家中整洁干净，通风条件较好，这些可以看出张大伯是一个身体比较硬朗，能够独居并且做到一个人打扫居室。在项目社工和他谈话聊天的时候，他的对话思路清晰并且记忆力良好，但是对于社工的问题之类，他的回答是只言片语，可以看出案主是一个比较内向的人，但是总体情况来讲，他的心理、生理都是健康的，唯一的需求就是他想把他的所有绘画出版。根据他的这个需求，项目社工调动了康乐社会工作事务所的社会资源，比如一家有合作关系的广告公司，邀请他们上门与张大伯进行了绘画价值的检测和合约的洽谈，现在已经初步装订了绘画集的初稿,张大伯也很开心地拿出来给我们看他的成果,我们也很高兴满足了该案主的需求。

对于老人的个案,服务的内容更多的是倾向于老人精神层面的需求,因为空巢老人长期的独居会感受到孤独,联合志愿者和社区居委会给予老人多方面的关怀,让他们感受到温暖温馨也是"康乐伴我行"的宗旨。

"白首相支"是康乐社工事务所承办的一个为老人服务的项目,但是服务和开展的方式是以小组活动的形式展开的,小组活动的方式就是作品展览和座谈会合二为一。在一个月的实习期中,有一次比较大型的展览座谈会,策划得也比较长,布置也比较精致。因为这个项目里的独居老人基本上都是有自己的兴趣爱好的,有些喜欢摄影,有些喜欢绘画,还有的喜欢唱歌,等等,我们把他们的摄影作品打印成展览板,贴在机构的墙上;还有借出他们的优秀的绘画作品展在机构的房间里,在大厅中布置一下,摆上一些精美的小食,然后邀请服务对象来机构参加展览,组员之间可以互相交流,增进他们之间的情谊,而且还可以满足他们对于生活的多样化乐趣。这也是"相支"的优势所在,同龄人之间更加容易产生共同的话题,让他们的生活充满幸福滋味。

当然,展览座谈会只是主要的形式。项目社工偶尔还会组织一次群体的旅游,在志愿者的协助下,带领组员去外面的世界看看,扩展一下他们的视野,在他们贫乏的生活中增添一抹不一样的颜色。

"零距离的爱"是致力于一些肢体有残障的人群的项目,因为他们普遍都是单眼失明,行动都还是方便的,所以小组活动的地点一般会选择在一家有合作的茶馆,举行一次茶话会。让他们在茶话会期间相互认识建立起深厚的友谊,聊一些共同感兴趣的话题,比如关于海宁市的残疾人低保政策,或者是关于海宁市的福利慰问,等等;项目社工也会针对这类人群在生活中的承受压力较大,会做一些 PPT 展示在生活中如何释放自己压力的小技巧,或者是播放一些比较有励志意义的残疾人的微电影,让他们能够重新拾起对于美好生活的希望,对于自己的身体缺陷不再抱有那么消极的态度,并且定期发放心理测试问卷,调查组员们的心理健康状况。而且,这样的茶话会也扩大了他们的交际圈,多一些朋友也就多了一些支持和关爱。

"时间旅行者"现在是康乐社会工作事务所比较重视的一个项目。因为这个项目,机构直接搬迁入住了海宁市的德尔庇护中心,服务对象也是智力障碍的人群,这类人群是需要重点关注的。

这个项目的社工每一个星期都会策划一次出游的活动,然后由德尔庇护中心的工作人员选择参加的人员,协助者是康乐社会工作事务所的志愿者,这类方式也类似于小组工作。比如,有一次是海宁市博物馆出游活动,带领着 20 多个组员去参观博物馆,为了锻炼他们并且拓展他们的知识面,我们为他们分发了答题卡,让他们去寻找卡片上的内容,最后为他们分发奖励以及拍照留念。在这个活动的途中,我们让提前达成协议的博物馆的管理人员来帮助带领参观并且讲解博物馆里的各种物品的由来,制作,等等。通过这些让德尔庇护中心的组员们了解到了海宁特色灯彩的制作,海宁著名的景点以及恐龙的有关知识,满足了他们内心世界对于外界不熟悉事物与知识的渴望。

这个项目也不仅仅局限于小组活动和团队辅导,这些被收养在德尔庇护中心的智力障碍人群,因为自身的原因会与外界格格不入,导致他们的内心会有压力的挤压,从而心理状态会不稳定,甚至可能产生消极的念头,所以小组成员每周都会对其中的一些人进行个案的谈话并且记录分析,在笔者沟通谈话的对象里,就有一个心理压力非常大,产生了一定的消极想法。在和他沟通的过程中,他的话语不多,笔者以为可能是性格比较内向;但是在之后的询问中,他的回答说自己对于做一些家务活提不起兴趣,也不想动,不出门和别人交流,不开心的事情就会打电话和自己的姐姐讲话发泄。最为重要的是,他向他的姐姐透露过自己想自杀这一种消极的想法,根据谈话的记录,项目社工便把他列为项目个案里重点关注对象,并且通知了德尔庇护中心的工作人员,要求对这个案主进行一定的心理辅导。

总的来讲,这个项目中的服务方式主要针对的是智力障碍人群在社会中生活所产生的心理压力,帮助他们发泄,降低心理疾病发生的可能性,让他们能够像正常人一样活出美好的生活。

"海宁市养老机构4H创建活动评估与辅导项目"是康乐社会工作事务所承接的一个评价检测项目,它的目的是评估海宁市所有注册的养老机构的指标,并且打分评价交给海宁市民政局进行统计。大致分为"护理、服务、氛围、环境"这四个方面来进行评估,并且派人去每个养老院收集各种各样的数据,比如房间异味情况,夜间护理值班情况,食堂伙食情况等多达30余条的情况,之后总结打分给出每个养老机构的问题或特色。

因为是海宁市政府支持的重点项目,虽然繁杂但是人手充足,而且海宁的其他社工组织都在合作,收集资料的效率比较快,到现在为止也进行了3年的评估,也因为这个项目,海宁市的养老机构的进步非常明显,并且形成了海宁特色的养老服务体系。

五、效果评估

对于这一个月实习的效果,我觉得是很明显的。而且体现在多方面,不仅仅是笔者作为大学生学到了很多实践经验,锻炼了能力,还体现在机构的成长和机构项目的推进方面。显而易见,笔者和康乐社会工作事务所在某些方面都得到了长足的进步,尤其是在自己不足的地方。

日复一日地在机构实践,笔者并没有感到非常累,反而有时候感到非常有兴趣,毕竟社工这个专业有一些方面还是非常吸引笔者的,尤其是和案主对话的技巧和心理知识。经过这么长时间跟着几个项目导师学习,笔者也已经懂得中国社工工作的一般模式和流程,比如探访记录、策划组织等环节都是非常重要的,这些实践经验都是很宝贵的,在笔者大学课堂上是不可能学得到的,如果笔者以后从事社工类的行业,这些宝贵的经验也能让笔者快速地适应工作,融入社会工作者这个角色中去;只有亲自去带一个小组或者做一个个案,才能体会社工的一些专业理论是非常重要的,你了解这些知识并不能说明这些就是有用的,只有你能够在团辅和个案工作时灵活运用时,这些才是有用的。笔者带着"时间旅行者"组员做活动和做了一些老年人个案,这些都在锻炼笔者的运用能力,不仅仅加深了笔者对这些理论的理解,也学到了社工工作的技巧,比如询问案主要从多个方面去了解,对于一些敏感问题要通过其他问题去询问到有用的信息,不能直接去询问打击案主的信心;尤其是在笔者社工价值观方面效果是很明显的,以前的笔者并不是对社工非常感兴趣,可能与性格也有一点关系,但是经过这么长时间的接触并且去亲身经历,笔者渐渐地感受到了社工独有的美丽,那种助人自助的价值观会深入笔者的心,笔者每次带完小组或者做完个案,心里都会很快乐,是一种发自内心的愉悦。

这一次的实践效果不仅仅体现在笔者的理论知识得到了巩固,也让那种助人自助的理念深入自己的心,这样的工作经验不管在以后从事什么职业都是非常有帮助的。

机构在接受笔者的实习后,也非常乐意带笔者参加他们的每个项目。而且在每次参加完了后都会积极地询问笔者有没有觉得不足的地方,或者问笔者西方的老年社会工作有什么地方可以值得借鉴;杭州的社区老年社工发达吗……他们非常急切地想要发现自己项目活动中的不足,想要改进、吸收一些更好的方式来推进机构的发展,让自己成为海宁市最好的社工事务所。在实习期间,笔者告诉机构负责人说老年人一般不太方便自己出门,老年社会工作要做好与社区的互动是非常关键的,并不只是派几个志愿者探访就能解决,就像杭州下沙的东湾社区居委会里就有大量的关于空巢老人的活动安排,于是他们便与硖石街道的南宛社区沟通,设立了几个初步互动的活动,开始利用社区的力量来把自己的老年人项目做得更好;在"零距离的爱"中,笔者提供心理学的资料和曾经去女子监狱团辅的经验,开展了心理学茶话会,给予组员在心理上许多的帮助。可见,机构在与笔者互动的这段时间里也吸收了很多有用的理论,推进了机构与社区的联动作用,让老年人项目有更加结实的保障和物质基础。

在机构的项目实施方面,笔者的参与也使实施效率得到了明显的提高。不仅如此,笔者可以将知道的新鲜事物和社工的一些理论加入项目的实施中。当有些组员的情绪比较激动,心理不稳定时,我们项目的团辅都会加入一个冥想时间,来帮助组员们稳定一下情绪;在养老机构4H评估的项目里,将其差不多20个养老院的特色和不足进行归类整理成为文档,这样的呈现方式也更加直接,可以让养老院的管理人员更加直观地明白他们的养老院的不足,而不是只看见一个分数而已。在"时间旅行者""康乐伴我行""白首相支"等进行中的项目在中期评估时效果也是非常显著的。

六、实习的反思与发现的问题

一个月的实习让我发现了社会工作作为一门专业,实践经验是多么重要。在两年的大学里,我们每天沉浸于课堂上老师讲的一些理论知识和PPT上一些机构的工作流程图等等,并没有去实地经历这些,仅仅凭借我们脑海里把学过的知识演练一遍或者通过期中、期末的考试来检验我们学过的知识,完全是不够的,何况是社会工作这一门实践操作要求非常高的专业。就算你拥有一肚子的西方社工理论,但是可能也无法操作一些项目。所以说,这次的实习价值很大,我们认真反思,与学校的课堂上老师教给我们的知识进行比较,能得到将会更多,更加能够补足自己的短处,对于未来从事社工行业时,也有很大的益处。

就在上学期,笔者刚刚上了赵琼老师的老年社会工作课,在课堂上,赵老师一直强调的是空巢老人的不便利性,比如出行不便等等。所以,她主张的是社工机构与社区居委会等组织要有良好的联动性。在海宁实习的一个月里,我们机构主要的项目就是老年社会工作,但是大量的小组活动团辅都是自己组织并且在机构里开展的,与社区的互动联系并不是很多,这导致很多活动来参与的组员并不是很多,而且社区支持太少也导致了老人的积极性不高,这与我们上学期参观的杭州下沙东湾社区形成了对比。东湾社区的居委会内部有个专门负责老年社会工作的人员,和社工的联动性非常好,比如社工组织的活动、居委会宣传、提供场地等,而且东湾社区组织了老年合唱队、书画队等,在社工无活动时也能让一些空巢老人感受到生活的乐趣。所以,在老年人社会工作的方面,社区的功能是必须要发挥出来的。首先,同一个社区的老人建立关系更加便捷;其次,社区内的活动能使老人更加有归属感;再次,老人的行动能更加地方便,积极性更加高。可见一个社区的联动不仅能提供这三点的优势,而且也能让社工的优点得到放大,让老年社会工作可以更好地在社会上发展。何况,现在的中国老龄化问题比较严重,将来的老人越来越多,如何让老人能够安享晚年也是一个重要的社会问题,而社工和社区就能发挥巨大的作用。

还有就是残障人士的社工项目"零距离的爱——肢体残疾家庭关爱支持项目",这个项目的服务对象年龄都是在 30 岁到 50 岁之间,而且文化程度都不是很高。对于残障人士的需求来说,笔者认为是心理方面来得更加多,毕竟他们的生活中来自生活的压力,来自工作的压力都是非常大的,所以机构里的小组活动大多数是以发泄心理压力为主题的,但是问题就是这些中年人的话题有时候对于这些小组活动根本不是很感兴趣,所以会导致小组的活动进行不下去。这些中年人的话题都是些什么超市打折,哪里的蔬菜、肉比较新鲜之类的聊天话题,会让之后的小组记录和给督导的反馈中无法填写,因为不可能活动记录就是让他们在聊打折的话题,这样就导致了有些活动会有水分。而且,由于年龄受限和文化程度的不高,有很多东西我们无法与他们交流。有一次活动,我们给他们看一部影片,因为项目的社工认为国内的一些残疾人励志片都过于"悲情",就给他们看了一部外国的残疾人力克·胡哲的讲座视频,但是因为是只有字幕的英文版影片,所以好多东西组员看不懂也听不懂,导致了那次的活动并不是很成功;外加这类年龄段的服务对象有些时候无法用普通话来表达一些东西,就会用本地的海宁方言来对话,这让语言的沟通也成了阻碍,交流起来是不方便的。这些也是在社工做项目时可能会遇到的困难,需要在以后的工作中改进。

海宁的社工项目都是以一年的时间来购买的,这也就导致了一些社工机构的资金在一年的时间里可能会出现困难,而且有一些社工项目可能在一年的时间里是没有多少成效的,比如一个关于老年社会工作的项目是要长时间的坚持才能有收获的,一年的时间实在是太短。政府一年一年地购买会使机构的项目脱节很大,连续性不强。所以,社工的购买方式应该可以学习香港,可以以三年一期或者多年一期来签订合同购买项目,这样不仅解决了项目资金可能出现的不足情况,也能让社工项目保持连续性,使项目的工作效果能够更加显而易见;政府也应该给予大力的支持,就像海宁市民政局一样大力推广社工,引进外来的社工人才,鼓励当地的人员去学习并且考社工资格证。

总体来讲,这次实习对笔者有很大的帮助,增加了笔者的工作经验,让笔者以后能更加快地融入工作中;也让笔者看到了在中国,社工有着很大的发展前途,尤其是在老年社会工作这一块领域,随着老龄化的严重程度加深和子女与老人分居的情况越来越多,政府必须要加强这一块的体系;但这个同时也发现了现在的中国社工存在着较多的问题,这与中国的社会体系和社会制度有着密不可分的关系,但是我们可以试着模仿并加上稍微的改变让一些社工的模式能够适应现在的情况,让它能够发挥出像在西方那样的效果,这正是我们社工现在需要做的,可以说我们现在需要的并不是模仿,而是创新和改变。

参考文献

[1] 蒋丽.老年社会工作实务的反思性研究[J].山西青年,2016(3).

[2] 王思斌.中国本土社会工作实践片论[J].江苏社会科学,2011(1).

[3] 张会.社工服务 正在改变我们的生活[N].海宁日报,2016(7).

[4] 张恺悌.老年社会工作实务[M].北京:中国社会出版社,2009.

[5] 倪勇.社会工作本土化之路向分析[J].山东社会科学,2007(11).

[6] 仝利民.老年社会工作[M].上海:华东理工大学出版社,2006.

[7] 周纲."三社互动"背景下的温州民办社工机构发展环境研究[D].武汉:华中农业大学,2013.

[8] 李迎生,方舒.中国社会工作模式转型与发展[J].中国人民大学学报,2010(5).

(指导教师:陈建胜)

养老机构中社会工作的嵌入

——以海宁市乐淘淘老年文化服务中心社工服务为例

徐俊峰　14 级社会工作

摘　要：通过本次实习，了解养老院内老年人这一特殊群体的特征，并积极关注，为这部分特殊群体提供专业的支持和帮助，丰富其精神活动内容。对象：颐和家园养老服务中心老年人群体。服务方式：通过策划和组织丰富多样的适合于老年人参与的活动，调动老年人的活动能力，并以此促进老年人之间的沟通，以达到丰富老年生活的目的。结果：通过一个月的工作，我们在构建老年人丰富生活的过程当中取得了较好的成效，很多老人开始出门并参加活动，这是老人们更加追求自身价值的体现。结论：养老院里的老年人群体值得我们关注，为这一群体开展专业的老年社会工作具有必要性。

关键词：养老院；老年人；老年活动；老年社会工作

一、见习单位和服务对象基本情况

（一）见习单位基本情况

浙江省海宁市乐淘淘老年文化服务中心是海宁市民政局下的一家老年福利事业单位。机构设立在海宁市颐和家园养老服务中心，目前有员工 9 名，其中党员 3 名。包括督导负责人、协助督导工作的副手以及其他负责项目策划和生活指导的职工 7 名，在机构外，乐淘淘老年文化服务中心还组建了一支 10 人的志愿者队伍，在日常组织的活动中，志愿者会参与其中。目前为止，志愿者队伍已经服务 200 多人次。

海宁市乐淘淘老年文化服务中心的主要任务是自发组织或协助海宁市有关部门开展颐和家园养老服务中心老年人的教育和养老服务培训，并承担居家养老服务相关的生活指导等辅助性、技术性、事务性的工作；承担海宁市颐和家园养老服务中心养老服务质量等评估和敬老、助老、扶老、老年人文体活动的辅助性、服务性工作；开展并贯彻落实老龄政策法规、实施老年人优待、老年人生活状况等的调研工作；提供颐和家园养老服务中心老年人咨询服务；负责颐和家园养老服务中心有关老年人服务基础设施的日常管理和维护工作；承办海宁市老龄办交办的其他辅助性、事务性工作。目前，海宁市乐淘淘老年文化服务中心还在积极地与海宁其他地区进行对接，在今年的 7 月份与马桥街道的先锋村达成合作关系，承包了先锋社区老年活动中心的改造建设项目。

（二）服务对象基本情况

海宁市乐淘淘老年文化服务中心所服务的对象是居住在海宁市颐和家园养老服务中心的老年人群体以及今后机构发展规划中将要服务的海宁农村或社区的老年人群体。

目前，颐和家园养老服务中心入住老人约有 300 名，其中党员 42 名，他们大都来自东山、南关厢等多个社区，其中年龄最大的 95 岁，最小的也有 65 岁。在这些老人当中，有夫妻两人一同居住在养老院的，也有失去了老伴独自一人居住在养老院的，还有因为身体上或者精神上的缺陷而来到养老院的。他们的年龄普遍偏大，属于弱势群体。

乐淘淘进驻颐和家园以来，举办了多种形式的社工活动。尽管每次活动都成功举办，但是仍有部分老人不愿意参加或者参与率不高，缺乏周期性。

二、实习目标

（1）希望通过本次专业实践，能够真正地与处在一线的社会工作者进行学习交流和合作，寻求指导和建议，把自己在学校课堂上所学到的知识通过本次实践运用到当中去，体会专业理论在实际操作时的运用技巧以及效果，更深刻地了解社会工作这个专业。

（2）希望通过本次为期一个月的专业实习，对自身在这两年来所学过的专业理论知识做一次查漏补缺，针对自己所欠缺的部分，有目的性地通过实践来弥补，了解自己的不足，明确今后应该学习什么，该怎么学习才更有效率，更容易和高效地运用到实际工作当中去，从而可以在实习结束回到学校的时候，能够有目标地、系统地学习，提高自身的学习效率。

（3）鉴于笔者在本次专业实践被分配到关于老年社会工作的机构实习，我希望可以重新认识和了解老年人群体的特征，并尝试去学习服务老年人和与老年人相处的实务技巧。

（4）通过本次实习积累工作经验，有一个工作状态的体验，为毕业后进入职场打下基础。

（5）希望通过为期一个月的实习,学习关于老年社会工作领域新的知识和内容,并验证自己是否适合今后从事社会工作这个行业。

三、服务内容

本次暑期的社会工作专业实习,从7月3日正式启动,到8月3日正式结束,完整地持续了一个月。这一个月当中,笔者在乐淘淘老年文化服务中心也确确实实地干了很多有意义的事情,有必要提到的一点是,在这一年里,乐淘淘老年文化服务中心承包了一个项目,全名是"青春无极限"养老机构老人增能计划。所以,在实习期间,在机构里我们所开展的活动基本都是围绕着这个主题展开的。为了方便叙述,笔者将把这为期一个月的专业实践分为四周。

第一周:

本周我们开展的活动主要是"青春无极限"主题下的子活动,"第二青春"老人运动服务。这个活动其实在我们到来之前,乐淘淘老年文化服务中心机构的员工已经通过走访和了解,得知颐和家园养老服务中心有很多爱好园艺的老人,有的喜欢种花,有的喜欢摆弄各种花草。我们觉得这是一件很有趣的事情,而且他们虽然年纪较大,但是身体依然安好,一些小毛病丝毫不能阻挡他们对健康的追求和对时间的追赶。根据老人的兴趣爱好和环保绿色理念,乐淘淘老年文化服务中心已经组建了一支8人的园艺队,组织养老服务中心里的老人开展园艺系列活动。

"第二青春"老人运动服务运用园艺疗法,链接社区街道志愿者资源,协助老年人参与园艺活动,接触自然,舒缓压力,复健心灵。

"水培种植"是其中一项活动内容,乐淘淘老年文化服务中心的社工链接硖石街道志愿者,与园艺队的老人们一起种植水培墙,以培养老年人追求一种更为清洁环保、新颖时尚、省时省力的园艺种植能力,使身边的生活环境更加绿色环保。

"为家园增色,靓化家园种花卉"活动,是我们实习生到乐淘淘老年文化服务中心之后参加的第一个活动,此次活动旨在为颐和家园养老服务中心的爷爷奶奶们提供一个发挥自己园艺功底的舞台,并提升福利中心的环境和活力,在自己生活的家园留下更多五彩缤纷的色彩,从视觉上就给人一种蓬勃的活力,而在活动中的团结协作,更增进了老人们的融洽关系。而我们四个实习生,在这次活动中也成功地扮演好了社工这一角色。我们全程参与了本次活动,包括场地的布置,将之前爷爷奶奶们手工添彩好的花盆,一个一个地搬到预定好的场地;在前一天下午,把用于栽种花卉的泥土一桶一桶地准备好;在活动当天的早上，去爷爷奶奶的房间里通知他们；在爷爷奶奶到场时拿着签到表一个一个地让爷爷奶奶签到，或者帮助他们签到；在栽种花卉时帮忙提水和拿工具；在栽种好之后适时鼓励和赞赏；再到最后的合影留念。真正地体验了一次社工在老年人当中做活动的感觉，而这种感觉和笔者之前对于社工工作的概念，简直可以说是一种颠覆。在笔者之前的认知里，笔者觉得做社工更多的是自己在办公室里做活动的策划、文案总结之类，这可能也和我们之前参观社会机构时多是在办公室里有关吧，而真正在自己亲身体验和投入到这些和服务对象一起做的活动中时，才能感受到做社工其实是这样的平凡和朴实。之前还会羡慕被分配到办公室里做策划以及监督的同学，直到这次活动做下来，在平实当中与笔者的服务对象产生了一丝振动，笔者也体会到了，作为一名社工，不管你更多的是参与与服务对象的活动交流，还是更多的是做着这些活动的策划，都是具有同样的追求的，我们追求的都是更好地使我们的服务对象拥有更好的生活。

第二周：

本周，我们所参与的主要活动有两个，一个是周三进行的乐淘淘老年文化服务中心手工游戏课，另一个是和参与浙江财经大学法学院暑期社会实践活动的学生们合作与颐和家园养老服务中心住11楼的生活自理能力较差的一部分老年人进行手把手手工花篮制作的活动。

本次手工游戏课的主题是小斑马托木棍，我们将参与的10余名老人分成了两组，每组放置一匹小斑马和一匹大斑马以及较多数量的木棍，要求是每组每个成员均需动手，并采取轮流的方式，方法自己想，最后以哪个组大小两匹斑马上驮的木头层数最高，哪个组就获胜，并能得到乐淘淘老年文化服务中心的奖品。本次活动的主要目的是让养老院的爷爷奶奶们走出自己的房间，尝试彼此交流和协作，并以游戏的形式锻炼他们的动手能力。因为对象都是上了年纪的八九十岁的老年人，所以在这个活动中，我们四位社工所要做的事情就是让参加活动的爷爷奶奶们了解本次活动的规则。整个活动中，如果说要按照游戏的规则来判定的话，那么这个活动完全可以说是不合格的，因为你会发现，这些老人在做游戏的时候其实跟小孩子是差不多的，他们每个人都有个人鲜明的性格特点，有按规矩来的，也有无视规矩的；有积极寻求协作的，也有自己耍小脾气的；甚至还有故意搞破坏，去别的组捣乱的。尽管如此，你还是可以感受到活动现场的氛围是很活跃的，而这种活跃也恰好达到了我们对这个活动的期待，我们加深了老人们彼此之间的交流，加深了原本较为陌生的对象间的情感联系，让原本枯燥的养老院生活变得有活力起来。

接下来就是与法学院的学生一起对11楼的爷爷奶奶进行手工花篮的制作了，不得不说这个活动是比较困难的，一个原因是因为这些老人普遍的生活自理能力较弱,动手能力很弱,一些主要的制作都是我们来完成的,而他们更加像是一个助手,处理一些简单的制作;还有一个原因是,这些老人主要是讲方言的,而且很多都是含糊不清的,所以,尽管我们机构当中有本地社工,但是在很多时候还是不能听清楚,所以大部分时间我们不能与这些老人进行交流,只能以手中的花篮制作为主。值得一提的是,尽管法学院的学生并没有像我们一样系统专业地学习过关于社工的理念和技巧,但是他们表现出的理解、包容和接受的姿态正是我们作为社工所需要的。最后,在花篮都制作完成之后,我们将制作好的花篮送给了11楼的老人们,老人们为收到这样的礼物及对我们的这次陪伴都感到由衷地开心,尽管语言不通,但是内心的喜悦我们依旧可以感受得到。另外,这次活动也给笔者一定的启发:11楼的老人们,尽管他们是因为某些被我们所谓的正常人所认为的心理或者生理缺陷而被当作特殊人群,但是他们在很多方面与养老院的老人们是一样的,同样有自己的爱好,只是因为一些功能的丧失而不得已放弃,从本次活动中可以看出,当看到自己的爱好在别人的手中正在做着的时候,他们也可以体会到自己内心的喜悦。就像社会损害理论解释的那样,这类老年人很可能是受到我们过多的消极性暗示,从而自己否定了自己,而日渐封闭。所以,在对待老年人这一特殊群体的时候,我们要尤其慎重,很可能因为偶尔出口的一句话,就对他们的认知造成难以预想的伤害!

第三周:

由于机构承包了关于海宁市马桥街道先锋村的居家养老设施建设以及服务工作,我们四个社工当中,笔者和另外一名来自绍兴文理学院的社工一起跟进了这个项目,与机构的金老师一同做有关这个方面的工作,所以,在养老服务中心的日常活动,由另外两名社工负责。关于先锋村的养老服务工作,我们在实习期间一共去了3次。第一次是金老师带队,主要的目的是带我们了解下先锋村的具体情况,大致看了下我们将要改建的原本的先锋村的老年文化活动中心,并且参考了我们对于需要新建的活动中心的看法和建议。接下来的第二次,就是比较实际的工作了,由机构负责人郭老师带队,并且有一名机构的员工也跟我们一起来到先锋村,这一次我们带来了上百份调查问卷,在先锋村的老年文化活动中心,针对户籍在先锋村的60岁以上的老人进行访问时调查,目的主要是了解先锋村老年人平时参加的主要活动,并希望通过这个形式,了解先锋村老人们希望参加的活动类型,为之后乐淘淘老年文化服务中心在先锋村开展活动提供实地的信息。

第三次是一次彻底的调查,与第二次的调查不同的是,这一次我们是走到先锋村居民的家中,对那些平时不愿意走出自己家门参加社区活动的老年人进行调查。

在两次调查中，我们采用逐个询问和表格的方式，大概了解了先锋村老人们的基本状况，当然结局是美好的，但是过程是艰辛的，这几天天气非常炎热，每次回来总要出一身汗，另外，并不是所有老人都是积极配合的，有的态度很冷淡，问好几遍都不会回答你，有的老人可能会故意和你兜圈子，还有的甚至有点仇视你，可能是本身与村委会有点矛盾。当然，这些也算在预料之中，社工工作本身也是需要锻炼的。

第四周：

本周，是本次社工实践的最后一周，除了平时的工作之外，还有一件事情就是，乐淘淘老年文化服务中心与海宁市高级中学举办了一个采访老党员的"岁月红故事"的主题活动，而我们几个社工的主要工作就是协助海高的学生们进行对养老服务中心的访谈工作。在这个活动进行到尾声的时候，其中原本已经对接好的几个海高的学生因为有些事情不能够到场，所以，负责人让笔者和绍兴文理学院的社工两个人一起对剩下的几个老党员进行访问，原因是绍兴文理学院的社工本身是海宁本地人，而笔者自己也是湖州德清人，方言大概地能听懂。对老人面对面地进行采访，笔者认为这本身就是一个需要社工专业技巧和理论支撑的工作，在采访过程中，针对不同类型的老党员，我们要采取不同的策略，对于这些老人是属于哪一类的，其实在一开始接触的时候就会有一个大致的了解了。比如有些老党员的经历是很丰富的，有偶在前线战场上打仗的：参加过抗日战争的，参加过解放战争的，参加过越南战争的，也有在后勤部进行装备供给的，当然也有从事文化方面工作的。对于这一类老人，我们要做的事情就是倾听，还有当他们在叙述的时候，我们只要适时针对他们所说的内容往下牵引，并适时地对他们当初的事迹表现出向往，他们就会滔滔不绝地像说书一样讲给你听。也有些老人是不愿意说话的，这就需要我们去引导他们尽可能多地回忆起他们的事迹，可以从时间这个维度下手，少年时期、青年时期、中年时期，一步一步地让他们自己去回忆，可能他们不会说得很精彩，但是也能从平凡之中看到他们的一生。

以上四周里所提到的活动，相对来说是比较完整的，其他还有一些零星的工作，比如装饰文化中心的走廊，大家一起布置、美化生活楼后面的场地，进行盆栽的放置、帮助养老院的老人们进行电子设备的维修，以及在老人们种植的水培上方悬挂七彩的蝴蝶，等等。这里就不再赘述了。

四、效果评估

服务对象认可和参与度的增强。

1. 工作关系的建立

通过这一个月以来的实习，我们作为实习社工和服务对象之间已建立了一定的工作关系。小组工作和活动开展之后，会有一些参与的老人拿着自己平时的零食送给我们，虽然我们每次都是拒绝，但是该种情况的频率依然没有减少；很多老人会在自己平时空闲的时候与我们交流，并且也会提出一些建设性的意见。在我们平时的工作中，他们也会经常过来和我们聊天，并与我们建立了一个较好的关系。

2. 培养了参与的周期性和积极性

乐淘淘老年文化服务中心在颐和家园养老服务中心成立的时间并不长，当然也有很多老人还没有参加过像手工游戏课这样的活动，但是伴随着越来越多的活动的开展，以及每周固定的课堂展开，来参与的老人已经养成了每周都会继续再来的习惯，特别是一些身体机能较好的老人，会提前过来询问活动是否正常进行，以及本次活动的内容。并且，参与者因事不能参加活动时，会提前过来通知社工，无故缺席的情况越来越少发生。因为在这样的环境中，他们能真正地体会到养老服务中心带给他们的精神上的满足。

3. 增加沟通机会，参与者之间建立良好关系

通过社区系列活动的开展和小组进行，很多老人表示跟其他老人之间的关系越来越好，增加了他们之间的沟通机会，增进了对彼此的了解。因为目前是共同住在颐和家园养老服务中心，算是一个大家庭，因此增加沟通机会，建立良好感情是建设美好家园的基础。老人们之间也会经常结伴来到社工室进行日常活动，成了娱乐伙伴。

五、实训反思

回顾整个实习月，首先，笔者觉得对于我们这些在校大学生来说，在这个炎热的暑假能够进行这样的一次实践本身就是一种锻炼；其次，就笔者自己的机构而言，主要是居家养老，做老年社会工作这一块，通过这个月的各种活动，还有平时的走访聊天，休息时与老人的交谈，使笔者对老年人这一社会弱势群体的特征有了一个大概的了解，一个月时间说短不短，说长不长，如果说在这个月非要学习到很多专业的社工技巧，笔者觉得这是很难的，但是一个月的时间去学习一些简单的策划如何去操作还是可以做到的。总之，第一次社会实践，对于笔者个人来说收获还是颇多，笔者认为主要体现在以下几个方面：

1.通过这次专业实践，我完成了两个体验

首先，笔者是怀着一种以这次实习来验证自己将来是否适合从事社会工作这一领域。通过这次实习，笔者认为自己在某些程度上是可以从事社工工作的，因为笔者个人对于这样的工作环境是比较喜欢和适应的，周围的同事都很好相处，没有大公司职场当中的钩心斗角，在工作中与老人们的相处也很愉快，并且你会发现很多老人的心理其实跟孩童一般，可以让笔者接纳、尊重和理解他们，也不会用区别的眼光去看待他们。相信未来的就业选择当中，笔者会考虑之前并不被自己看好的社会工作。

其次，因为在学习社会工作这个专业的两年时间里，我们课堂上所做的社会实践，都是比较简短的，并且都属于那种观摩的形式，没有实打实地去干一些社会工作的实务。所以笔者更想体验一次完整正式的社会工作专业实习。

2.与实践相结合地学好书本上的理论知识，并能与自己和周围他人相联系

在学习专业知识特别是学习在助人的方法和技巧时，笔者应该时常要想到与自身联系起来，因为社会工作是一门助人自助的学问，当然，这个"人"也可以是笔者自己，笔者可以把自己当成是自己的案主，尝试着运用自己本身具备的理论和技巧，科学理性地对待自己，并且得出一些自己作为案主的感受，再去帮助自己以外的案主，笔者觉得通过这样一个"换位"，我们才能更加深刻地理解我们的专业知识，并且可以活学活用。

3.本次实践使我对个案工作有了一个新的理解

在本次的专业实践当中，笔者接触到了具体的个案工作，对个案工作在老年人社会工作当中的应用有了一定的了解和把握，对老年社会工作的理论知识和技巧有了更深的理解。之前笔者理解中的个案就是社工运用社工的专业方法和技巧与案主进行一对一的对话形式，而这次实习让笔者对个案在老年人群体当中的应用有了全新的了解，对个案的整个流程有了整体的把握。在实习中，笔者观察到的个案从某种意义上来说是社工对案主的一个个别化服务的具体方案，是对案主的具体问题而建立的一套详细的、有流程和强目的性的针对性方案。

4.积极沟通和寻求协作与指导

在养老院里为老人们提供社会工作专业服务初期，因为大多数老人都是海宁本地人，并且都是八九十岁高龄，所以很多都是说的方言，甚至听不懂普通话，对于我们这些非海宁地区的实习生来说，与老人们交流沟通就成了一件非常困难的事情。因而自己一个人已经取得不了效果。好在在乐淘淘老年文化服务中心实习的人员当中，有一位海宁本地人，所以他就成了我们活动交流时

的翻译兼社工了。当然,并不是有了翻译我们自己的工作就轻松了,这也是笔者在这次实践中犯下的一个很大的错误,当工作的困难得到解决的时候,笔者觉得作为一名合格的社工更应该把精力用到更深刻的地方,并结合自己的观察,对我们的服务对象进行评估,从而在有限的时间内掌握服务对象的基本情况,再根据需求展开工作。还有一点值得注意的是,社会工作特别强调沟通能力,良好的沟通能力是获取信息的关键。在没有服务过特殊人群工作经验的基础上,我们作为实习生看待问题很容易产生主观片面现象,这时应该主动与实习老师交流沟通,听取老师前辈的建议往往会更有利于我们实习工作的进行。

在本次为期一个月的实习中,笔者给自己制订了一个实习计划,实习中笔者主要是协助机构负责人和员工举办针对养老院老年人的日常活动。老师的正常教学和我们自己的观摩学习,笔者个人认为有很大的被动性,对于我们自己来说,能够自发地或者说主动地去做的比较少。而针对自己所在机构的性质和所服务对象的基本特征,在自己大致有所了解的前提下制订一份合理有效的实习计划是实习过程中很重要、实用性很高的举措。有了实打实的实习计划,我们才能依照自己的计划,一步一步地实施自己所从事的工作,并在实习结束后可以对自己的实习进行评估和总结。同样地,在今后的工作中,工作计划的制订也同样有着这些作用。

参考文献

[1] 徐小霞.介入与嵌入——社会工作在农村养老中的现实困境和策略研究[J].重庆工商大学学报(社会科学版),2011,28(6):12-18.

[2] 陈利会,杨宁媛.基于三种养老服务方式论证我国发展居家养老服务的必要性[D].昆明:云南民族大学,2014.

[3] 仝利民.老年社会工作[M].上海:华东理工大学出版社,2006.

[4] 陈少平,陈沙麦.中国农村养老的现状与思考[J].福建农林大学学报(哲学社会科学版),2002(1).

[5] 孙越.福利机构老年社会工作研究[D].长春:吉林大学,2012.

[6] 郑艳艳.民营养老院老年人服务需求与社工介入实践[D].长春:长春工业大学,2013.

[7] 曾艳.福利机构老人的精神需求及社会工作介入研究[D].武汉:华中农业大学,2013.

(指导教师:陈建胜)

后　记

　　社会工作是一个为困难群体、弱势群体提供专业性社会支持服务的专业与职业。从职业上讲，它强调理论与实践的结合，突出实践是检验真理的标准；从专业知识与教育上说，社会工作侧重于专业训练体系中的实务环节，在服务实操中感悟专业助人价值、训练专业服务技能。从社会工作百余年的发展历史来看，社会工作专业教育、社会工作职业化发展一直与整个社会的现代化建设事业同频发展。

　　浙江财经大学法学院社会工作专业自 2003 年开始招生，在不停地迎来送往中，至今已经走过 16 年的发展历程。16 年来，社会工作专业教师团队不断探索，凝练社会工作专业特色，初步形成了企业社会工作、社区社会工作等专业发展方向；不断地开拓、创新社会工作专业实务模式，建构起运行良好的专业实务机制。在学院和专业构建的各类专业发展平台上，社会工作专业的学生积极进取、奋发有为，有的成为沉稳坚守的学霸学神，进入更高的平台去深造学习；有的成为活跃在社会服务领域中的"调查达人"，运用所学知识去把握社会实情，策划出新颖有效的社会工作服务项目。

　　本书即是在历届优秀学生的调研成果与专业实习报告的基础上精挑细选结集而成。主体内容进一步细分为"企业社会工作""社会工作与社会治理"与"专业实习报告"三个板块。其目的一方面在于全面展示浙江财经大学法学院社会工作专业教育 16 年的发展成果与社会工作专业学生的努力成长的闪光足迹；另一方面在于系统地总结和反思社会工作专业发展的经验，筹划如何在后面的发展中进行优化与提升，更好地提高社会工作专业的教育质量，更好地为社会培育有德有爱、有才有识的助人服务人才，更好地服务于国家为人民创造"美好生活"的建设新目标。

　　本书能够顺利出版，还是要感谢各位领导、老师和同学的支持，他们分别是浙江财经大学副校长李占荣教授,浙江财经大学教务处处长李政辉教授,浙江财经大学法学院党委书记朱丹老师,浙江财经大学法学院副院长李伟教授,浙江财经大学法学院副院长童志锋教授,感谢浙江财经大学法学院社会工作系全体教师与所有学生。

社会工作培训中心执行主任　韩宗生
2019 年 10 月

附　录

2007—2019 年浙江财经大学社会工作系
学生考研、出国留学情况一览表

年份(年)	班级	姓名	录取学校或国家
2007 （首届毕业生）	03 社工	陈狄佳	英国考文垂大学国际商务
	03 社工	余彦	浙江财经大学伦理学硕士 浙江大学哲学博士
	03 社工	樊铁美	浙江大学国际政治
	03 社工	董彦	浙江大学科技哲学
2009	05 社工	吴婧	华东理工大学社会学
	05 社工	王佳灵	浙江工业大学马克思主义
	05 社工	李波	华中农业大学社会工作 浙江大学公共管理学博士
	05 社工	黎珊珊	浙江理工大学应用心理学
2010	06 社工	黄琅妮	英国华威大学
	06 社工	赵婧	杭州师范大学历史学硕士、复旦大学历史系博士
2011	07 社工	袁俊	中国人民大学社会工作
	07 社工	苏盼	南京大学社会工作
	07 社工	刘恋	南京师范大学心理学
	07 社工	罗茜	浙江师范大学社会工作

年份（年）	班级	姓名	录取学校或国家
2012	08 社工	刘洁屹	浙江财经大学会计学
	08 社工	钱淼	浙江师范大学心理学硕士、加拿大多伦多大学博士、哈佛大学心理学博士后
	08 社工	张姗姗	上海大学社会学
	08 社工	冯雪钰	澳大利亚墨尔本大学
2013	09 社工	顾静妍	法国雷恩高等商学院
	09 社工	殷妤臻	澳大利亚昆士兰大学
	09 社工	吴明岳	上海大学社会学
	09 社工	史润	贵州大学社会学
	09 社工	焦小莉	浙江理工大学心理学
2014	10 社工	陈嘉宁	英国杜伦大学
	10 社工	董枫	澳大利亚悉尼大学会计学
	10 社工	刘翠菊	上海大学社会工作
2015	11 社工	王芬	浙江大学社会工作
	11 社工	聂新新	内蒙古科技大学社会工作
	11 社工	张婧	浙江师范大学心理学
2016	12 社工	王玥	浙江大学社会工作
	12 社工	果静雯	日本文正大学社会学
	12 社工	郑晗	澳大利亚昆士兰大学广告学
2017	13 社工	朱妍歆	厦门大学社会工作
	13 社工	席恒博	华东政法大学社会工作
	13 社工	胡晓娟	上海师范大学心理学
	13 社工	郑峥	浙江师范大学心理学
	13 社工	金立超	浙江师范大学心理学
	13 社工	景碧鋆	英国曼彻斯特大学
	13 社工	吕逢杰	英国伯明翰大学
	13 社工	贺书引	英国格拉斯哥大学

年份(年)	班级	姓名	录取学校或国家
2018	14 社工	彭乐乐	北京工业大学社会学
	14 社工	吴铭湛	杭州师范大学心理学
2019	15 社工	粟黎源	中国人民大学历史学
	15 社工	丁艺华	复旦大学社会工作
	15 社工	刘圣妍	华东政法大学社会工作
	15 社工	郑瑾嫣	上海师范大学社会学
	15 社工	邱辛夷	澳大利亚墨尔本大学
	15 社工	陈同	英国谢菲尔德大学